天津近代历史人物传略 四

万新平　主编

荣华　方昀　于学蕴　副主编

天津出版传媒集团

天津人民出版社

图书在版编目(CIP)数据

天津近代历史人物传略.四 / 万新平主编. —— 天津:
天津人民出版社, 2018.12
ISBN 978-7-201-14294-4

Ⅰ.①天… Ⅱ.①万… Ⅲ.①历史人物-列传-天津
-近代 Ⅳ.①K820.821

中国版本图书馆 CIP 数据核字(2018)第 273992 号

天津近代历史人物传略(四)
TIANJIN JINDAI LISHIRENWU ZHUANLÜE

出　　版	天津人民出版社
出 版 人	刘　庆
地　　址	天津市和平区西康路 35 号康岳大厦
邮政编码	300051
邮购电话	(022)23332469
网　　址	http://www.tjrmcbs.com
电子信箱	tjrmcbs@126.com
责任编辑	韩玉霞　杨　轶
装帧设计	卢炀炀
印　　刷	天津午阳印刷股份有限公司
经　　销	新华书店
开　　本	787 毫米×1092 毫米　1/16
印　　张	19
插　　页	3
字　　数	320 千字
版次印次	2018 年 12 月第 1 版　2018 年 12 月第 1 次印刷
定　　价	95.00 元

编辑委员会

序 一

　　多年来，天津市高度重视天津近代历史研究工作，在市委、市政府的关怀和支持下，2012年3月，在天津市档案馆成立了近代天津历史研究中心。这是全国档案系统第一家地方近代历史研究机构，为进一步做好天津近代历史研究搭建了一个重要平台。《天津近代历史人物传略》是研究中心成立后，经市委、市政府批准立项的首个大型学术研究和出版工程。

　　1840年鸦片战争至1949年中华人民共和国成立，一百多年的中国近代史，是灾难深重、落后挨打的屈辱历史，也是中国人民探索救国之路、实现自由民主的历史，更是中华民族抗击侵略、打倒帝国主义以实现民族解放，打倒封建主义以实现人民富强的斗争史。天津城市在近代具有特殊的历史地位，有"近代中国看天津"之说。鸦片战争、第二次鸦片战争、洋务运动、甲午战争、戊戌变法、义和团运动、清末新政、辛亥革命、五四运动、中国共产党成立，党领导下的土地革命、抗日战争、解放战争，等等，这些影响中国近代历史发展进程的重大事件，无不在天津留下了深深的印记。

　　作为近代中国北方最大的通商口岸，处在东西方文化交汇点的天津，近代化的进程也在加速。这个时期,在天津诞生了近代中国第一批近代工厂、第一所国立大学和第一所私立大学、第一批近代银行、第一条铁路、第一个电报局,等等,逐步实现了向北方经济中心城市的重大转变。20世纪二三十年代,中国形成了南有上海、北有天津的经济格局,奠定了天津经济发展的重要地位。对天津近代百年历史进行深入研究,对于促进改革开放、实现天津又好又快发展具有重要的现实意义。

历史是一部厚重的教科书,透过近代中国宏大的历史场景,我们看到的是一个个鲜活的历史人物。在天津近代历史的舞台上,他们与那些重大历史事件一起,共同勾勒了天津近代历史的脉络。在这里,许许多多革命先驱为了人民的解放事业浴血奋斗,留下了可歌可泣的英雄事迹;在这里,许许多多志士仁人为了救国图强、兴产业、办实业,为加快民族工业的发展付出了心血和汗水;在这里,汇聚了国内外许许多多专家学者、有志青年,在教育、科技诸领域构筑了国内人才的一个高地;在这里,涌现出许许多多知名的演员和艺术家,成为了民族文化的一方沃土。无数先进人物,在国难与民族危亡关头英勇献身的精神,在救亡图存的磨难与抗争中勇于探索、自强不息的精神,在近代天津的历史长河中永远闪烁着耀眼的光芒!一部天津近代历史给我们留下的历史财富是极为宝贵的!当然,天津也曾是为数众多的清末遗老遗少、军阀买办、达官显贵聚居之地,也是反动黑暗势力麇集的地方。

本书以马克思主义唯物史观为指导,以对历史的敬畏之心,从天津近代百年历史中选取了近千位具有代表性的历史人物编辑成传。这些人物涉及天津近代社会各党派、各阶层、各界别。在编辑过程中,我们牢牢把握三个原则:一是坚持实事求是的原则,注重史料的真实性,充分挖掘和运用第一手史料,参考了大量历史文献和最新研究成果,反复印证所选用的口述史料,对各类史料认真甄别,去伪存真、去粗取精,力求全面、真实地记述每一个人物的生平事迹。二是坚持客观公正的原则,注重撰述的客观性,一切用史实说话,不隐恶,不溢美,以期客观真实地反映入传人物的全貌及其对历史的影响,切实从人物的视角呈现一部客观真实的天津近代史。三是坚持严谨细致的原则,注重行文的规范性,确保传文结构合理、层次分明,文字表述精炼、准确、生动,参考文献与注释体系符合学术要求,力求使这部书成为一部集学术性、资料性和可读性为一体的史学著作。

本书编辑过程中,得到了市委、市政府的关心指导,得到了市有关单位的热情帮助,得到史学界专家学者的大力支持。这部书凝结着大家的心血和汗水,是集体智慧的结晶,在此,我们向各位领导和所有为本书做出贡献的同志们表示衷心的感谢!

由于水平的局限,以及史料的搜集和研究还有待进一步深入,本书需要进一步完善和提高,我们真诚地希望广大读者提出宝贵意见。

今后,近代天津历史研究中心要更好地聚合全市近代史研究人才,发挥好重要平台的作用,充分调动专家学者和全市史学工作者的积极性,进一步搞好天津近代历史的研究工作,讲好天津故事,努力扩大天津历史文化名城的影响力和知名度,切实为建设美丽天津做出新的更大的贡献。

天津市档案馆
近代天津历史研究中心
2016 年 7 月 18 日

序 二

　　《天津近代历史人物传略》即将出版,这是天津近代史研究领域的一项重要成果,是一部具有权威性的有关近代天津人物研究的著作,对于深入认识和研究天津近代历史具有较高的学术价值。

　　天津地处京畿,据通衢,扼海口,地理位置十分重要,以 1860 年被迫开放为标志,天津的历史进入近代时期。洋务运动、小站练兵、清末新政先后发端于天津,义和团运动、辛亥革命、五四运动、中共建党、抗日战争、解放战争在天津留下了史迹,还有九国租界的开辟,北方经济中心的确立,都深刻影响了近代中国的历史进程,故有"近代中国看天津"之说。

　　在这百年剧变的历史中,涌现出一大批中外历史人物,有革命者、实业家、作家、学者、艺术家、达官贵人、失意政客,等等。本书的编者不以传主的政治倾向和职位高低为标尺,坚持收录人物的客观标准,经过深入研究,从近代天津各个领域、各个阶层、各个党派筛选出值得一写的人物,有千人之多,其所涉近代人物的完整性、系统化,在天津近代历史研究领域还是首次。

　　在记述人物的生平事迹时,编者以马克思主义唯物史观为指导,怀着对历史人物客观公正之心,注重史料的真实性,充分运用第一手的档案史料,参考了大量历史文献和最新研究成果,反复印证所依据的口述资料,对选取的各类史料认真甄别,进行去伪存真的深入分析,确保了人物生平事迹的真实可信。一切用史实说话,不隐恶,不溢美,客观记述每一位传主的言行和作为、形象和面貌,以及对社会的影响,注意避免没有史料依据的主观评价。注重行文的规范性,传文结构严谨、层次分明,文字表述精炼、准确、生动,参考文献与注释体系符合学术要求。全书具有较高的研究价值,是一部精品之作。

这是一部集具学术性、资料性和可读性的大型工具书,以人物的活动反映了近代天津社会的方方面面,成为了解天津、认识天津、研究天津的史料宝库,肯定会受到读者的喜爱。近代中国看天津,读完这部书,你会感觉此言不虚。

魏宏运
2016 年 6 月 18 日

凡　例

　　一、本书定名为《天津近代历史人物传略》，是具有学术性、资料性和可读性的多卷本工具书。

　　二、本书收录人物时限，上自 1840 年 6 月 28 日第一次鸦片战争爆发，下迄 1949 年 10 月 1 日中华人民共和国建立。入编人物主要经历和重要事迹应在此时限之内。入编人物 1949 年后健在与否不限，但必须是在 1949 年前确已成名且有重要事迹可书者。凡属 1949 年前仅崭露头角，而 1949 年后始声名大显，或 1949 年前虽已知名，但与天津关系甚浅，而 1949 年后始长居天津者，一般不予收录。

　　三、本书中关于天津的区域范围，系以现在天津市的行政区划为准，凡属现天津市所辖区县之人物，符合收录标准者，予以收录。

　　四、本书收录人物以天津籍为主，包括祖籍天津但流寓外地者；或寄籍天津，出生成长以及长居、终老于天津者。外省市籍人物，视其与天津历史渊源之深浅，在天津具体活动及其影响之久暂大小为依据，酌量收录。

　　五、本书收录人物为近代天津在政治、军事、经济、文化、社会各个领域的知名人物，包括近代天津各个重要历史时期及历次重大历史事件中有重要活动、重要影响和重要贡献的中外历史人物。具体而言，军界为师长以上；政界为省、市厅、局长以上；经济界为历届商会会长，主要同业公会会长，著名工厂、商号、银行、钱庄的创业人或经理；文化界为大学与比较著名的中、小学创办人或校长,著名的教授、学者、科学家、工程师、文学家、书画家、音乐家、文物收藏鉴赏家,知名报社社长、编辑与记者,著名的演员、民间工艺艺人,主要医院院长、著名中西医师;社会人士为地方名流(乡绅、盐商、买办等),知名的法官、律师、寓津旧军政人员、前清遗老、宗教神职人员与居士、体育家、武林高手,以及三教九流中的代表人物等。全国性知名人物尤应重点收录。

六、本书传略以一人一传为原则,因资料缺少等原因也可同类数人合为一传。

七、本书人物传略以本名为主,其有习惯俗称,向以字、号、别名、艺名流行社会者,用其俗称。人物排列以姓氏汉语拼音字母为序,同音者以声调为序,同声调者以第一二笔的笔形为序。同姓者以名字的汉语拼音字母为序。末卷附有《人物姓氏笔画索引》和《人物分类索引》,以便检索。

八、本书人物传略正文,大体上包括生卒年、性别、字号、民族、籍贯、出身、学历、主要经历及在天津重要活动事迹诸项。生卒年均用公元纪年,括注于词目人物姓名之后。不详者以文字或"?"标注。卒年为空白者,表示其人健在。汉族一概不特为标注。籍贯一律用当时地名,必要者括注今名。叙事一律用公元纪年,必要时可标注清朝年号。对人物生平事迹,一般不作具体评论和评价。

九、本书人物传略撰写中所引用的文献资料,一般注明出处,并在传略正文后列出主要参考书目。

目　录

白 云 鹏

白云鹏(1875—1952),字翼卿,直隶省霸县人。

白云鹏幼读私塾,因喜爱看戏听曲,14 岁开始半农半艺,在农村演唱竹板书。1900 年来津,拜师在史振林门下,学唱木板大鼓和演奏三弦。不久,由木板大鼓衍变而来的京韵大鼓刚一诞生,即以其鲜明的天津本土化特色,受到了观众的喜爱。1903 年前后,白云鹏结合自身的嗓音条件,从早期的京韵大鼓中创造出了适合自己的唱腔。为了创新,他聘请了拉弦和唱词的名师,从《红楼梦》唱段改起,逐字逐曲反复练习,反复演唱,并结合北京人喜闻乐见的京腔口语与调、词、韵、弦有机配合,边演边唱,边唱边改。他演唱的京韵大鼓,咬字行腔,运用和缓、低回的唱法,以嗓音宽厚苍劲、咬字轻,放音松,悠远婉转。1916 年,白云鹏成为北京杂耍园子"四海升平"的第一台柱。他的演唱风格被业内及广大观众认可,创立了"白派",与刘宝全的"刘派"、张小轩的"张派"鼎足而立。其后往来于京津等地演出,声誉日增。还曾去东北及江苏、上海、南京、济南、武汉等地搭班演出。

白云鹏的"白派"京韵大鼓独具一格。他演唱时嗓音宽厚而苍劲有力,调门低沉而吐字清晰,行腔婉转而秀雅别致,说中带唱,唱中带说,朴素自然又温文尔雅。他常用稳而有变、平中见奇的唱法,来描绘凄凉的景物和抒发人物的愤懑与悱恻之情。如在《哭黛玉》中,恰当地运用了排比句,通过十六个"我哭你,我叹你",八个"再和你"渲染人物的哀思,感人至深。他的演唱以凄婉纤巧、清醇淡雅的风格著称于世,特别适宜表现哀怨、悱恻的情绪。

白云鹏的演唱曲目非常丰富,其取材于传统故事的《三顾茅庐》《观榜别女》《骂曹训子》《霸王别姬》《黛玉焚稿》《宝玉劝黛玉》等,深受观众喜爱。

白云鹏是一位关心时局,具有民族气节的艺术家。他取材时事,创作编演了大批具有进步思想的艺术作品。

1913年,经直隶督办冯国璋批准,由进步知识分子和曲艺艺人组成的艺曲改良社成立。白云鹏与刘宝全、荣剑尘("荣派"单弦创始人)等为改良社鼓书股成员。他认为灌输社会教育,以演唱的作用为最大。他身体力行,创作并亲自演唱了《维持国货》,反响强烈。1915年,他在广东会馆演出两场,观众踊跃,他将收入全部捐出,并另捐十块大洋,作抚恤储金。还创作演出了《孙总理伦敦蒙难》《劝各界》《改良劝夫》等。

1919年10月,法租界当局强行侵占老西开。白云鹏积极投入到反对法帝国主义的斗争中,多次参加义演和募捐活动。他在极短的时间内创作出两段抨击法帝侵略行径的唱词,在多处演唱。

1937年"卢沟桥事变"后不久,天津沦陷。具有反帝爱国传统的曲艺艺人们以各种形式宣传抗日,反映人民的爱国情绪。白云鹏创作并首演了《马占山血战史》《一·二八之上海》等,重新编排了《煤山恨》,再次推出《贞娥刺虎》,演唱这些曲目以宣传抗战,鼓舞斗志。《大公报》《益世报》等报刊曾多次在报道中赞扬他的爱国行动。

新中国成立后,白云鹏迎来了生命的新曙光,他更加热爱国家、热爱社会,热爱自己一生追求的艺术事业。1949年11月10日,天津市戏曲曲艺工作者协会成立,白云鹏任副主任。1950年,他光荣地出席了全国曲艺工作者代表大会,并受到党和国家领导人的接见。

1950年9月,天津红风曲艺杂技社成立。该社囊括了京韵大鼓演员骆玉笙,相声演员张寿臣、常宝堃、赵佩如、马三立,单弦演员石慧儒,山东快书演员高元钧,乐亭大鼓演员王佩臣,梅花大鼓演员花五宝等著名艺人。曲艺社由白云鹏任社长。在白云鹏的带领下,红风社积极排演新节目,他本人创作并演出了《四女夸夫》。

1951年白云鹏被中国戏曲研究院聘为艺术顾问,被北京艺培学校聘为特级教师,他不遗余力地为国家的艺术事业做出自己应有的贡献。

1952年4月6日,白云鹏在北京病逝。终年78岁。

尚存于世的白云鹏京韵大鼓唱片有《长坂坡》《黛玉焚稿》《探晴雯》《白帝城》《黛玉归天》《哭祖庙》《方孝孺》《霸王别姬》《太虚幻境》《孟姜女》《刺虎》《双玉听琴》等。

参考文献:

中国戏曲志全国编辑委员会编著:《中国曲艺志·天津卷》,中国IS-BN中心,2009年。

采访高玉琮的口述材料。

（刘　雷）

鲍 贵 卿

鲍贵卿(1867—1934),字霆九,奉天海城人。鲍贵卿祖上世居山东牟平,后逃荒到海城架掌寺落户,垦荒务农。其父鲍永宽是木匠,有五子,鲍贵卿行四。父母早亡,鲍贵卿得兄嫂照料,供他读过几年私塾,后因家贫失学。

鲍贵卿19岁时投榆关驻军叶志超部,因办事干练而受器重。叶志超将自家的丫头许配鲍贵卿为妻,又送鲍贵卿入随营武备学堂学习。其后,鲍贵卿转入天津北洋武备学堂学习两年。1888年毕业后,鲍贵卿被派任驻榆关正定练军炮兵哨长。

1894年,鲍贵卿随叶志超开赴朝鲜,驻牙山。叶志超未按既定方案于公州设防,而逃往平壤,却谎报战功请赏。李鸿章任命叶志超为驻平壤清军总指挥。在平壤保卫战中,叶志超再次逃跑,丢官入狱,鲍贵卿等也被革职。

1895年,袁世凯奉命到小站编练新建陆军,鲍贵卿被启用,任工程营队官。鲍贵卿在军中以骁勇闻名,被工程营主将王士珍、段祺瑞等赞为"忠勤异侪辈"。

1899年,鲍贵卿任武卫右军左翼管带,驻防天津小站。12月,武卫右军随袁世凯开赴山东镇压义和团。1902年,鲍贵卿随王士珍等募兵六千人在保定进行训练,于翌年编成北洋常备军左镇。鲍贵卿时任该镇左翼步兵第二营营长。1904年,升任第一镇步队第四标统带,7月,升任第四协协统,驻防直隶迁安。

1908年,鲍贵卿回乡省亲,与张作霖相遇。鲍贵卿与张作霖是同乡,张作霖年幼时曾受鲍母哺育之恩。张作霖将长女首芳(冠英)许配给鲍贵卿的次子英麟,二人遂成儿女亲家。

1911年,鲍贵卿晋升陆军少将,领陆军协都统衔,由迁安移驻保定。武昌起义后,清廷派北洋军赴鄂与革命军作战。1912年1月26日,鲍贵卿参与段祺瑞等人的两次联合通电,敦请清帝退位。

民国成立后,陆军改编,鲍贵卿任陆军第二师第四旅旅长,10月授陆军少将,驻防直隶。其间保定陆军军官学校学生闹学潮,鲍贵卿出动部队强行解散学生。1913年2月,鲍贵卿获二等文虎奖章,6月加陆军中将衔。同年7月二次革命爆发后,鲍贵卿奉袁世凯命令率部镇压革命。8月二次革命失败,任安徽芜湖大通司令官。9月,改任芜湖镇守使兼第三混成旅旅长。1914年,鲍贵卿堵截白朗起义军有功,得袁世凯嘉奖,为皖督倪嗣冲所忌,于当年8月被解除兵权返京,出任北京陆军讲武堂堂长。10月,鲍晋升陆军中将。袁世凯称帝后,封鲍贵卿为"一等男爵"。

张作霖就任奉天督军后,鲍贵卿因与张作霖是同乡并有姻戚关系,1917年6月张作霖向北京政府推荐鲍贵卿署理黑龙江督军。7月鲍贵卿被任命为黑龙江督军兼署省长,加陆军上将衔。从此,鲍贵卿成为奉系军阀中的重要一员。上任之初,鲍贵卿凭借与张作霖和北洋派的深厚关系,平定了黑龙江省的骚乱,掌握了军政大权,同时为张作霖统一东三省奠定了基础。鲍贵卿任职两年,采用"招标"的办法,卖官鬻爵。他办寿时,不收礼品,只收现钱,并借用北京政府参加欧战的名义募捐,中饱私囊。因鲍贵卿善于敛财,被称为"鲍钱褡子"。

1918年9月,北京政府任命张作霖为东三省巡阅使,成为"东北王"。1919年7月,鲍贵卿署吉林督军。

1919年8月,鲍贵卿任中东铁路督办兼东省铁路护路军总司令,10月获一等文虎奖章。1920年1月20日,鲍贵卿以吉林督军和铁路督办的身份致电中东铁路局局长霍尔瓦特,声明中国对中东铁路享有完全主权,拒绝霍尔瓦特以俄人"实行国家统治权"的无理要求。1920年3月12日,哈尔滨30多个工人组织联合向霍尔瓦特发出最后通牒,限期在24小时内辞职。随后,鲍贵卿下令接管了原沙俄外阿穆尔军区司令部、护路军参谋部、宪兵总部及警察局等机构,并派兵进驻中东铁路沿线,解除俄军警武装,霍尔瓦特被解职赶下台。在鲍贵卿的主持下,同年5月,中东铁路主权被中国接收,沙俄势力被驱逐。

1920年9月,鲍贵卿兼署吉林省长,独揽吉林军政大权。10月,珲春爆发反日斗争,焚毁珲春日本领事馆和日本占领的街市,日本趁机派兵万余人侵占大片中国土地。北京政府和张作霖向日本妥协,命鲍贵卿与日本人谈判,议定珲春"会剿"八条。1920年12月和1921年1月,鲍贵卿以政府财产为担保两次向日本借款,遭到吉省朝野人士的强烈反对。

1921年3月,鲍贵卿被调任将军府霆威将军进京。同年12月,大总统徐世昌在张作霖的建议下重组内阁,任命鲍贵卿为陆军总长。1922年5月,张作霖在直奉战争中战败,退出关外。同年9月,内阁改组,鲍贵卿被免去陆军总长职务。

1923年10月,曹锟通过贿选当上总统后,派鲍贵卿等赴奉磋商奉直关系。1924年3月,鲍贵卿再任东省铁路公司督办,10月中东铁路依《奉俄协定》改组,华方鲍贵卿等五人任新理事,鲍贵卿任理事长,苏方伊万诺夫为路局局长,中东铁路的实权完全由苏方控制。1925年9月,鲍贵卿辞职。

1927年6月,张作霖就任陆海军大元帅,组织军政府。鲍贵卿先后担任军事顾问、故宫博物院管理委员会委员、审计院长。1928年6月,张作霖于皇姑屯罹难。自此,鲍贵卿退出政治舞台,在天津、北平寓居。

鲍贵卿退隐后经营天津仁义地产公司,任公司董事长。鲍贵卿还投资恒源纱厂等近代工业。

鲍贵卿晚年因开支过巨,所经营企业多不景气,入不敷出,他便以抵押和变卖房地产渡过难关。1934年3月1日因病去世,终年67岁。

参考文献:

天津市政协文史委编:《天津文史资料选辑》第43辑,天津人民出版社,1988年。

齐齐哈尔市政协文史委编:《齐齐哈尔文史资料》第21辑《军界首脑》,1992年内部印刷。

高文、王水主编:《辽宁文史资料》总第39辑《辽宁文史人物录》,辽宁人民出版社,1993年。

沈阳市政协文史委编:《沈阳文史资料》第21辑,1994年。

(魏淑赟)

卞 白 眉

卞白眉(1884—1968)，名寿荪，字白眉，世居扬州。1884年卞白眉出生于湖北武昌。其祖父卞宝弟曾任湖广总督，其父卞绪昌曾捐官候补道，历任安徽臬台、芜湖捐道，凤阳兵备道等职。

卞白眉自幼攻读四书五经，15岁应乡试，为秀才。16岁与李鸿章侄孙女李国锦完婚。后值清廷废除科举，卞府在扬州成立洋书房，聘请日本小林健吉及毕业于上海圣约翰大学的曹锡庚等为教师，教授子女英、日文及其它科学知识。卞白眉学习新学2年后，捐补为太常寺博士，移居北京，时年18岁。

卞白眉在北京目睹了清廷的昏聩腐败，决定弃官赴美留学。1906年，他偕夫人至美国，考入白朗大学，攻读政治经济学，取得文学士学位。1911年辛亥革命成功，卞白眉于1912年回国，经中国银行总裁孙多森的介绍，一面清理大清银行善后事宜，一面筹建中国银行。自此，卞白眉步入中国金融界。1913年中国银行正式成立，作为政府的中央银行，享有发行货币、代理国库等特权。卞白眉入行之初，任发行局佐理，后升任总稽核。1916年因反对北洋政府明令停止中国、交通两银行(以下简称中、交两行)钞券兑现，辞职移居天津，协助孙多森筹办中孚银行。1918年，冯耿光、张嘉璈出任中国银行正副总裁，邀请卞白眉重回中国银行，1918年出任天津分行副经理，翌年晋升为经理。1920年，卞白眉被推举为天津银行公会会长。

由于 1916 年中、交两行停止兑现,使中国银行的信誉受到影响。卞白眉主持中国银行天津分行后,认真做好发行准备,坚持十足兑现,以恢复银行信誉。1921 年 11 月 15 日,北京中、交两行突然发生挤兑风潮。消息传来,中国银行天津分行也发生挤兑风潮,当日客户提款和柜台兑现即达 160 余万现洋。直隶省长曹锐唯恐引起社会骚乱,召见卞白眉询问情况。卞即采取应急措施:通知各代理发行银行补足六成现金准备,商请上海分行运津现洋 150 万元,与三津磨房公会商妥预存现洋 5 万元,并通知全市 1300 多家米面铺,收到中国银行钞券,保证兑现。同时,由银行公会电呈北洋政府国务院请饬令天津海关照收中、交两行钞券,海关税务司并允将六厘公债基金提前拨来备用,又催收盐余款 10 余万元。至当月 20 日即平息了挤兑风潮,到 12 月 1 日取消了限额兑换的规定。

第一次世界大战结束后,英镑汇价猛涨,进口棉纱布折合银两计算,成本要比原订货高,加以国内军阀混战,销路不畅。因此,凡订有进口棉纱布的商号,无不蒙受损失。按当时汇价折算,天津棉纱布商亏欠洋行贷款约 100 余万银两,引起各方关注,外商银行及洋行希望中国银行出头协助,棉纱布业也请求卞白眉帮助渡过难关。卞白眉于 1921 年 2 月 28 日会晤汇丰银行经理安德森、麦加利银行经理曼因磋商解决办法。最后议定由天津棉纱布商共同筹集白银 70 万两,其中一笔 50 万两,按月息 2 分存入中国银行,定期 20 年,后 10 年无息;另一笔 20 万两,定期 20 年,后 8 年无息。棉布商所欠洋行贷款由中国银行负责以利息分期偿还。10 月 5 日,经总行批准,各洋行与棉纱布商共同签订了偿还合同,中国银行以第三者的身份见证签字,帮助民族企业渡过了这次难关。

天津自开埠以来,对外贸易一直控制在外商洋行之手。卞白眉为了扶植华商对外贸易的开展,经请示总行同意,于 1923 年在中国银行天津分行开办外汇业务,聘用留美归国的林凤苞主持。同时,政府对我国留学生发放的在外津贴等事,也都委托中国银行办理。为开办外汇业务,天津分行除自筹外币外,曾向上海分行借用美金 25 万元。同时通过随市购买朝鲜银行发行的钞票,汇交日本代理银行换为日元,再以日元换兑英镑、美金、法郎等外币,并从中收取兑换差价。其在国外的代理行有美国的纽约欧文信托公司,英国的米兰银行等。

为了扶植内地土特产出口,卞白眉曾拨专款 100 万元,作为内地押汇业务,并在华北各省区分支行设立仓库,使各地客商便于就地办理抵押贷款,如押汇贷款、打包贷款、出口押汇贷款等业务。各贸易商利用中国银行各个环节的贷款办法,十分称便。中国银行则既有物资保证,又可加速资金周转,按期回收,且押款利息、货栈栈租、代理保险结算等业务都有不少收入,吸进了大量银行存款,贷款、内汇、外汇等业务与日俱增。卞白眉做外汇业务特别注意收支平衡,如当天外汇进出发生差额,致使账面不能平衡时,则以外汇折成黄金,委托东街钱庄买进黄金,以弥补当日外汇之缺额。

根据中国银行总行实行区行管辖制的决定,自 1924 年起中国银行天津分行成为华北地区的管辖行,统管河北、山西、陕西、河南、察哈尔、绥远以及北京、天津市,共六省二市分行的业务。

1926 年夏,奉系军阀占据天津,褚玉璞为直隶督办,提出以地皮作抵押,名为向各银行借款,实为勒索。后来褚玉璞将抵押改为直隶省未发行之封存钞票。7 月 30 日,褚突然派人至各银行检查抵押品封存情况,卞白眉身为银行公会会长,为同业出面奔走,先补齐了北四行所动用的抵押。卞白眉作为见证人,就此了结了军阀勒索案。

30 年代初,华北地区天灾人祸不断,农村经济遭受严重破坏,农业生产亟待救济。卞白眉自 1934 年起,在中国银行天津分行开办农业贷款,赴河北、河南、陕西三省产棉区考察;招录了一批大学生和高中生,委托华洋义赈会培训后赴各县从事农贷发放工作,发放范围涉及到河北省保定、石家庄、正定、邯郸等 20 个县,河南省郑州、安阳、灵宝、许昌等 12 个县,发放的农贷以购买牲畜、农具、化肥、优种和小型水利设施为限,多则几万元,少则数千元,以土地为抵押,一般为月息 8 厘,秋收后还款。同时引进国外良种猪、鸡,供农民饲养,增加了农民的农、副收入。

1931年"九一八"事变后,华北地区民族工商业者经营的纱厂,大都陷入困境。卞白眉与河南省政府磋商,由中国银行于1935年11月将纱厂接管,该厂所欠债务和股权皆由中国银行出资清理了结,原厂长和职工全部留用,对董事会进行改组,卞白眉任董事长。当年,卞白眉还在灵宝、彰德等地设立了棉花打包厂,以保证出口质量。

1935年春,平津两行又一次发生挤兑风潮。卞白眉向总行申报预备充足现洋,又通令华北各地分支行,大量吸收现洋存款,源源运至平津,增加了库存实力,抵挡住了兑现压力。与此同时,又通过当局与日本方面交涉,限制朝鲜人兑现。双管齐下,终于平息了平津两市又一次挤兑风潮。

1936年,宋子文鉴于法币贬值,提出将储蓄部存款600万元投向华北纺纱行业。为此,卞白眉拟订了《沟通秦豫纱厂经营计划》。天津分行对各厂认股半数以上。接管雍裕纱厂后,派会计驻厂监督财政,并推荐技术人员进厂,改进工艺流程,使该厂生产大有起色。华北地区沦陷后,豫丰厂迁至四川重庆和合川两地;雍裕厂迁至陕西虢镇,成立了虢镇业精纺织厂。

1937年7月,日军占领天津后,伪币尚未发行,日军急需法币抢购物资。日方指使前北洋政府外交总长曹汝霖等传话,希望中、交两行共同向日本正金银行和朝鲜银行透支300万元法币。卞白眉认为银行之间只可少数周转,允许透支20万元。但日本兴中公司负责人十河却致函银行公会和伪河北省银行,定要共同筹集300万元。卞白眉亲自到日租界十河处说明筹集法币之困难,不能大量供应。十河竟出言恫吓,卞毫不畏惧,不欢而散。8月30日,日方又拟以金票300万元调换法币300万元,并要求中国银行将所换金票存入库中,不能动用。曹汝霖出面向卞说项,卞当即表示,若此迁就,中、交两行是否能维持下去,亦成问题,再次拒绝日本的兑换要求。9月19日,日方特务机关长喜多诚一令曹汝霖造访卞白眉,拟由河北省银行加发钞票,然后以金票兑换法币。卞白眉再次予以拒绝。

1937年12月,伪政权决定成立华北联合准备银行。先由曹汝霖出面约请中国、交通两行以及"北四行"负责人征询意见。伪中华民国临时政府行政委员会委员长王克敏又于12月16日亲临天津与卞白眉商讨成立联合准备银行事宜。当时,卞白眉明确表示:一、不加入股本;二、不能截止发行日和发行额;三、不能交出全部准备金。最后由王克敏出面,授意卞白眉签注"尽量筹集"四字。卞在不得已的情况下,被迫签写"卞白眉尽量筹集"七字,以示他并非代表中国银行。

1938年1月,中国银行总行通知卞白眉去香港开会。几经周折后,于2月10日乘英轮泽生号离津赴港。卞白眉在香港成立天津中国银行驻香港办事处,仍遥领天津分行,直到太平洋战争爆发。1943年,卞白眉任中国银行副总经理。1949年,中国银行总行迁香港后,卞白眉退休。1951年,卞白眉迁居美国。

1968年,卞白眉病故于美国,终年84岁。

方兆麟为其编有《卞白眉日记》四卷存世。

参考文献:

刘续亨:《著名银行家卞白眉在天津的二十年》,载天津市政协文史委编:《天津文史资料选辑》第36辑,天津人民出版社,1986年。

张连红、严海建主编:《民国财经巨擘百人传》,南京出版社,2013年。

冬月编著:《五大道名门世家》,天津人民出版社,2013年。

(高　鹏)

蔡 慕 韩

蔡慕韩(1902—1978),直隶霸县人。1902年,蔡慕韩出生于直隶省霸县胜芳镇的一个大地主家庭。胜芳蔡家在文安、霸县、大城三县境内占有土地共达1200余顷之多,是河北省远近闻名的大财主。蔡慕韩的父亲蔡葵(字犊泉)是胜芳蔡家第三代当家人,母亲是天津"八大家"之一的"长源杨"杨春农的孙女。蔡慕韩是家中的次子。

蔡慕韩8岁时,父亲在家中设专馆教其读书,由秀才蔡次东开蒙。十四五岁时,由当地举人王锡命教读,家中并聘有英文教师教授其英语。蔡犊泉去世后,蔡慕韩的叔父蔡次泉、蔡荫泉及其长兄蔡述谭,沉溺于烟、色,家务完全由蔡慕韩主持。

1920年前后,连续发生了直皖、直奉战争。由于时局不靖,而地方支应军需为数浩繁,蔡慕韩遂与叔父次泉、荫泉商议,1922年全家迁至天津。蔡慕韩把胜芳所有动产除立祥号仍留胜芳从事出租土地、经营地租外,其他如立昌永、立丰两银号均移天津继续经营。蔡家三门以吕厚堂(蔡慕韩)、树德堂(蔡次泉)、荫德堂(蔡荫泉)三个堂号各自经营粮行业务,从业人员均系由胜芳立祥号调来。蔡慕韩还在奥租界开设天聚当,在西头怡和斗店投资任董事。

蔡慕韩先住日租界,后移居英租界。因拥有大量资金,他在金融界也很活跃,逐渐为租界当局重视,于1930年被选为英租界工部局董事。

当时,天津的洋行买办与盐商、当商等组织有"行商公所",成员有平和洋行买办杜克臣、横滨正金银行华方经理魏信臣、新泰兴洋行买办宁星普、盐商叶兰舫和粮商王郅隆等。蔡慕韩到津以后，很想加入这个公所。当时裕津银号的赵聘卿为了取得该公所成员资格，将所经营之裕津银号改组为裕津银行，大事招股。蔡慕韩通过其姻亲魏信臣的介绍，出资认股后，以裕津银行大股东身份取得该银行的常务董事，加入了"行商公所"，从此蔡慕韩便在天津金融界活跃起来。

蔡慕韩见到济安自来水公司股票稳妥可靠，遂产生了收购的念头。济安自来水公司最初股票共约2万股左右，每股票面100两银，共为200万两银。蔡慕韩大量收购其股票，天津沦陷时，他已拥有济安公司股票三千七八百股，这时每股票面值已达250元，蔡慕韩成为该公司股票最多的持有者。沦陷初期，济安自来水公司系卢开瑗把持，其弟卢南生为当时的天津市公用局局长（济安自来水公司属公用局管辖）。后卢开瑗离开天津，蔡慕韩在卢南生的支持下，以责任董事名义每日到公司办公。这时蔡慕韩的长兄蔡述谭亦大量收购该公司股票。该公司董事会改选时，蔡家兄弟二人互争董事长，相持不下。蔡慕韩就将自己的一部份股票，借给曹汝霖，由曹出任董事长，蔡述谭为副董事长。后来董事会改组，蔡慕韩任总经理、董事长，公司实际由蔡慕韩把持。蔡慕韩取得济安自来水公司的大权后，第一个措施即连提两次水价，公司获得利润极大。获得巨额利润后，第二步即将原有的2万股改为85000股，增值为850万元，每股票面由100两改为100元，原持有股票100股者，即作为350股。因蔡慕韩持有股票较多，他的收益比其他股票持有人更多。

天津沦陷后，日伪政府对烟、酒、粮、油、纸张等物资严格控制。工厂商品和进口商品只能卖与第一部组合成员，由第一部组合成员卖与第二部组合成员的批发商，再由第二部组合成员卖与零售商，价格必须按限价出售。第一部组合成员都是日商。日商加藤洋行是经营纸张的第一部组合成员，由台湾等处运来纸浆，交给各造纸厂，而各厂纸张成品必须卖与加藤洋行，这样各厂无利可图。蔡慕韩找到了与工厂股东有关的利生进出口公司,双方达到协议,先由利生加入纸业第二部组合,再与加藤洋行磋商。在加藤的默许下,由华北造纸厂卖与第一组合成员加藤的纸张,全部再卖与第二组合成员的利生公司。然后由利生以市场价格(即黑市价格)向外销售。这样利生售得的市场价格与限价的巨额差价,除部分作为利生公司的酬金外,其余由华北造纸厂和加藤洋行经办人利益均沾。所以沦陷区的华北造纸厂仍然能够获得高额利润,蔡慕韩也因此获得各股东的称赞。蔡慕韩认为华北造纸厂有利可图,股票必然上涨,遂即大量购进。于是蔡慕韩又开设万祥银号,与立昌永、立丰两银号形成三足鼎峙。不久,他又接办了河北三条石周公祠大街利和毛巾厂,并自任总经理。

1942年,东亚毛呢厂技师赵子真、开滦矿务局董事兼秘书娄鲁青等创办了华北造纸厂,又拟开办大陆造纸厂作为华北造纸厂的分厂,并改组华北造纸厂为华北股份有限公司,股金由100万元增为400万元。每股100元,凡有300股以上股权者,可以被选为董事。蔡慕韩通过开滦矿务局工程师朱建三介绍认购600股以上。另外,蔡慕韩在胜芳拥有大量芦苇地。芦苇是造纸原料,蔡慕韩在华北造纸厂既有股东收益,又为自己的芦苇打开了销路。

抗战胜利后,蔡慕韩仍任济安自来水公司总经理。为了应对通货膨胀和物价上涨,公司开始实行按物价指数收取水费。即按公司需用的几种主要物资,如煤、水管、白矾(滤水用)和油、粮等价格为标准作比例,收取水费。这时公司又两次增加股额,最后一次增至3000万元。

天津解放前夕,蔡慕韩把他的动产完全换成黄金,并携带济安自来水公司董、监事会中押存的近千股股票于1948年底乘国民党飞机逃往上海。蔡抵沪后,原拟转赴香港,因在上海作股票交易,香港之行作罢。上海解放后,蔡慕韩乘解放后通行的第一列火车北返。当时,济安自来水公司已被军管,蔡慕韩以利和毛巾厂大股东身份进入该厂,不受报酬,帮助整理业务。1951年2月,天津市召开政协会议,蔡慕韩当选为政协委员。1956年,胜芳镇人民政府筹建发电厂,蔡慕韩带头认购股票,并对政府承诺,建厂期间资金不足部分由他全部承担。1956年,在资本主义工商业的社会主义改造中,蔡慕韩始终积极拥护,坚决执行。

1978年,蔡慕韩在天津去世,终年76岁。

参考文献:

蔡慕韩:《"胜芳蔡"的发迹与衰败》,载河北省政协文史委编:《河北文史集粹》(经济卷),河北人民出版社,1992年。

蔡慕韩:《"胜芳蔡"发家史》,载河北省政协文史委编:《河北文史资料》第7辑,河北人民出版社,1982年。

吴志国主编:《这里是胜芳》,人民日报出版社,2009年。

(张慕洋)

曹　锟

曹锟(1862—1938),字仲珊,天津人,出生于天津大沽一个贫穷造船工家庭。

曹锟 20 岁时投淮军当兵,1885 年入天津北洋武备学堂学习,1890 年毕业,曾在宋庆的毅军当哨官。1894 年中日甲午战争随军去朝鲜,战后投袁世凯的新建陆军,任右翼步兵一营帮带。袁世凯任直隶总督后,1902 年曹锟任直隶常备军右翼步队第十一营管带,1903 年直隶常备军右翼步队被改编为北洋陆军第一镇,曹任第一镇第一协统领。[①] 1906 年彰德秋操时,曹锟任北洋军第一混成协统领,1907 年升任新军第三镇统制。同年随东三省总督徐世昌移驻长春,后历任记名总兵、副督统、总兵、提督等职。武昌起义后,受命移驻直隶、娘子关一带,后移驻京郊南苑附近,民国成立后,任陆军第三师师长。

1912 年 2 月,曹锟在北京纵兵哗变,为袁世凯制造拒绝南下任职的借口,1914 年,曹锟被任命为长江上游警备司令,监视南方革命势力的活动。1915 年袁世凯预谋称帝,曹锟与张绍曾以直隶代表名义,上书请求改变国体,支持帝制,袁世凯称帝后被授"虎威将军",再封一等伯。1915 年 12 月,蔡锷在云南领导护国军讨袁,袁世凯决心以武力镇压,曹锟、张敬尧于 1916 年 1 月受命率军入川,与护国军战于叙州、泸州之间,受创败

---

① 　联荣:《北洋军的建立》,载全国政协文史委编:《文史资料选辑》第 3 辑,中华书局,1960 年,第 177 页。

退。6月,袁世凯病死,黎元洪任大总统,曹率残部东归。9月,任直隶督军,驻保定。1917年5月23日,黎元洪下令免去段祺瑞总理职务,各省拥段的督军宣布独立,曹锟虽然于6月宣布独立,但仍与黎元洪保持一定的关系。同年,张勋策划复辟,在徐州召开"督军团"会议,曹锟派代表参加。随后段祺瑞"马厂誓师"讨伐张勋,曹锟又见风使舵投靠段祺瑞,担任西路讨逆军总司令。同年,曹锟兼任直隶省长。张勋复辟被平后,黎元洪下野,冯国璋代理大总统,段祺瑞复任总理,但他拒不恢复旧国会,而是以各省指定代表,炮制非法临时参议院,代行国会立法职权。北洋军阀纷纷附和,曹锟也通电支持。在北洋政府的冯、段"府院之争"的对峙中,曹锟时而附冯,时而附段,取骑墙态度。1917年,孙中山在南方建立军政府,发动以反对北洋军阀、恢复《临时约法》为宗旨的护法运动。在对南方政府的态度上,曹锟时而主张"南北议和",声称愿做"调人",时而积极主战,根据冯、段势力的消长,在各派力量间纵横捭阖,谋取利益。

在1919年五四运动中,段祺瑞及其安福系声名狼藉,直系军阀乘机策动反皖系军阀活动。12月,冯国璋病死,曹锟被推为北洋直系军阀首领,他利用皖、奉之间的矛盾,积极争取奉系。1920年7月,直皖战争爆发,奉系从东部战场帮助直系进攻皖系。皖系军队战败,段祺瑞下台,直奉两系军阀共同控制北京政府。9月,曹锟任直鲁豫巡阅使。此后直、奉两系为争夺中央与地方权力,不断发生争吵。

1922年,奉军大举进关,直奉战争爆发,奉军败退关外,曹锟、吴佩孚重新控制了北方局面。曹锟同意吴佩孚召集1917年旧国会的主张,于6月拥护黎元洪重新上台,以"法统"的名义抵制南方的护法军政府。

黎元洪恢复总统职位后,曹锟就开始了自己当总统的努力,通过其弟曹锐及高凌霨、吴毓麟、边守靖等串通众议院议长吴景濂,收买议员作驱黎拥曹的准备。1923年6月,在曹锟的示意下,直系政客通过策动内阁辞职、军警索饷请愿、围困黎元洪住宅、断水断电等手段,把黎元洪逼下台。接着曹锟急不可待要进行总统选举,但因议员纷纷离京,无法召集国会。于是曹锟采取了收买议员的办法,规定凡选举时出席的议员每人贿以五千元支票,吸引了一批议员由沪北返。10月5日,这批被称为"猪仔"的议员把曹锟选为总统。10日,曹锟当上了中华民国第五任大总统。同时,他授意国会公布了一部中华民国宪法。这是中华民国第一部正式的宪法,经过长期酝酿,其内容可圈可点。但曹锟因贿选任总统,其宪法被称为"贿选宪法"。

曹锟靠贿选当上总统后,直系内部更加分裂,外部反直势力日渐壮大。1924年10月,爆发了第二次直奉战争,冯玉祥发动北京政变,直系对奉作战失败。11月2日,曹锟宣布辞职,被软禁于中南海延庆楼,获释后去河南投靠吴佩孚。1927年吴佩孚失败后,曹锟回到天津当了寓公,从此不再参与政事,再也没有离开过天津。

做了寓公的曹锟,以书画、打拳、会友和聊天度日。曹锟晚年信佛,他经常到大悲禅院烧香念经。他请人画了一幅表现孔孟等圣人功绩的"圣迹图",每晚都要在"圣迹图"前朝拜。晚年的曹锟特别爱听河北梆子,有时来了兴致,自己也哼上几段。曹锟最爱画国画,尤其擅画梅花,因为梅花"凌厉冰霜节愈坚"。他练书法最得意的是用一笔写成一个虎字,再盖上图章,然后署名为"乐寿老人"或"渤叟"。[①]

1931年九一八事变后,日本人占领了东北、华北的大片土地,他们搜罗社会上有声望的人物,妄图采取"以华制华"的策略,建立伪政权,曹锟成为日本特务重点争取的人物。日本特务头子土肥原贤二亲自策划了对曹锟的诱降工作,先后派几个日本人去曹宅探访,邀请其出山,但均遭到严词拒绝。土肥原贤二又派出曹锟的老部下齐燮元、高凌霨劝其出山,曹锟仍不为所动,坚决拒绝与日本人"合作"。

曹锟自身文化不高,但是他很重视教育,尊重知识。1921年他在原保定农业专门学校的基础上,创办了一所综合性大学——河北大学,自任

① 许哲娜:《曹锟在天津的平民生活·曹锟旧宅》,周俊旗主编:《建筑·名人·城市》,天津社会科学院出版社,2012年。

董事长,学校教师实行聘任制。曹锟常对手下说,自己就是一个推车卖布的老粗,什么都不懂,办大学就得靠教授,他对教授毕恭毕敬以师礼待之。曹锟从不干涉学校正常的教学和用人秩序,但他经常教育学生要尊敬老师。①

1938年5月17日,曹锟因病在天津英租界泉山里寓所去世,终年76岁。

1938年6月14日,国民政府发布训令,追授曹锟为陆军一级上将,颁赠"华胄忠良"匾额一方,褒奖其民族气节。

参考文献:

张祥斌编著:《曹锟传》,吉林大学出版社,2010年。

(陈　克)

---

①　康鹏:《军阀与教育》,《甘肃日报》,2012年6月1日,第13版。

陈 宝 泉

陈宝泉(1874—1937)，字筱庄、小庄、肖庄，天津人。

陈宝泉从小受到良好的私塾教育，喜读各种历史书籍。15 岁开始入问津和辅仁书院读书，16 岁从王菊舫老师学习。李叔同比陈宝泉小 6 岁，自幼交往甚密。

1895 年，陈宝泉考入县学附生，1897 年考取京师同文馆算学预备生。时值戊戌变法风起云涌，年少气盛的陈宝泉加入了康有为创办的强学会。1901 年，陈宝泉进入王春瀛开办的开文书局做编辑和校对。当时书局里集中了很多名人，他们经常在一起讨论学问和时务，陈宝泉获益良多。

1902 年冬天，严修捐资成立了天津民立第一小学堂，陈宝泉被聘为教师。1903 年秋天，严修选送他赴日本弘文书院师范科短期培训。这是天津第一批官派留学生，也是清末新政时期直隶省为教育改革做准备的措施之一。与陈宝泉同行的共有 20 人，10 人为天津人。这些人后来都成为天津的文化名人。日本弘文学院成立于 1902 年，是一所专门接收中国留学生的学校，留学生中不少人是同盟会的骨干，陈宝泉在日期间对革命运动有了新的认知。他说："予向在国内虽常习东文及阅新出书报，而对于革新事业终有扞隔不入之处。居东一年，始有涣然冰释之概焉。"

1904 年陈宝泉回国后，曾在天津多所小学任职。由于当时周学熙计划在天津设立教育博物馆，于是当年冬天又派陈宝泉赴日考察博物馆并购置展品。在日本的一个月时间里，陈宝泉在东京就教育博物馆事访问了一些教育专家,并购买了地理、历史两门类展品。回国后拟定了《天津教育品陈列馆试办大概章程》,策划并筹办了天津教育品陈列馆,1905年2月10日开馆,是中国人最早的博物馆实践。该馆开馆正值废除科举兴办新式学堂这一时期,对兴办新式教育起了相当重要的引领和普及作用。

当时严修任直隶学校司督办,陈宝泉被调入直隶学校司,成为严修的得力助手。在任职期间,陈宝泉拟订劝学所、宣讲所等章程。当年春天直隶学校司改名学务公所,从保定搬到天津,陈宝泉任直隶学务公所图书课副课长,主编了中国近代最早的省级教育行政机关刊物《直隶教育杂志》,在社会上产生了广泛的影响。他编辑的格致教科书,以及与高步瀛用白话文合编的《国民必读》一二三编,共印行10万册,在民间非常流行。这一时期他还经常利用业余时间对民众进行教育革新的通俗讲演,不遗余力地投入了天津的教育事业。

1905年冬,清廷下诏:"以各省学堂次第兴办,必须有总汇之区,以资董率而专责成,特设学部,命荣庆为尚书,熙瑛、严修为侍郎。"陈宝泉也随即调入学部,从主事做到郎中。在学部他开始大展才能,拟订学部开部之计划,改订中等以下学堂章程,主持图书局和组织编纂教科书的工作,编著了《民教相安》《国民镜》《家庭谈话》等。后又担任普通教育司师范科员外郎。1910年,擢升为学部实业司司长。1912年3月,民国政府成立后,陈宝泉被教育部总长蔡元培和次长范源濂任命为北京高等师范学校(北京师范大学的前身)校长,并应邀出席了全国临时教育会议,参与民国初年教育变革。他扩充北京高师的学科,完善学校的建制,奠定了后来北京师范大学的规模。

五四运动时,陈宝泉与蔡元培等积极营救被捕学生,使北高师成为新文化运动中除北大之外的又一重要阵地。陈宝泉重视道德教育,把道德教育视为教育之根本,视为人生的基础。他在北京高师任职9年,赢得了师生的深切爱戴,辞去高师校长职务时,校内外600多人通函挽留。

1920年冬,陈宝泉调任教育部普通教育司司长。1921年夏,陈宝泉参与组织教育调查社,邀请美国教育家孟禄博士考察,邀集教育界人士开大型教育讨论会,会议期间,他参与成立了中华教育改进社。他与陶行知、胡适合编《孟禄的中国教育讨论》。并和陶行知南北呼应,主张将教授法改为教学法,认为:"方法由宗旨而定,今日教学法之宗旨,应力斥教员中心主义,而实行儿童中心主义。"他参与制定"壬戌学制",并任中华教育文化基金委员会委员,参与发起中华平民教育促进总会。1923年任教育部教育次长兼普通教育司司长。1928年,北京政府结束后,教育部被解散,不久陈宝泉离开北京,回到天津。

1929年,严智怡等人举荐陈宝泉出任天津市政府参事、教育部名誉编审。后来在天津历任天津贫民救济院院长、天津广智馆董事、青年会董事、铁路同人教育会副会长等职,并在南开大学兼课。1930年底,任河北省政府委员兼教育厅厅长。

陈宝泉喜藏书,14岁时对藏书产生了兴趣,开始其藏书生涯,有藏书楼为"退思斋"。著有《中国近代学制变迁史》《退思斋诗文存》《陈筱庄五十自述》存世。

1937年病逝,终年63岁。

参考文献:

天津市政协文史委编:《近代天津十二大教育家》,天津人民出版社,1999年。

北京师范大学校史研究室编:《北京师范大学校史》,北京师范大学出版社,1982年。

蔡德生、刘立德:《陈宝泉教育论著选》,人民教育出版社,1996年。

王金生:《陈宝泉及其教育思想》,《河北师范大学学报》(教育科学版),2003年第4期。

(陈　克)

陈 范 有

　　陈范有(1898—1952),名汝良,字范有,以字行,安徽石埭县人。1898年生于天津。其父陈一甫持家俭朴,家教严格,热心慈善,爱国爱乡,这些品质对陈范有的一生产生了重大的影响。

　　陈范有儿时就读天津高等小学堂,1912年考入南开中学。陈范有学习刻苦,品学兼优。在南开中学学习期间,陈范有产生了强烈的爱国思想。1917年,陈范有考入天津北洋大学土木工程系,成绩一直名列前茅,享受奖学金。1919年五四运动期间,他与张太雷等人组成北洋大学第二讲演团,到塘沽进行宣传演讲。

　　1921年,陈范有大学毕业后原想赴美留学,但父亲要他回家乡石埭造桥,用他所学知识为家乡人民造福。石埭县城南的舒溪河是南北交通要道,夏秋水涨,船翻人亡的事时有发生,乡人盼望修建大桥已久。1922年,陈一甫等人集资13万银元,由陈范有实地参加勘察设计和施工,建成钢筋水泥结构的永济桥。在造桥的3年间,陈范有食宿自理,不取分文。《石埭县志》在题为"石埭舒溪永济桥记"的条目中记载了陈范有造桥之事。该桥的建成开启了皖南徽州到芜湖的通道,受到家乡民众和来往过客的一致赞扬。陈范有还在石埭崇实学校担任英语教师,并与校长孙梅轩联合倡议开办初中部。

　　1925年,27岁的陈范有进入启新洋灰公司,从此步入水泥行业。他从工程师做起,很快就熟悉了水泥生产的各个环节,并承担了在塘沽于家堡修建水泥海运专用码头的任务。1933年,陈范有任启新洋灰公司协理。由于他受过现代化教育,懂得工程技术,不久便进入决策层,为启新洋灰公司注入了新鲜的活力。他重视科学技术,曾到美国和欧洲考察水泥工业,不断吸取先进技术。他在负责唐山启新洋灰厂8号窑的扩建改造工程时,敢于创新,一丝不苟,亲自复核验对数据,亲自设计图纸,在施工现场直接参与建设,使8号窑的设计成为他技术成熟的代表作。陈范有在天津还先后担任过滦州矿务公司副主任、开滦矿务局议董等职务。

陈范有考虑到启新洋灰厂所处的环境,深感唐山与被日本侵占的东三省近在咫尺,日本侵略者虎视眈眈,该厂的前景堪忧。虽然当时工厂尚可获利,他仍然建议未雨绸缪,把资金转向比较安全的南方建厂。这个观点很快获得启新管理层的共识。1935年,陈范有成为常务董事和筹建南京江南水泥公司的负责人。他雄心勃勃地购买了世界一流的机器,亲自进行规划、设计,决心把江南水泥厂建成远东一流的水泥厂。用了两年多时间,一座年产20万吨的现代化水泥厂展现在栖霞山麓。1937年七七事变发生,接着淞沪会战开始。那时他仍希望工厂早日建成,以巩固国防。11月,上海失守,陈范有等人只好将江南水泥厂职工紧急疏散,并想出聘请洋人护厂的策略,工厂挂上了丹麦国旗。在沦陷后的半年时间里,江南水泥厂难民营救护同胞3万多人。

日军占领南京后,打起了江南水泥厂先进设备的主意。日方对工厂派丹麦和德国人留守产生了怀疑。1938年5月,陈范有秘密来到上海,与丹麦史密芝公司进行密谈。陈范有说服史密芝公司与江南水泥厂采取同样的立场,使护厂行动得以成功。陈范有坚持"不资敌,不合作"的方针,拒与日方签订协议,拒绝开工生产。1938—1943年的6年间,江南水泥厂承受着巨大经济损失,顶住日方种种压力,坚持不开工,未给日本人生产一袋水泥。这是抗战中期江南水泥厂为反对侵略战争作出的重大牺牲。1943年7月,日方通知拆移江南水泥厂机器至山东张店造铝。陈范有与日方展开斗争。最后陈范有等人在天津召开了临时股东大会,反对日方拆机。此举激怒了日方,认为江南厂有抗日嫌疑,意欲抓捕有抗日倾向的人。1943年11月29日,陈范有不顾危险,挺身领衔赴北京六国饭店与日方会谈,重申江南水泥厂维护公司法的原则。最终日方虽然强用兵力拆走机器,但由于坚持斗争,使拆机拖延了半年之久,到战争结束时,日方也没有建成铝厂。

陈范有继承了其父陈一甫先生乐善好施、济人救难的遗风。抗日战争全面爆发后,日军轰炸了以抗日著称的南开大学,并扬言要逮捕当时在南开大学任秘书长的黄钰生(字子坚)。陈范有得知后,先请黄住在他家中,后为黄买了船票,使其得以离开天津,平安到达昆明西南联大任教。1938年6月27日,天津耀华中学校长赵天麟,因带领师生开展抗日救亡运动,被日本特务暗杀。陈范有得知后,不顾个人安危,暗地派人送钱接济他的家属。耀华中学1944届学生于敏,其父因病失业,他面临无力继续进入大学深造的困境。陈范有得知后资助他考大学,帮他渡过经济难关。后来于敏成为中国核物理专家,成功地设计了氢弹,被称为"氢弹之父",获得"二弹一星"功勋奖章。1939年,天津水灾,马路上可以行船,溺死的人畜尸体到处可见。陈范有组织"甲戌社"进行救济,向灾民分发现款及洋面、食物(馒头及大饼)、棉衣、酱菜等必需品。

抗战胜利后,陈范有不贪图高官厚禄,谢绝了国民政府行政院长翁文灏聘请他为资源委员会委员的邀请,抱着实业救国的理想,面对重重困难,担任江南水泥公司总经理,脚踏实地重建该厂。他各处筹集资金,但获得的资金因物价不断上涨而不断贬值。1948年,国民党政权发行金圆券又夺走了工厂的黄金和外汇。最后,江南厂还受到扬子电气公司的敲诈。虽然面临着种种不利情况,陈范有仍然招添上海新股1/4,并设法结汇200万美元添置机器,于是一座崭新的现代化水泥厂从被日本人破坏的废墟中重新建立起来。

南京解放后,陈范有写信给周恩来总理,请求政府帮助解决了水泥厂高压电路的问题,还亲笔书写了长达54页的《江南水泥公司之历史与内容及拟为政府部分加工之建议》,向政府提出合理化建议。在人民政府的支持下,1950年,江南水泥厂终于结束长达16年的建厂过程,开工生产,成为新中国水泥工业的骨干企业,为新中国的建设事业服务了达半个世纪之久。

新中国成立后,陈范有曾当选全国水泥同行业联合会主任委员。他将100万元股票等无偿捐献给国家,还将多处房产上缴政府。

1952年3月31日,陈范有在上海去世,终年54岁。

参考文献:

陈克潜:《爱国实业家陈范有与江南水泥厂》,苏州大学出版社,2013年。

吴熙祥:《洋灰世家:陈一甫、陈范有父子求索实业救国之路》,上海人民出版社,2010年。

邓小文:《南京水泥第一人:陈范有》,《南京史志》,1998年第4期。

张连红、严海建主编:《民国财经巨擘百人传》,南京出版社,2013年。

(高　鹏)

杜 笑 山

杜笑山(1884—1927),名宝贤,字笑山,天津人。

杜笑山清末选用州同,后在天津警察厅任职。杜笑山早年因擅发私运军火护照获罪,由于天津警察厅长杨以德与杜家有亲戚关系,在杨以德的百般庇护下,杜笑山未被追究刑事责任,仅以撤销职务了事。①

1912年,杜笑山伙同其兄杜宝桢(字筱琴)在天津城里大费家胡同南口的水月庵里办了一个慈善团体,名为"体仁南善社",简称"南善堂"。南善堂以办恤嫠会为主,即对一些无生活来源的守节嫠妇,按月给予一定的救济金,每人1至2元不等,人数固定在200人左右。由于名额有限,一般嫠妇报名参加恤嫠会是很困难的。其中也有营私舞弊之事,有时经办人从中吃空额,捏造假名,到月头派自己的亲信去领取。②

南善堂还办理一些临时赈济之事,冬季对一些衣食无着者发放一些御寒衣物,如旧棉被、旧棉衣等。夏季发放一些防暑的药物。春节前发放一些玉米面,根据家庭人口等情况,3斤、5斤,最多10斤不等,由本人到指定的面铺领取。如遇特殊情况,也办理急赈和募捐等活动。

南善堂成立初期,杜笑山聘请了一些社会名流和著名的绅商为董事。

---

① 金大扬:《八善堂与杜笑山》,载天津市政协文史委编:《天津文史资料选辑》第31辑,天津人民出版社,1985年,第217页。

② 金大扬:《褚玉璞枪毙杜笑山》,载天津市政协文史委编:《天津文史资料选辑》第76辑,天津人民出版社,1997年,第500页。

南善堂的实权始终掌握在杜笑山、杜宝桢兄弟手中。南善堂对外劝募赈款、采购赈粮和发放赈济粮物,都由他们兄弟二人操办,至于内部助理人员的聘用,更由他们二人决定。

1917年,天津发生水灾,南善堂在杜氏兄弟的带领下,赶办急赈,一方面派人分头到各界紧急募集赈灾款项,一方面派人购买赈粮,开办粥厂,还承包打埝工程,购买麻袋,招募青壮年从事装土、打埝等劳动。杜氏兄弟在这场募捐赈灾过程中发了一笔横财。

1924年秋,奉系军阀占领天津,失去政治靠山的杜笑山一度沉寂。1926年,直鲁联军褚玉璞担任直隶督办,杜笑山迅速与褚玉璞及其兄褚玉凤拉上关系,经常坐着"包月车"进出督办公署的大门,与褚家兄弟吃喝不分。为了迎合褚玉璞,杜笑山更是把南善堂附设的南善堂小学更名为"蕴山"小学,因褚玉璞号"蕴珊",采用"蕴山"名称,表示这所小学是督办褚蕴珊与杜笑山合办,既给褚玉璞贴金,又壮大杜笑山的声势。

杜笑山凭借与褚玉璞的特殊关系,垄断了天津的慈善团体,把天津的北善堂、崇善东社、引善社、公善社、备济社、济生社和体仁广生社与南善堂合并起来,组成20年代中期天津最大的慈善团体——"八善堂",由杜笑山统一领导,总部设在南善堂原址。有人送给杜笑山上书"万众载德"四个金字的一块巨匾,挂在其城里香店胡同家中的大门上。[1] 杜笑山成为名噪津门的大善人。

八善堂的经济来源除各位董事捐赠外,主要依靠向外摊派聚敛,杜氏兄弟还经常邀请龚云甫、杨小楼、梅兰芳等著名演员来津义演,一般安排在新明戏院演出,头等包厢80元,二等包厢60元,散座10元。一次义演,除去各项开支净余3万余元。[2]

民国年间,河北省灾歉、战乱频发,灾民四处流离,生活无着。八善堂在救济灾民中发挥过重要作用。1925年冬,国民军与奉军交战,各乡难

① 谭汝为、刘利祥:《天津地名故事》,天津人民出版社,2012年,第196页。
② 章用秀:《八善堂始末》,《慈善》,2011年第6期。

民纷纷逃避,无衣无食,杜笑山出面统一进行赈济活动,八善堂下设40余处分支机构,收容20多万灾民,战后负责资遣回籍,死者代为埋葬。12月17日,《益世报》报道:"战事发生以来,各慈善机构纷纷筹设收容被难妇孺机关,以资救济。而尤以天津八善堂合组之救济战地灾民善会为热心。"[①]1926年1月,通过八善堂的关系,普乐茶园、福厚里等收容难民22455人,每日由八善堂提供食物约需千元,并安排医生每日到收容所查询,及时为患病灾民施药诊治。[②]

杜笑山以赈灾为名,发动募捐,成立"战区临时救灾会",组织大批人员打着八善堂的旗号到各县赈灾,一边募捐,一边进行放赈,并负责掩埋战地遗弃的死尸。一时八善堂的声威大振。

杜笑山与褚玉璞的关系更是日渐亲密,褚玉璞每次离津赴前线布防时,杜都率领八善堂的董事们及蕴山小学的军乐队,前往车站恭送。一次,褚玉璞在前方打了胜仗归来,杜笑山便以八善堂的名义,在鼓楼南广东会馆举行大规模的"凯旋会",摆酒宴,演京剧,开销达万元。此外,杜笑山还几次以八善堂的名义,征敛粮食、衣被等转送前线慰问将士,一次就送给褚玉璞数万元充当军费。

1927年春天,在褚玉璞的支持下,杜笑山担任天津屠宰场的场长,这个官职不大,却是个"日进斗金"的肥差,每年净挣8万大洋。屠宰场坐落于西于庄屠宰场大街,隶属天津警察厅管理,杜笑山有着褚玉璞的支持,根本不把警察厅放在眼里,更没有尽心应酬。警察厅长常之英对此很不满意,认为长此以往,对自己很不利,恨不能把杜笑山一脚踢开除掉。碍于杜笑山与褚玉璞非同寻常的关系,常之英又无可奈何,只是暗暗等待时机,准备收拾杜笑山。

1927年,国民政府北伐军推进到徐州一带,褚玉璞奉命离津前往徐州前线督战。警察厅长常之英认为这是个机会,立即拘捕杜笑山,查封屠

---

① 《益世报》,1925年12月17日。
② 章用秀:《八善堂始末》,《慈善》,2011年第6期。

宰场,同时派人审查天津屠宰场的账目,结果不仅账目不清,且多处有营私舞弊情况,亏损款项达数万元之多。常之英以厅长身份找杜笑山谈话并将其软禁起来。

杜笑山被拘押后,警察厅始终没有宣布拘押理由,也未移送法院审理。天津总商会等不明真相的社会团体纷纷致函警察厅,请求保释杜笑山或尽快审理此案。常之英均答复以:此案重大,尚需禀明褚督办,再做处置。

褚玉璞回到天津后,常之英立即把杜笑山贪污公款之事进行了详细的汇报。此时,褚玉璞正为前方军事失利而烦恼,听了常之英的汇报,很不耐烦地说:叫他拿出 10 万块钱来就算了。常之英说杜笑山根本不买督办的账,听说他二哥还托人去北京找张大帅了,以此进行离间。褚玉璞顺手写了一个条子,命令警察厅枪毙杜笑山,立即执行。

1927 年 12 月 23 日下午,杜笑山以营私舞弊、大量侵吞公款等罪行,被执行枪决,终年 43 岁。

参考文献:

天津市政协文史委编:《天津文史资料选辑》第 31 辑,天津人民出版社,1985 年。

天津市政协文史委编:《天津文史资料选辑》第 76 辑《天津老城忆旧》,天津人民出版社,1997 年。

闫元兴:《民初慈善事业与慈善团体探析——以天津南善堂和八善堂为例》,《中共郑州市委党校学报》,2008 年第 1 期。

（郭登浩）

方 地 山

方地山(1872—1936),名尔谦,字地山,又字无隅,别署大方,1872年6月9日生于江苏江都。其父方霈森(字汝霖),1867年举人。1886年,方地山应府试,中秀才。1888年,赴江南乡试不第。但同年方地山以精研蒙古史而为贡生,自此设馆授徒。

方地山博学多才,娴于辞章,善书法,通联语,尤擅即兴嵌名联,文字古朴拙实,对仗工整,平仄协调,被时人称为"联圣"。1905年,经友人闵尔昌举荐,方地山到天津主持《津报》笔政,主撰论说,斟酌时宜,词意精警,为时人所重,更被直隶总督袁世凯看中,聘为家馆宾师,教授袁氏子弟诗词作文,并与袁世凯次子袁克文成为莫逆之交,后结为儿女亲家。

方地山还先后在京师大学堂、天津北洋武备学堂兼职任教。1909年后,方地山曾一度任长芦盐政督办处总务厅坐办,掌管天津长芦盐场。1913年前后,方地山与戏剧家曹禺之父万德尊相识,并结下深厚情谊。1917年左右,应万德尊之邀,方地山成为曹禺的家教老师。曹禺对方地山第一次授课时的情景非常难忘:他第一次就给我讲他写的《项羽论》。我记得第一句的4个字"叱咤风云",讲起来摇头摆尾。方地山也很欣赏曹禺的聪慧和才智,他曾多次在万德尊面前夸奖曹禺,还曾做了一首绝句诗:"年少才气不可当,双目炯炯使人狂。相逢每欲加诸膝,默祝他年姓字香。"

1916年初,袁克文离开北京寓居津门,方地山也随之迁入天津。同年,袁世凯在万众唾骂中病逝,方地山撰挽联:"诵琼楼风雨之时,南国皆知公有子;忆便殿笑谈相对,北来未以我为臣。"同年11月,爱国将领蔡锷去世后,方地山曾代小凤仙挽蔡锷联云:"不幸周郎成短命,早知李靖是英雄。"①

方地山在津20年间,与张大千、周叔弢等平津地区的社会名流结下了深厚的友情,20世纪二三十年代活跃津门的各界名流他几乎都题写过嵌名联语。他与画家张大千性情相投,结成忘年交,曾赠楹联七八种。1934年6月,张大千赴韩国远游。方地山即席作了两副嵌名联相赠:"世界山河两大,平原道路几千""八大到今真不死,半千而后又何人"。1920年6月,周叔弢过30岁生日时,方地山赠寿联:"生日似荷花,六月杯盘盛瓜果;宗风接荛圃,三郎沉醉在图书。"同年秋,又以抄本《苕雅剩稿》相赠。从此,方地山常将自己收藏的古籍善本或赠或卖与周叔弢。

方地山精收藏,对金石书画和古籍版本诸学多有精通。他原就家道殷实,其弟方泽山兼办实业,为他早期的收藏提供了物质基础。来津后,方地山专好古泉,遂将旧藏中金石书画等名器,多数都卖出换成了古泉。他收藏的古币曾经称富一时,泉坛中有天成元宝、大蜀通宝和建炎元宝等极品、珍品。他的女儿方庆根与袁寒云的公子袁伯崇结成儿女亲家,双方定婚时,并无仪式及世俗礼币之赠,两家只是交换了一枚珍贵古泉。方地山撰联志其事:"两小无猜,一个古钱先下定;万方多难,三杯淡酒便成婚。"

方泽山去世后,方地山依靠卖文和典当藏品度日。20世纪二三十年代,天津的《北洋画报》《天津商报画刊》《风月画报》等常见方地山手书联语和所提供的图片。天津的名流寿诞或谢世,嫁女娶妻,他都会奉上一副对联,讨得一点酬金。天津县长陈诵洛、天津商会会长王文典的弟弟王诚斋、剧作家王伯龙等,都时常接济方地山。20世纪30年代后,每况愈下的方地山开始举债过生活,他不得不将自己珍爱的一件件藏品售出。

---

① 《大方先生追悼专页》,《风月画报》,1937年1月17日。

方地山为人豪爽，善交游，社会各界的文人雅集，他是有请必到，而且是第一个报到最后一个离去。席间饮啜辄过常人，纵谈古今，若决江河，滔滔不绝。散场前，必要即兴书联赠予大家，以致成为惯例。"宴罢，笔墨已陈，客皆纷请书联，并有代友而求者。于是先生昂首急思，得句疾写，联复一联，如机械之大量生产。"①晚年的方地山虽是须发尽白，但精神矍铄，毫无龙钟之态。

1936年12月14日，方地山病逝于天津，终年64岁。1937年1月17日，天津文艺、新闻各界在东兴楼举行了公祭活动。

周一良为其辑有《大方联语辑存》存世。

参考文献:

1936年12月至1937年1月《北洋画报》《风月画报》。

（周利成）

---

① 枇木:《记已故方地山先生》,《北洋画报》,1937年1月19日。

傅　莱

　　傅莱(1920—2004)，全名理查德·施泰因，华籍奥地利犹太人，1920年2月11日生于奥地利维也纳一个殷实的中产家庭。傅莱的父亲是地方财税官员，其母是个裁缝。

　　1934年2月，奥地利爆发了国内战争，社会民主党人和劳工阶级组成革命军与政府军队展开巷战。14岁的傅莱帮助搬运弹药，包扎伤员。1935年，傅莱加入奥地利共产党领导下的共产主义青年团。后来到维也纳的赫尔兹科勒西特放射专科医院和维也纳大学皇家附属医院学习放射治疗专科技术和实习。他还经常到维也纳大学化学系旁听，并与系里学生中的共产党员交上了朋友。1937年他加入奥地利共产党，他在校内秘密宣传共产主义，在校外参加反法西斯主义的地下活动。1938年3月，法西斯德国吞并奥地利后，他被列入盖世太保的黑名单，12月，奥共通知他必须紧急转移，于是他来到向往已久的中国[①]。

　　1939年1月15日，傅莱先在上海的一家传染病医院行医。同年3月他离开上海来到天津，先后在德美医院、马大夫医院的放射科、化验室任职。1940年，他通过在保定基督教青年会任职的美国进步人士胡本德与中共北平地下党取得了联系。[②] 北平地下党考虑到他的医生身份，给他

---

　　① ［德］理查德·傅莱(小)：《缅怀父亲——傅莱逝世十周年纪念》，《友声》，2014年12月（总178期）。

　　② 宋安娜：《党龄最长的中共"洋党员"》，《每日新报》，2014年2月23日。

的任务是为晋察冀和平西抗日根据地购运部队急需的药品。

1940年，八路军发起百团大战，平西抗日根据地急需大量的奎宁、消炎粉和红药水，而天津日伪当局也加紧了对外出物资的检查和封锁，企图彻底断绝天津市内对抗日根据地的物资供应。在此严峻的情况下，通过原来的输送渠道已不可能，而此时德租界的商人正好有一批化妆品要运送到北平，傅莱急中生智，很快与德商取得了联系，说自己也有一批物资要运到北平，希望能与他们的物资同行，获得同意。傅莱在医院3个中国员工的帮助下，对药品进行了严密的包装，因日本与德国同属"轴心国"，日伪当局对这批物资没有进行严格检查，顺利通过了日军的关卡，并安全地运送到平西抗日根据地，为百团大战的胜利发挥了重要作用。傅莱出色的工作，受到晋察冀军区司令员聂荣臻的高度评价。[1]

1941年秋，傅莱到达平西抗日根据地，之后前往晋察冀抗日根据地，聂荣臻安排他在白求恩卫生学校任教员。傅莱的中文姓名就是聂荣臻司令员按他母语"自由"的语音起的。在晋察冀他多次参加了残酷的反扫荡战斗，并救治了大量伤员，培养了许多八路军医务工作人员。1943年根据地流行疟疾，由于日寇的封锁，医院缺少药品，傅莱跟从当地老中医学习针灸治疗疟疾的方法，并到部队施救和加以推广，使边区军民战胜了疟疾，获得毛泽东、朱德通报全军的褒奖。1944年，经聂荣臻司令员的介绍和中央组织部长彭真同志的批准，他加入了中国共产党。同年，中央调他到延安医科大学从事传染病内科的教学工作。[2]

1945年初，为了解决部队缺医少药的困境，傅莱通过宋庆龄与美国援华委员会取得了联系，并获得了美国研制青霉素的菌种和部分资料。不久，他与助手在极其艰苦的条件下，经过多次的试验，首次在中国成功地研制出了初制青霉素和外用青霉素，解决了前线和根据地军民急需青霉素的难题，挽救了众多将士的生命。《解放日报》当时作了头条报道。

---

① 王凯捷：《天津人民不会忘记你》，《今晚报》，2004年12月6日。

② 张绍祖、张建虹编著：《天津德式风情区漫游》，黄河出版社，2010年，第59页。

解放战争中,傅莱从延安来到张家口,负责收编日伪蒙疆医院,并继续研制生产青霉素供应前线。不久,他带着医疗器械参加了大同、太原、张家口、石家庄和天津等战役。在战役中,傅莱作为华北军区卫生顾问,亲临前线组织伤员救护工作。他根据天津战役的规模、参战兵力和特点,及时提出组建多个野战医院的建议。在他的积极努力下,天津周围很快建立了十几个野战医院,同时他还就手术治疗、药品供应和防敌偷袭等问题,进行了周密而细致的部署,从而为解放军顺利解放天津做出了重要贡献,受到天津前线指挥部司令员刘亚楼的充分肯定。① 以后,他又转战大西南,开展防疫工作,担任西南军政委员会公共卫生处负责人。

新中国成立后,傅莱加入了中国国籍,担任重庆市卫生局顾问,在重庆医学院从事教学工作。他经常深入农村、边远少数民族地区研究地方病和传染病,为中国疾病预防工作提供了大量详实的宝贵资料,编写了《人民保健组织学》等许多重要的文献。20 世纪 60 年代初,他被周恩来总理调到北京。

1979 年,傅莱出任中国医学科学院医学情报研究所副所长,同时担任中国生物医学情报中心网络项目的领导工作。在他的领导下建成了全国生物医学情报中心和网络中心,以及中国第一个医学文献分析与检测系统中心、MEDLNE 数据库。1985 年,傅莱退居二线,担任中国医学科学院顾问、医学情报所名誉所长。傅莱曾担任第六、七、八、九届全国政协委员,其间,他不顾年迈多病,仍时常到农村、边疆和基层调查研究,为国家经济建设和医疗事业的发展建言献策,并到过许多国家和国内二十几个省市,为国内外的医学科研交流牵线搭桥。

2004 年 11 月 16 日,傅莱在北京病逝,终年 84 岁。按他的遗嘱,把遗体捐献给了中国医学科学院。

傅莱逝世后,全国政协在维也纳为他竖立了纪念牌,其碑文由奥地利总统撰写。2007 年,傅莱纪念碑在晋察冀烈士陵园揭幕,正面上书"傅莱

---

① 王凯捷:《天津人民不会忘记你》,《今晚报》,2004 年 12 月 6 日。

之墓",两侧的对联是"辗转万里投身中国革命事业,奉献一生弘扬国际主义精神"。

参考文献:

张绍祖:《"天津的白求恩"——傅莱》,载天津市和平区政协、天津市和平区档案馆编:《抗日战争与天津》,2015年内部印行。

张绍祖、张建虹编著:《天津德式风情区漫游》,黄河出版社,2010年。

（张绍祖）

高 少 洲

高少洲(1892—1950)，名锐荣，字少洲，以字行，天津人。

高少洲是民初直隶省银行经理王兰生之姐夫的遗腹子，自幼在王家长大成人。他曾在天津新学书院读书，以后进入兴隆洋行做小职员，得到德商吉勃里(亦译作吉波利)的赏识，逐步升为高级职员。第一次世界大战中，兴隆洋行停闭。1919年，宁波帮买办李组才等集资10万元开设了利济贸易公司，由出资人分任董、监事和经理。高少洲因未加入股本，只做了一个高级职员。

利济公司开业后，需要与各国建立贸易联系，决定趁第一次世界大战后欧洲各国急需食品的时机，拿出全部资本孤注一掷，购买了食品、蛋品和少量羊毛，包雇一艘货轮，准备沿地中海、大西洋航行，向各口岸兜售。高少洲遂自告奋勇押运此船货物赴欧。但因他不谙欧洲各埠买卖习惯，沿途碰壁，生意失败。

高少洲的这次生意虽然遭到失败，却看清了外国商人依仗各国在华特权牟取暴利的行径，也积累了进出口贸易的经验。高少洲于1921年商得吉勃里同意，由高出头集合资本，收买兴隆洋行铺底，继续使用兴隆洋行的中外文字号在德国领事馆注册，对外仍称德商企业，以享受一切特权。收买后，以高少洲的"集成堂高"的户名顶名。除高少洲外，新股东还有王兰生和盐业银行经理王郅卿，首任经理为叶星海。洋行改组后，于1922年2月开始营业。叶星海一年后即辞职，高少洲自任经理。高少洲于 1923 年拉进北帮大买办、聚利洋行的宁采轩,德泰洋行的胡寿田和盐业银行副理石松岩等人充任新股东。

高少洲对兴隆洋行的经营方式采取旧式商号所惯用的多"打厚成"的办法,尽量减少分红,并尽可能把开支压低,准备把利润投入扩充业务和开发副业。为了扩展业务,高少洲决心建立一座附有公事房的大型仓库,作为进行各种副业和其他活动的基地。高少洲于次年凭借金融界贷款,以 20 万元盖起一座七层的仓库大楼。

依靠德商的招牌,兴隆洋行在进出口手续上享受银行给洋行的优待及租界里洋商所能享受的一切特权,并借此逃避捐税和商品检验。当时,天津商人能直接和国外的买主和制造商往来的还极少,高少洲的兴隆洋行成为天津市面上的骄子,获得各方面特别是金融界的重视和支持。后来德国领事馆认为兴隆洋行已没有德国人的权益,通知兴隆洋行取消注册。兴隆洋行虽失去了德国人的庇荫,但也未向中国政府注册,继续沿用德商名义做了 30 年的生意。

近代中国粮食匮乏,进口粮食成为很多洋行的主要业务,其中以英商怡和、新泰兴两个洋行做得最大。兴隆洋行自 1933 年起开展洋面进口业务,并逐渐发展成为进口洋面的三大洋行之一。兴隆洋行进口的洋面,最初多为美国货"洋楼"牌,后来多为澳洲货"钟楼"牌,还有加拿大的"飞马"牌面粉。兴隆洋行进口面粉的数量,最多时每年要十几轮船,总数约有一百万袋。另外,兴隆洋行包销的美国化妆品种类甚多,如"棕榄"香皂、"花旗"牙粉等,包销这些货除能得到回扣外,还能得到其他的好处,这些都是兴隆洋行的额外收入。兴隆洋行也做一般货物如颜料、纸张、洋针、西药、五金、仪器、化工原料等进口生意。兴隆洋行出口的土产有绒毛、皮张、草辫、桃仁、花生、菜籽、油脂、油料、蛋品等。在这些土产的收购上,兴隆洋行沿用德商的名义享受到种种的特权,其中三联单的使用让它得到最大的好处。外商根据不平等条约在我国内地收购土产时可以不纳内地税,仅在交纳海关出口税时多交半倍,名为子口税。当外商或买办往内地收货时即先在海关领出三联单,持此单便可在内地运货免税通行。

在高少洲的推动下,兴隆洋行还开展了很多副业,如客货栈、仓库业、木行业,等等。1936年,高少洲在兴隆洋行内附设了隆顺当。另外,高少洲在东门内经司胡同开设了一家源丰居内局酱园,制售酱菜、腌菜和各种调味品。源丰居开业后经营颇为顺利,得利甚厚。随后又在东门内天津府学对面增设了一处源丰居门市营业。房地产行业也是高少洲涉足较多的行业,他在河西、南开、河北购置了大量房产出租。这些不动产给兴隆洋行保持了财产价值。

新中国成立后,兴隆洋行被并入联营社,1956年实现公私合营。

1950年,高少洲病逝于天津,终年58岁。

参考文献:

天津市政协文史委编:《天津文史资料选辑》第37辑,天津人民出版社,1986年。

全国政协文史委编:《文史资料存稿选编·经济》下,中国文史出版社,2002年。

全国政协文史委编:《文史资料选辑合订本》第14辑,中国文史出版社,2011年。

（高　鹏）

郝 英 吉

郝英吉(1887—1949)，河北省高阳县人，出身贫苦，幼时即酷爱曲艺，被艺人们的精彩技艺吸引，萌生了说书的愿望。年纪稍长便拜师西河大鼓"南口"代表人物马小疯的门下。

西河大鼓尚未正式定名，郝英吉在马小疯门下，很快就学会了几部中篇书目。可惜马小疯英年早逝，郝英吉又拜"南口"另一位代表人物王殿邦为师。

郝英吉学戏十分勤奋。初时，西河大鼓没有固定的唱词，艺人都是根据师傅讲述的故事梗概(称为"梁子")即兴编唱词，称为"趟水"，编唱词为了合辙押韵，就会出现些词不达意的词汇，称为"水词儿"。他省吃俭用买来唱本，再请有文化的人给他读唱本，他一边背词儿一边识字，久而久之，他"趟水"时就几乎没有"水词儿"了。出师后不久，他就成为"南口"的代表人物之一。

1914年，郝英吉偕妻儿来到天津。开始，他撂地演出，说唱的第一部书是《月唐》。由于他口齿清晰，白口干净，嗓音洪亮，气力充沛，唱时运用的板式丰富，所以《月唐》尚未说唱完毕，他就被一书场老板相中，进入书场演出。来津不久他即成为受欢迎的西河大鼓艺人。

由于郝英吉读过无数唱本，善于编纂故事，他的长篇书目情节精细、抓人，一环套一环，每一回书后都有一个扣人的悬念，总会使观众继续听下去。经他连缀的长篇《彭公案》《东汉》《残唐》《月唐》《江大人私访》《前后七国》等书目流传甚广。

郝英吉为人豪爽、仗义,善于与艺人切磋交流,他与非常著名的评书、西河大鼓艺人福坪安、卢荩臣、牛德兴、咸士章、赵玉峰、黄福才、程福田等九人结为金兰之好,更便于他吸收"北口""小北口"西河大鼓的优长,学习评书的表演技艺。他兼收各家之长,在表演书目时讲究手、眼、身、法、步的准确,充分运用表情与神态表现喜、怒、忧、思、悲、恐、惊各种情绪,刻画男女老幼不同人物。此外,他拿手的唱腔有"二黄大反腔""双高""悲腔刀刀痛""炸口"等,唱"垛子句"与"串口"准确、流利,善于变换嗓音,还常常摹拟风声、雨声、雷声及鸟兽鸣叫,利用口技的技巧烘托气氛,惟妙惟肖。他的三弦弹奏也极见功夫,这都为"郝派"西河大鼓的确立奠定了坚实基础。

1934年,郝英吉举家离津赴大连、沈阳等地演出,1948年返津。

郝英吉是"郝派"西河大鼓开创者,为西河大鼓艺术的发展做出了卓越贡献。

郝英吉于1949年在天津去世,终年62岁。

参考文献:

中国戏曲志全国编辑委员会编著:《中国曲艺志·天津卷》,中国IS-BN中心,2009年。

采访高玉琮的口述材料。

(刘　雷)

赫 立 德

　　赫立德(1858—?)，全名塞缪尔·拉文顿·哈特(Samuel Lavington Hart)，英国人，汉名赫立德，也被译为哈特、哈德、贺德、赫德等。

　　赫立德"少年即有电学上的重要发明"①，曾留学法国巴黎，获科学学士学位，英国剑桥大学理科硕士②、伦敦大学理科博士。后为剑桥大学圣约翰学院名誉校员兼讲习员。

　　1892年，赫立德成为基督教伦敦会传教士。"伦敦会对他大加表扬，称历来传教事业中，鲜有像他这样学历超卓的人选。"③赫立德于1892年10月偕妻来华，相继在伦敦会汉口分会辖区的汉口、武昌传教。其妻是一名护士，担任苏格兰籍传教医师马尚德(Alexander M. Mackay)的助手。1895年4月，基督教伦敦会总会将赫立德夫妇调至伦敦会华北分会工作。

　　赫立德来津后继续传教，并参与创办天津基督教青年会。1897年7月10日，天津基督教青年会第一届董事会在赫立德书房召开，赫立德当选董事。④

---

　　①　胡适:《胡适全集》第29卷，安徽教育出版社，2003年，第224页。
　　②　中国社会科学院近代史所翻译室编:《近代来华外国人名辞典》，中国社会科学出版社，1981年，第194页。
　　③　邝兆江:《马尚德——谭嗣同熟识的英国传教医师》，《历史研究》，1992年第2期。
　　④　乔维熊:《我对天津青年会的认识》，载罗世龙主编:《天津中华基督教青年会与近代天津文明》，天津人民出版社，2005年，第334页。

1902年,赫立德在天津法租界海大道创办新学书院(亦称中西书院、英华书院),自任院长。1904年,赫立德创办附设于新学书院的华北博物院(亦称中西博物院),以"开民智而悦民心",后成为天津早期传播西方博物馆文化的阵地。华北博物院的展品包括自然与人类学两类,如动植物标本、矿物等标本大多采集于中国北方,英国人苏柯仁(Arthur de Carle)等新学书院教师为主要采集者。华北博物院颇具特色的展品还包括234种蝴蝶标本,如采自南美洲亚马逊河森林中的大翠蓝蝴蝶标本等;南洋土著使用的武器、食具、衣被等人类学实物以及南洋群岛特大甲虫等标本;中国官绅捐献的殷墟甲骨、青铜器、玉器、陶器和工艺品等珍宝古物。

新学书院初创时,仅有学生75名,1906年增至250名,但仅有预备科和中学科。赫立德的理科学历背景影响了这所教会学校的教育模式,其教学偏重于西方科学,神学并未占绝对主导地位。尤其是毕业于利物浦大学的英国人戴乐仁(John Bernard Tayler),于1906年来新学书院任教后,学校的重科学之风气愈加明显。戴乐仁因在维多利亚大学"从事科学搜考,极著成效,且于商业应用科学夙有经验",[①]而获赫立德赏识。戴乐仁后任副院长、代理院长,成为赫立德得力助手。

赫立德谋求学校规模扩张,得到直隶总督袁世凯的捐款支持,新学书院校舍得以扩建。1907年9月7日,赫立德将落成的新堂正式命名为"宫保堂",赫立德遂于当年秋季开学时增设专修科。"充任专修教员者,皆来自英国各大学。伦敦传道会除遣派戴乐尔君外,陆续选任牛津、剑桥、伦敦诸大学之人才,来襄其盛。"[②]新学书院后亦称新学大书院,即源于此。

1911年11月10日,中国红十字会天津分会在新学书院宫保堂召开成立大会。董事会选出中董、西董共50余人,赫立德任西董长[③]。1912年1月3日,赫立德邀集驻津各国西人所组织之音乐大会会友70余人,

①② 《天津中西书院》,《教育杂志》,1916年第8卷第4期。
③ 《红十字会志略》,《大公报》,1911年11月12日。

在宫保堂举办"红十字音乐助捐会",助款 500 余元。

新学书院,文理结合,中西交融,重视英语和体育教育。书院初为大学学制,学制 4 年,并附设四年制中学班,还附设有华北博物院。书院师资力量雄厚,外交家王正廷曾任英文科主任,并聘有多名外籍教师,在当时教育界有很高声望。1913 年民国后的第一届毕业生典礼梁士诒代表袁世凯出席。

1919 年 1 月 7 日,天津拒毒会在天津基督教青年会成立,其宗旨为"凡关于有害或可以成瘾之各种药物,一切不合法律及不正当之贩运、制造、种植、销售或使用,本会悉会同官府并其他机关,严行禁止之……"①。赫立德初为天津拒毒会董事,1920 年 2 月 21 日当选副会长。1921 年 12 月 21 日,赫立德宣布天津拒毒会停办。

五四运动期间,新学书院学生融入天津反帝爱国斗争洪流,赫立德支持且同情爱国学生。1919 年 9 月 16 日,由周恩来等 20 人组织的青年爱国进步社团——觉悟社成立后,曾利用新学书院礼堂顶上的天文台室开展活动。

1920 年,华北五省发生严重旱灾,旱荒县份 92 个,灾民达 600 万人。1920 年 9 月 27 日,赫立德当选华北华洋义赈会副会长兼募捐股主任,积极推动助赈。1921 年又参与组织全国急募赈款大会天津支部,发动新学书院等校学生劝募各界捐款。② 热心参与社会公益活动也使赫立德在1921 年、1922 年分别获得四等和三等嘉禾章。

1925 年五卅运动后,天津新学书院学生群情激愤,立即开展反帝爱国声援行动。赫立德等对爱国学生集会、讲演、罢课等均采取遏制手段。新学书院爱国学生痛斥道:"校长阳允学生之要求,阴阻学生的组织。用种种破坏方法,想要学生团体自行分散。无如我们的团体愈经破坏愈形

---

① 《天津拒毒会简章》,《益世报》,1919 年 1 月 18 日。
② 《天津急募赈款会经过》,《申报》,1921 年 3 月 13 日。

坚固"①。6月13日,赫立德宣布诸生即日上课,不许再有爱国举动,否则一同驱逐,取消毕业资格。铁了心的学生,全然不听这一套,决定不回新学书院读书,毕业季的学生牺牲了毕业证书。

脱离新学书院的四五百名学生联名指斥:"此次'沪案'发生,同人为我中华民国爱国运动,竟遭解散,当时限令出校。如此情形,新学书院实为英帝国主义者对中国文化侵略之机关,与我中华爱国学生自无丝毫关系,而吾中华爱国学生亦决不欲与此种机关发生关系。"由于张伯苓、李石曾等爱国人士大施援手,竭力安置愤而退学的新学书院学生继续就读,使赫立德在社会上颜面扫地。

1928年后,天津新学书院改称私立新学中学,推选华人担任校长。赫立德淡出该校决策层后,于1929年9月2日返英。

赫立德卒年不详。著有《中国的教育》一书。

参考文献:

《天津中西书院》,《教育杂志》,1916年第8卷第4期。

翁之熹:《我所知道的天津新学书院》,载全国政协文史委编:《文史资料存稿选编》第24辑《教育》,中国文史出版社,2002年。

涂培元:《天津新学书院的形形色色》,载全国政协文史委编:《文史资料存稿选编》第24辑《教育》,中国文史出版社,2002年。

(王勇则)

---

① 中共天津市委党史资料征集委员会等编:《五卅运动在天津》,中共党史资料出版社,1987年,第202页。

胡 树 屏

胡树屏(1849—1927)，名维域，字树屏，以字行，天津人。

胡树屏祖籍浙江，9 岁时父亲去世，年少时在天津跟随胞兄学文化及书算技能，并在其兄资助下在天津的益太昌棉布店学做生意。胡树屏学做生意一贯努力勤快，得到经理芮辅庭的赏识器重，很快由学徒转为伙计，并拥有了自己的股份，后升为经理。他与另一名经理孙烺轩两人工作都兢兢业业，营业效益很好。胡、孙二人，不愿久居人下，遂共同商议一起向芮提出辞职，合伙开办了元隆绸布庄。元隆资本总额为银 2 万两，胡树屏、孙烺轩、胡子彬与郑桐勋各出资 5000 两，胡树屏、孙烺轩任经理。1908 年前后，郑桐勋、胡子彬因故退出，该店改由胡树屏、孙烺轩二人继续经营。

元隆初开业只从上海进货，因地区差价不多，赋税又重，加上从业人员 20 多人的开支，仅一年多时间原本亏尽。这时胡树屏则主张改变策略，扩大规模。胡、孙两人依靠钱庄借款 20 余万元，解决了资金不足的问题。第二年在估衣街租得新营业门市一处，前部为门市，后部做批发，很快发展起来。

胡树屏有胆识，懂经营，眼光敏锐，有管理和经营的才能，能够抓住机遇，使元隆日益繁荣昌盛，成为天津第一流的绸布商店。元隆绸布庄与其他绸布庄在经营上存在很大的不同。第一，独创本牌色布。用高底子白布，由定点染厂专门染色，用本号标牌，颜色真，不缩水，尺码足，耐穿用，外地称赞天津染色布货真价实、童叟无欺,深受欢迎。第二,服务热情周到。对一般顾客有迎有送,有座有茶,对大主顾敬纸烟,给糕点或留餐。帮助顾客挑选时新称心的绸布,千方百计让顾客满意,若有空手出门没买货者,经理必追究接待人员的责任,查找原因,改进接待工作。第三,产品消息灵通。在上海及日本,元隆派专人从事了解商情信息、负责购货营销的工作,保证元隆买进头水货、畅销货,吸引顾客购买,避免积压,增加盈利。第四,结交大户,做大生意,做常年生意。设专门"走街"人员,经常了解富商大贾、官僚政客、军阀寓公家里的婚丧嫁娶、生日满月等活动日期和所需绸布用量,以便适时送货上门,殷勤逢迎,立摺子,"三节"算账。这类大户人家,元隆掌握有数百家,后来达到1000余家。

元隆非常重视宣传。当年,《益世报》的重要版面常被元隆包下,"天津元隆号,货全价公道"十个大字横贯全版。另外,从天津到北京铁路沿线各站全涂有元隆绸布店广告;北京的正阳门车站东西两面也全被元隆广告占据。各大戏院是人群汇集的地方,元隆便不惜重资向戏院赠送绣花幔帐、桌围、椅披等,图案花样均为元隆的广告。除了宣传,元隆也很擅长促销。每年春、夏两季,元隆的三个门市部照例搞两次"大减价""大甩卖"的促销活动。"大减价"之外,还要赠送扇子、肥皂等小礼品。每逢春节,专制一种随货赠送的红绫小灯笼,上绘有"恭贺新禧"金字,题有"元隆号敬赠"字样,颇受儿童喜爱。因此,许多顾客为了得盏小灯笼,都去元隆买布匹,从而扩大了年关的营业额。

元隆绸布庄在胡与孙的密切合作下,买卖愈做愈兴隆,但是他们从不满足现状。他们见天津、上海两埠贸易往来频繁,就兼办申汇,仅此一项盈利就能解决元隆的大部分开支。胡与孙两人运用在益太昌棉布店的经验,承包军活,制作军装,承包铁路员工制服,获利甚多。当时国家战乱频仍,元隆把仓库设在估衣街德厚里一住家院内,幸未遭到各方军队的抢掠。时局平复之后,市面货物奇缺,元隆乘机以"慰问顾主大减价"为招牌,吸引了大批买主来店购买货品,不仅门市赚钱倍增,而且还创出了名声。第一次世界大战以前,天津纱布商以经营英、俄货物为主,当时英国的十八子牌白市布、俄国的不落色花布,很受城乡居民的欢迎。胡、孙二人鉴于欧洲风云日紧,一旦爆发大战,纱布货源势必减少,甚至断绝。于是向英商太古、怡和洋行订购了大量的各色棉布,果然欧战爆发,纱布来源减少,市场出现纱布紧缺,价格随之上涨,而订货结汇付款时,英镑已经贬值,因而元隆获得双重巨额厚利。

元隆还发售各种礼券,1919年发售"红贴",现卖现写,起到吸收无息存款的作用。后来发展为"礼券",既收了大量的预付货款,充实了资金,又推销了商品。元隆进入极盛时期后,除绸布之外,又增添百货柜,从毛毯被褥到衣服裤袜,甚至日常生活用品等,无不具备。由于元隆的名气越来越大,天津富有人家男婚女嫁,如果不用元隆的东西就深觉不够排场。元隆发展起来后,胡家和孙家都成了新天津"八大家"之成员。

胡树屏除元隆绸布庄外,还有与人联办的晋丰银号、元聚棉布庄和元裕棉布庄。这四处买卖中,胡最重视的是元隆和晋丰。晋丰银号开办于1915年,由"棉布业八大家"的胡树屏、孙烺轩、金桂山、潘耀庭四家合资经营,资本银10万两。该银号专营存款、放款、申汇、买卖银元。银号办事规矩认真,对客户计算利息公平合理,每年盈利大部分作为公积金,至1934年结束时积累达百多万元,为其他银号所望尘莫及。

胡树屏乐善好施。1917年天津遭遇水灾,胡树屏个人捐款5000元赈济灾民。另外,胡树屏每年冬季都向贫民施舍玉米面几万斤,向老百姓无偿施舍医治慢性病的胡氏金丹。

1927年,胡树屏病逝,终年77岁。

参考文献：

杜少川:《估衣街的元隆绸布庄与胡树屏》,载天津市红桥区政协文史委编:《红桥文史资料选辑》第 2 辑,2001 年内部印刷。

李焕章、刘家琛:《解放前天津大纱布庄概述》,载天津市政协文史委编:《天津文史资料选辑》第 49 辑,天津人民出版社,1990 年。

卞瑞明主编:《天津老字号》(下),中国商业出版社,2007 年。

（王社庄）

花 莲 舫

花莲舫(1893—1956),天津人。

花莲舫少年时学习河北梆子,后改学梅花大鼓。10多岁时以梅花大鼓艺人的身份,在上海"大世界"演出。回津后,正值"警世戏社"的头班(当时叫"庆春班")的唐山落子(评剧)在天津演出,评剧演员月明珠担任主演,花莲舫被月明珠的演唱深深吸引,决定改行学唱落子。

1912年,19岁的花莲舫拜孙凤岗为师,进入"孙家班"改学评剧。

花莲舫虽是孙家班的徒弟,可是她非常喜欢由月明珠担当主演的"警世戏社"头班、二班的艺术,特别是艺人月明珠、金开芳和杨柳青的唱腔和表演。花莲舫天天上头班去看月明珠的戏。头班艺人的表演有骨有肉,词句规矩,耐唱受听。"警世戏社"对花莲舫的艺术发展影响深远,她演唱的《马寡妇开店》《打狗劝夫》《杜十娘》也受到头班的影响。这几出戏,由于接受了头班的艺术熏陶,又经过她自己的消化和整理,在艺术上有了很高的成就,形成了她自己独到的艺术风格,成为她演艺生涯中的代表剧目。

1924年,金花玉班成立,创办人为谢文玉,主要演员为李金顺、花莲舫,演出于聚华戏园及天福舞台等处。1926年,花莲舫离社,独挑大梁,在天津同庆戏园演出达11年之久,红极一时。花莲舫在"同庆"担任主角时,少年的白玉霜、刘翠霞、花荣桂等都给她配演过。花莲舫传授三本《杜十娘》给白玉霜,经花莲舫帮白玉霜拍板,反复指点,白玉霜的嗓音变宽了、变低了,形成了自己的风格,成为鼎鼎大名的评剧演员。

花莲舫的成名得益于她特殊的演唱和表演技艺。花莲舫幼年嗓音纤细,甜美脆亮,后学习男旦的演唱风格,遂追求腔韵醇厚。唱腔方面她充分发挥字正腔圆、曲调多变的优势,将梆子、大鼓和杂腔小调融入自己的唱腔。她发声坚实洪亮、嗓音宽厚、气息饱满,吐字清晰有力,既有女声的柔美,又有平腔梆子男旦的风韵,形成了字清腔柔、质朴流畅的演唱风格。花莲舫的扮相俊俏,体态多姿,风靡一时,塑造了很多生动的人物形象,如《打狗劝夫》中贤淑善良的老嫂子,《马寡妇开店》中温良的少妇,扮相都非常别致,引人注目。

20世纪二三十年代,百代、高亭公司为花莲舫灌制的唱片有《高成借嫂》《书囊记》《老妈辞活》《黄爱玉上坟》《马寡妇开店》等。

抗战胜利后,花莲舫返津曾与李金顺、新凤霞合作义演《打狗劝夫》《马寡妇开店》《杜十娘》等戏。十几岁的新凤霞十分喜欢花莲舫的艺术,花莲舫无私地将自己的技艺传授给她。新凤霞《打狗劝夫》那一大段唱,就是花莲舫亲自教授的。

新中国成立后,花莲舫于1952年参加了评剧教学工作。1954年中国评剧院在北京成立,剧院将花甲之年的花莲舫由天津接到北京给青年演员说戏。1955年,中国评剧院挖掘传统戏,重新排演花莲舫的代表剧目《马寡妇开店》。主演新凤霞想用更加稳重、引人怜惜的情感去表现马寡妇的艺术形象。花莲舫非常肯定新凤霞的做法,并尽心帮助新凤霞提高表演技巧。

花莲舫在中国评剧院辅导评剧训练班时兢兢业业,将自己的全部艺术积淀传授给新一代评剧人,使训练班的学员很受启发,使评剧艺术这一宝贵财富得以传承。

1956年,花莲舫由中国评剧院返津,当年病逝,终年63岁。

参考文献：

新凤霞：《新凤霞回忆录》，百花文艺出版社，1980年。

胡沙：《评剧简史》，中国戏剧出版社，1982年。

王林：《评戏在天津发展简史》，天津人民出版社，1991年。

中国戏曲志编辑委员会编著：《中国戏曲志·河北卷》，中国ISBN中心出版社，2000年。

中国戏曲志编辑委员会编著：《中国戏曲志·天津卷》，中国ISBN中心出版社，2000年。

（齐　悦）

花 四 宝

花四宝(1910—1941)，本名范静宜，天津人，出身贫苦。

花四宝幼年时因家里生活无着，被卖给四顺班的班主张庞氏，人称庞四姑，并改名张淑文。当时，四顺班是落子班，班里的弦师兼教师名叫邱玉山，是当时许多时调、京韵大鼓、梅花大鼓艺人的开蒙老师。张淑文也拜在邱玉山门下，学唱梅花大鼓。张淑文在师父的精心教授下，14 岁时以艺名"花四宝"在山泉茶社演出，一炮打响。

1927 年，天津无线广播电台开始播音，被邀请演播者就有年仅 17 岁的花四宝。花四宝的演唱引起了广大顾曲者的广泛注意，并给以极高评价。

花四宝 18 岁时，已在诸多梅花大鼓女艺人中脱颖而出，红遍天津卫。师父邱玉山从花四宝与梅花大鼓的发展着眼，举荐花四宝投师卢成科，卢成科是当时天津最著名的曲艺弦师、教师。

卢成科出生于 1903 年，自幼双目失明，曾拜师著名弦师韩永禄学习弹奏三弦。两年后，他不仅能伴奏、独奏，还能模仿京剧、梆子等多个剧种，京韵大鼓、单弦等多个曲种，以及飞禽走兽、军乐、马步等声音，而且惟妙惟肖。花四宝拜在他的门下，技艺有了很大提高。

卢成科指导花四宝对梅花大鼓流派唱腔单一的状况，进行了大胆改革。

花四宝的歌喉天赋极高，以高亮柔美著称。因此，卢成科在"金派"唱腔的基础上,将唱腔向高音区拓展,使花四宝的嗓音发挥得更突出,这样就有别于"金派"了。师徒二人边唱边改,对每一个唱腔进行修饰、润色,对每一个节拍进行调整,使唱腔更加华丽多彩、灵活曲折,比"金派"唱腔高亢、婉转、柔美、巧俏,非常适合女声演唱,尤其是花四宝的嗓音条件。花四宝的嗓音圆润明亮,音色甜美纯净,音域宽广,演唱自如,吐字清晰悦耳,行腔柔婉细腻,即使在缺少音乐性的上板数唱时,也不流于平俗,而是擅长运用无数个小腔,变换万端,声声入扣,直至高亢的收尾唱腔圆满结束,完整贯通,毫无懈怠之处。花四宝把女声歌喉运用得淋漓尽致,非常成功地展现出改革后唱腔的新颖优美。

由于改革后的梅花大鼓大量融入了天津时调的旋律、唱法及特点,使其风格趋向"天津化",被称为"津派"梅花大鼓,与"金派"梅花大鼓的典雅苍劲、媚而不脆风格产生了极大的区别,自然形成了融"悲、媚、脆"为一体的独特风格。因其改革是卢成科和花四宝师徒共同完成的,因而,既可称为"卢派",又可称为"花派",成为与"金派"相提并论的一个崭新的流派。

1931年,《大中华报》进行了选举鼓界主席的活动,花四宝以票数第一而当选为梅花大鼓主席,并荣膺"梅花女王"的称号,与铁片大鼓女艺人王佩臣、时调女艺人赵小福合称"女鼓三杰"。

1936年初,花四宝应邀赴上海灌制唱片,灌制了《杏元和番》《青楼遗恨》《王二姐思夫》《鸿雁捎书》等曲目。她与师父还应邀到南京、济南等多地演出,"花派"("卢派")梅花大鼓享誉大江南北。

"花派"梅花大鼓艺术的产生,为女艺人开拓了新的艺术途径。于是,她们纷纷投在卢成科的门下,先后成名的有花五宝(本名张淑筠)、花小宝(本名史文秀)、花云宝、花莲宝、花银宝等,"花派"成为梅花大鼓的主流流派。

1936年9月后,花四宝因官司与婚姻变故几度辍演。1937年5月复出后,被燕乐杂耍园聘为"大梁",再度受到观众的热烈欢迎。

1941年,花四宝因急症去世,年仅31岁。

参考文献:

中国戏曲志全国编辑委员会编著:《中国曲艺志·天津卷》,中国 IS-BN 中心,2009 年。

采访高玉琮的口述材料。

（刘　雷）

金 邦 平

金邦平(1882—1946),字伯平,安徽黟县人。其父金庆慈举人出身,博学多才,精于测量学,深受时任直隶总督李鸿章的赏识和器重,被聘为天津北洋武备学堂教习。19世纪80年代,金庆慈举家由黟县迁到天津居住。金邦平天资聪颖,勤奋好学,从小接受了良好的近代教育。

1895年,14岁的金邦平以优异的成绩考入中国第一所近代高等学校——天津北洋西学堂(1896年改为北洋大学堂,是天津大学的前身),成为该校律例科的首届学生。

1899年,金邦平从北洋大学堂毕业时,正值国内出国留学之风盛行,金邦平选择出国留学。他先是在日本东京高等商业学校学习,后转入早稻田大学学习法学。在日本留学期间,金邦平眼界大开,接触到许多西方的新思潮、新观点、新学说。为了向国人介绍、宣传西方的新学说、新观点,金邦平参加留日学生成立的第一个翻译团体——译书汇编社,并很快成为其主要成员。他先后参加欧美、日本的政法名著的编译工作,在该社主办的《译书汇编》上介绍、宣传西方资产阶级社会的政治学说。1902年,金邦平与20多名留日学生共同发起组织"中国青年会",该会以民族主义为宗旨,是留日学生中第一个具有明显革命倾向的组织。

1905年,金邦平自日本早稻田大学毕业,回到国内。清政府推行"新政",出台了归国留学生考试制度。金邦平参加清政府主办的留学生归国考试,并取得优异成绩,"给予进士出身,赏给翰林院检讨"①。

直隶总督袁世凯非常赏识金邦平的才干,亲自将他要到身边,担任文案、北洋常备军督练处参议等职,专门负责对外法律交涉事务,被袁世凯称赞并名列"十策士"之一②。中国近代史上著名的革命活动家、宣传家陈天华在《民报》发表了时评《丑哉金邦平》,文章直斥金邦平为"留学生中之败类也",对留学生进士金邦平进行口诛笔伐。③

1906年,清政府预备立宪,载泽、袁世凯等人负责编纂官制,在袁世凯的大力推荐下,金邦平成为编制馆起草课成员。

20世纪初的天津,直隶总督兼北洋大臣袁世凯对天津试办地方自治表现出积极态度,为金邦平等人搭建起施展政治抱负的舞台。在袁世凯的大力倡导和支持下,天津地方自治进展顺利,金邦平与知府凌福彭在天津府衙门成立天津自治局,并在天津初等师范学堂设立地方自治研究所,成立天津自治期成会,讨论自治章程,组织进行选举,成立天津议事会。

中华民国成立后,金邦平跻身政界,1912年任中国银行筹办处总办,1914年任袁世凯内阁政事堂参议,1915年任农商次长兼全国水利局总裁及农商部林务处督办,1916年任北洋政府农商部总长。1916年6月6日,袁世凯病逝,时年35岁的金邦平毅然辞去农商部总长的职务,从此告别政治舞台,转到实业界发展。

金邦平进入实业界后,曾一度迁往上海居住。1926年,周学熙为解决启新洋灰公司的矛盾,请出曾任国务总理的龚心湛担任启新洋灰公司的总理,聘请金邦平为总经理。金邦平出任启新洋灰公司总经理后。1927年,金邦平率全家迁回天津居住。

1938年6月,正值日本占领天津时期,年仅52岁的耀华学校校长赵天麟因参加抗日救国活动,遭到日本操纵的"暗杀团"刺杀。在这危难时

① 陈正恂、田正平编:《中国近代教育史资料汇编:留学教育》,上海教育出版社,1991年,第61页。
② 陈灏一:《新语林》,上海书店出版社,1997年,第73页。
③ 陈天华著,刘晴波、彭国兴编校:《陈天华集》,湖南人民出版社,1958年,第166—167页。

刻,金邦平毅然出任耀华学校校长。他在担任校长期间,尽力保护全校师生的人身安全,维持正常的教学秩序,一次次把准备骚扰学校的日伪人员拒之校门外。

金邦平在担任校长期间,积极倡导学校各科教员进行教学研究,提出改进教学与考核方法的建议,组织中小学各科教员围绕教学展开研讨,并指定主席负责考核推动。根据教学需要,他把高中分为耀部、华部,原特班学生均入华部,并准华部学生转入耀部,取消特班,全校统一上课。耀部高中二、三年级文理分科,华部课程仍采用三三制。[①] 虽然金邦平担任耀华学校的校长不足一年,却起到了"承前启后"的作用,为耀华学校的发展做出了积极的贡献。

1946 年 12 月,金邦平在天津寓所去世,终年 65 岁。

参考文献:

张绍祖:《著名政治家、实业家、教育家金邦平》,《天津政协公报》,2008 年第 11 期。

陈正恂、田正平编:《中国近代教育史资料汇编:留学教育》,上海教育出版社,1991 年。

天津市耀华中学编:《天津市耀华中学》,中国大百科全书出版社,2007 年。

全国政协文史委编:《文史资料选辑》第 53 辑,文史资料出版社,1981 年。

(郭登浩)

---

① 天津市耀华中学编:《天津市耀华中学》,中国大百科全书出版社,2007 年,第 289 页。

金　梁

金梁(1878—1962),字锡侯,后改为息侯、希侯,又号小肃,著述署名瓜圃老人、瓜圃居士、一息老人等,1878年生于浙江杭县新龙巷的新衙。[①]籍隶满洲正白旗,瓜尔佳氏,杭州驻防八旗。

金梁自幼勤奋好学,聪颖异常,受过传统的私塾教育,5岁开始读书,习诗文篆隶。10岁时与章太炎一同赴试。16岁作《大同新书》,王韬为之作序,呼为神童。[②] 金梁性情耿直,敢说敢言,关心国事。甲午中日战争与戊戌变法期间,金梁三上万言书,言词激烈,指斥宫闱。1904年,金梁参加科举考试,中进士,授翰林院编修,先后任京师大学堂提调、内城警察厅知事、民政部参议、奉天旗务处总办、新民府知府等职。

1908年,金梁主管盛京内务府事务,他阅览了奉天故宫崇谟阁中的大量藏书,其中记录清太祖、太宗朝事务的珍贵文献——《满文老档》,深藏内府,是研究满族兴起史的重要资料,均用无圈点的老满文书写,整理翻译非常困难。1912年,日本人内藤虎次郎以搜集史料为名,将藏于崇谟阁的满文老档全部盗拍,带回日本进行翻译研究。金梁对此非常紧张,认为满文老档的汉译工作已经迫在眉睫。他迅即组织精通满汉文的学者10余人进行翻译,两年后完稿,分装百册,但译稿散佚。后故宫博物院学

---

① 沈阳市政协文史委编:《沈阳文史资料》第17辑《满族史料专辑》,1990年内部印行,第123页。
② 全国政协文史委编:《文史资料存稿选编》第1卷《晚清·北洋》(上),中国文史出版社,2002年,第814页。

者张溥泉偶然从奉天的旧书摊上发现其中 26 册译稿，以"满文老档拾零"为题发表在 1933 年至 1935 年的《故宫周刊》上。金梁则从译稿中摘录若干段，分上下两编出版，即《满文老档秘录》一书，实为汉译满文老档的选本。这两种老档译本成为研究清史、满文史的重要史料。

清朝灭亡以后，金梁离开奉天，先到大连，后到北京，被清逊帝溥仪任命为"小朝廷"的总管内务府大臣。1914 年 3 月，袁世凯批准设置清史馆，负责纂修清史。在友人的推荐下，金梁进入清史馆，任收掌校对科长。由于清史馆内部矛盾重重，许多稿件未经馆长审阅，便直接交付金梁刊印，金梁加以篡改后共印刷 1100 部，并将其中的 400 部运往关外。1928 年 6 月，故宫博物院派员接收清史馆，金梁篡改《清史稿》一事才被发现。有关人员对剩余在清史馆的 700 本史稿中被篡改部分进行抽换，重新刊刻，从此便有了"关外本"与"关内本"之分。后来，金梁对关外 400 部的《清史稿》进行重印，又称"关外二次本"。

金梁对 1924 年冯玉祥领导的国民军驱逐溥仪出宫非常不满，经常风尘仆仆地往来于京津之间，竭尽全力为在天津的"小朝廷"奔走。1931 年九一八事变后，金梁一度出任伪奉天地方维持会委员，为日本侵略者效力。他在天津，曾组织清朝遗老结成"俦社"，发起"拥徐世昌迎驾溥仪"活动。[①] 1931 年 11 月，他赶赴天津，参与策动寓居天津的溥仪潜赴东北。

伪满洲国成立后，金梁听从家人及朋友的劝告，未在伪满洲国任职，而是选择寓居天津，埋首著述。虽然生活清贫，他却乐此不疲。

寓居天津时期，金梁编纂了许多颇具价值的清史著作。金梁认真阅读、研究有晚清四大日记之称的翁同龢的《翁文恭公日记》（中华书局排印本称《翁同龢日记》）、李慈铭的《越缦堂日记》、王闿运的《湘绮楼日记》、叶昌炽的《缘督庐日记》。这四种日记内容丰富，取材多样，各具特色，极其珍贵，其中以《翁同龢日记》最为重要。金梁在研读日记的基础上，仔细挑选，斟酌概括，编辑了有 600 余人的《近世人物志》一书，具有很高的利用

---

① 刘秀荣、张剑锋、赵少峰：《金梁与〈清史稿〉》，《兰台世界》，2009 年 7 月（上半月）。

和研究价值。

金梁工书法,长于篆籀,尤善用干墨、枯墨书写钟鼎文,"笔法灵动,风格清奇诡异,不落前人窠臼"①。金梁的篆书在民国时期的北京书坛带有很强的独创性,成为一个重要的流派。

金梁出身文献世家,颇多收藏。新中国成立后,金梁迁居北京,在国家文物部门担任顾问等职,还将其个人收藏的《永乐大典》捐给北京图书馆。

1962年10月21日,金梁病逝于北京,终年84岁。

参考文献:

沈阳市政协文史委编:《沈阳文史资料》第17辑《满族史料专辑》,1990年内部印行。

沈广杰整理:《金梁年谱资料选编(1908—1931)》,《沈阳故宫博物院院刊》,2006年第2辑。

马国华、徐立春:《略论金梁及其著述》,载东北师范大学图书馆编:《图书情报学论文集》,吉林人民出版社,1981年。

牛一兵、王宏主编:《天津小洋楼名人故居完全档案》第2卷,天津教育出版社,2011年。

(郭登浩)

---

① 周斌编著:《中国近现代书法家辞典》,浙江人民出版社,2009年,第476页。

来 会 理

来会理(1870—1949),全名大卫·威拉德·里昂(David Willard Lyon),美国人,1870 年 5 月 13 日生于中国浙江宁波一个基督教长老会的传教士家庭。1880 年随其父母回美国接受教育。

来会理曾就读于美国俄亥俄州的伍斯特学院,1891 年获得文学学士学位,1894 年获得硕士学位。在学期间,来会理便开始担任学校基督教青年会总干事。1894 年至 1895 年,来会理进入美国芝加哥麦考米克神学院(McCormick Theological Seminary)学习,并成为一名长老会牧师。

1895 年,来会理被选为伊利诺伊州学生志愿海外传教运动通讯员。1895 年 9 月 1 日,来会理受美国基督教青年会和北美协会派遣,偕夫人从美国启程到中国组织开展青年会活动。

1895 年 10 月 5 日,来会理抵达上海,先在南方各省游历、调查,经过反复考虑和比较,最终他决定将天津作为发展青年会的重点地区。

来会理在给北美协会总干事莫尔的信中陈述了他选择天津的理由:第一,天津方面更迫切;第二,北洋医学堂、北洋大学堂内有一些基督教学生组成的文学会,学生们都会讲英语,可以在这些学生中做些紧急的工作;第三,天津是中国新式教育的中心,在这些学生中提倡青年会就是对新中国未来的伟人做些感化工作,其影响最大自可不言而喻;第四,天津为华北布道的推广区域,交通便利。1895 年 11 月 11 日,来会理夫妇乘船来到天津。

1895 年 12 月 1 日,来会理出席了北洋大学堂校长安德培组织的"勉励会"欢迎会。来会理以国际委员会首任代表身份做了讲演,指出青年会是青年人的团体,其目的是在德、智、体、群四方面援助青年。同年 12 月 8 日,来会理又在北洋医学堂作了第二次讲演,并同时成立了天津中华基督教青年会,中文名称为"天津学塾幼徒会"。就在这次会议上,来会理和美国会员们为会议专门表演了篮球游戏,成为篮球传入中国的最早标志。从此,天津基督教青年会成员便经常进行篮球运动。1895 年 12 月 14 日,天津基督教青年会出版了第一期会刊,转天又创办查经班,集会后,大家在会所草场围墙后进行"筐球"(篮球)活动,篮球活动从此传入中国。

　　1895 年 12 月 22 日,天津基督教青年会选出任职为期一年的工作人员,来会理当选为总干事。

　　1896 年 1 月 11 日,天津青年会发布英文布告:"一场篮球赛将于今日下午举行,所有爱好运动的青年,请于四时踊跃参加。"来会理曾在《中国青年会早期史实之回忆》一文中说:"天津青年会会员对篮球亦极感兴趣,故一时有成为群众运动的趋势。但在玩球以前,他们的一番姿态很是可观,他们必须盘好自己的头辫,修短长长的指甲,把不便利的长袍脱去。这样,他们就把书生的尊严放弃,而换成一副高兴活泼的姿态了。"

　　1896 年 9 月,对 20 世纪基督教史和中国基督教史产生重大影响的穆德第一次来到中国。来会理利用他在华工作的经历,陪同穆德到各大城市游历了 3 个月,几乎遍访了中国所有的高等教育机构,使学校青年会从 3 个激增到 22 个。由于学校青年会越来越多,各学校青年会迫切需要一个协调、指导的机构。1896 年 11 月,在上海召开了第一次大学青年会的全国大会,成立了第一个全国性组织——"中华基督教学塾青年会",并选举了"总委办"(即后来的董事会),中外委员各半,会长是由西牧潘慎文博士(Dr. Richard A. Parker)担任,来会理担任"书启"(即总干事),总委办的事务所设在上海。

　　1897 年 6 月 6 日,天津青年会会所在来会理操办下落成。在天津成立青年会后,来会理前往山东济南开展工作。

1902 年 5 月,基督教青年会在上海举行了第四次全国大会,成立了"中、朝、港基督教青年会总委办",青年会的活动不局限于学生,扩大到知识界;范围不局限于中国,扩大到朝鲜。

1914 年,天津青年会位于东马路的会址建成,内设阅览室、会议室、体育馆、礼堂、招待所等,青年会在推广篮球、乒乓球等运动方面做出了开创性的业绩。

1915 年,来会理在语言学校中创办了若干刊物,宣传基督教教义。来会理 1920 年撰写的《中华基督教青年会二十五年小史》,是目前所见最早的青年会历史概述。还著有《青年会对于促进国际友谊之任务》(《青年进步》第 91 册)、《基督教书报公会》(《中华基督教会年鉴》,1918)、《文字事业》(《中华基督教会年鉴》,1933)等著作。

1901—1930 年,来会理担任中国基督教青年会国家委员会执行委员。此后,来会理一直在东亚地区工作,主要担任约翰·R. 默特文学促进基金的监管,直到他 1934 年退休,返回美国。

1949 年 3 月 16 日,来会理在加州克莱尔市去世,终年 80 岁。

参考文献:

来会理:《中华基督教青年会二十五年小史》,青年协会书局,1920 年。

杨肖彭:《北美协会和天津基督教青年会》,载天津市政协文史委编:《天津文史资料选辑》第 21 辑,天津人民出版社,1982 年。

邢军:《革命之火的洗礼:美国社会福音和中国基督教青年会(1919—1937)》,上海古籍出版社,2006 年。

赵晓阳:《基督教青年会在中国:本土和现代的探索》,社会科学文献出版社,2008 年。

(齐　珏)

李 彩 轩

李彩轩(1893—1936),名书瑞,字彩轩,以字行,天津人。1893 年生于天津梁家嘴村。李彩轩的父亲李春华,是天津永盛竹号创始人。

李彩轩自幼聪敏过人,幼时在本村放生院小学就读,1906 年毕业,考试各科总平均成绩优异。小学毕业后,李彩轩进入天津新学书院读中学。该学校的许多教师为美国人,使得李彩轩的英文水平提高很快。李彩轩在学校接受了资产阶级民主思想的影响,他曾在学校中带头剪掉辫子,倡建"天足会"。他还经常在学校通过组织学生罢课争取权益。

在新学书院毕业后,李彩轩曾在美孚油行为美国老板做翻译,不久辞职,进入日本早稻田大学攻读工科。李彩轩在日本攻读之余,曾以社会调查、参观访问、勤工俭学等名义深入东京一些织席、磁瓦和牙签等中小型工厂、厂家学习。在参观调查时,他随时随地搜集资料,不论是工艺流程、机器机床、原料配方还是工厂管理等方面,他都写成笔记,绘成草图。1915 年,因为夫人患病,李彩轩辍学从日本归国。1917 年,李彩轩看到华北城乡夏季所用凉席,大都是来自日本的机制薄席,而这些凉席的原料均取自中国。为了开办凉席厂,解决织席工艺的关键技术难题,李彩轩瞒着父兄家人,在浙江宁波码头假扮装卸工,搭乘为织席厂家供应席草原料的轮船再次东渡日本,并乘机进入织席厂充当工人数月,偷学得织席要领。

1917 年,永丰机器凉席厂成立(亦称"永丰凉席厂"或"永丰工厂")。在李春华的支持下,永丰工厂注册资金 2000 元,全部由永盛竹号拨给。

李彩轩利用在西站西购置的四五亩乱葬岗,逐步垫平修建厂房。

工厂所用织机及印花机全部由李彩轩亲自擘划设计。他先购进一台日本织机,但试用之后发现这种织机并不理想。于是他以日本机器为参考,对中国农村使用的土布织机进行改造。经过反复研究试验,终于诞生了一种以木料为主体,能兼织席身和锁边的半手工操作的新式织机。这种机器符合当时电能短缺,劳工价廉和本身资金不足等客观条件。李彩轩最初试制成功两台机器,在产品质量合格、投放市场适销对路之后,立即仿制数十台,最后发展到近百台,进行大批量生产。选草、轧草、织造、结穗、修剪以及印花,蒸汽等各项工艺,也相应地加以改善,使永丰工厂产品的产量、质量大为提高。

工厂的产品有花素单人、双人凉席,枕席,桌、椅席等。据1931年《天津特别市国货一览》的记载,永丰工厂凉席的等级为一等,年产量为80万条,产量质量均居全市6家凉席厂之冠。永丰工厂开业仅一两年,即由于物美价廉,赢得了很高声誉,产品供不应求。1920年,该厂经营达到了高峰,一年获纯利8万元。而日本凉席则几乎绝迹于当时市场。

李彩轩参照日本、德国管理方法进行工厂管理。男工全部住在单身宿舍,起居作息完全纪律化。女工劳动时间较男工少,下工提前。永丰工厂的工资相对优厚。膳食全由厂内供给,每周有一次"犒劳",工作服厂内统一发给,年节另有馈赠或发"双月"。职工生病由厂医负责治疗。职工家属遇有婚丧大事,给予特殊补助。李彩轩也非常注重工人的文化生活,他定期向全厂工人进行"经理训话",讲课的内容很广泛,业务知识、道德教育、厂规纪律、政治时事等无所不包。

严范孙、林墨青在永丰工厂参观后,曾撰文将该厂事迹刊载于《天津社会教育星期刊》上册。

1920年,李彩轩开始筹办模宏磁瓦厂,厂址先设在南开宁家大桥,不久迁往西站西的邵公庄,于1922年正式开业。该厂产品有磁瓦、洋灰砖、琉璃瓦、马赛克,其中工艺难度最大的是磁瓦。李彩轩参考了日本和国内外的许多制造陶瓷的技艺,多次到景德镇实地考察。工厂每年可产磁瓦100万块,洋灰砖50万块,由于全部石料及用煤来自冀东山区,全部釉彩购自西欧各国,成本昂贵。当时,工厂不掌握核心技术,生产出的磁瓦质量不高,无法与日本产品竞争。为了提高磁瓦质量,李彩轩潜心研究,不惜一切代价进行试验,历时八九年,经过6次失败后,终于在1931年6月取得成功。在凉席、磁瓦等产品定型之后,李彩轩立即着手研究牙签生产。最初购到一台日本牙签机器进行试验,成功之后于1935年正式投产,厂名为瑞生牙签厂。

李彩轩积极参加各种爱国社会活动。1927年,天津市各界为要求收回旅顺、大连,发动了大规模的反日示威游行。李彩轩领导永丰工厂全体工人上街参加游行示威。他首先请工厂印花车间工人刻制漏板,又令织席车间工人特织窄长形纛旗式凉席,然后印制成"凉席标语牌"。标语词句为"打倒日本帝国主义""取消二十一条""援约收回旅大,否认二十一条""力争旅顺大连,取消二十一条""还我境域""提倡国货,抵制日货"等等,署名则为"永丰机织凉席工厂"。另外还有许多幅纛旗式凉席印有彩色图形,为"醒狮"图案。标语牌准备齐全后,他指挥队伍在运动场内练习队形及呼口号,然后亲自带队上街。当时观者如堵,报社记者纷纷拍下镜头登诸报端。

李彩轩最崇拜的两位政治人物是孙中山和冯玉祥。1924年孙中山来津,天津市各界召开欢送会,工商界代表为宋则久及李彩轩等人。李彩轩特别重视教育,他鼓励帮助自己及亲属家中子弟努力攻读,还多次向社会捐资兴学。为了纪念父亲对他的培养和对他事业的支持,李彩轩以春华公的名义两次向其母校——市立十九小学(原放生院小学)捐建教室3座,并建操场围墙。他还以春华公的名义,将模宏磁瓦厂附近空地上兴建的多座教室,捐献给邵公庄村作为小学,即后来的市立第三十七小学。

1936年8月,李彩轩病逝于天津,终年43岁。

参考文献:

李世瑜:《李彩轩先生传略》,载李世瑜:《社会历史学文集》,天津古籍出版社,2007年。

天津日报报业集团编,张建星主编:《城市细节与言行:天津600年》卷5,天津古籍出版社,2004年。

（高　鹏）

70

李 大 钊

李大钊(1889—1927),字守常,笔名明明、冥冥等,河北乐亭人,生于
1889 年 10 月 29 日(清光绪十五年十月初六日)。

李大钊幼年在私塾读书,1905 年考入永平府中学,1907 年考入天津
北洋法政专门学校。在北洋法政专门学校学习期间,他广泛学习中国传
统文化与西方文化,确立了终生研究"政理"和社会政治学说的方向。经
过这个阶段的系统学习,他"随着政治知识之日进,而再造中国的志趣日
益腾高"①。在学期间,李大钊担任北洋法政学会编辑部部长,编辑《言
治》杂志。

1905 年 7 月,清王朝迫于形势,决定派五大臣赴欧美各国考察政治。
1906 年,清政府宣布"预备仿行宪政"。从 1910 年 1 月起,资产阶级立宪
派发起了 4 次旨在速开国会的请愿运动。北洋法政专门学校学生勇敢地
响应这场运动,李大钊不仅参加了这次运动,还被选举为该校 5 代表之
一,参加天津各校学生在法政专门学校召开的会议,议定办法,推选代表,
吁请速开民选的国会。国会请愿运动失败后,李大钊转而同情支持革命。
1912 年冬,李大钊加入中国社会党。1913 年 2 月,中国社会党天津支部
成立。社会党的宗旨是:在不妨害国家存在的范围内,全场纯粹的共产社

---

① 《狱中自述》,载中国李大钊研究会编著:《李大钊全集》第 5 卷,人民出版社,2013 年,第 235 页。

会主义，以谋生产制度之改革，促共和政治之进行。① 成立大会推举李大钊担任天津支部干事。他以编译书刊为武器，为实现民主共和大声疾呼，为反对帝国主义侵略，及时地进行针锋相对的斗争。他主持编译了《〈支那分割之运命〉驳议》和《蒙古及蒙古人》两本书，还在《言治》上发表论著、杂文、诗歌35篇。

1913年冬，李大钊从北洋法政专门学校毕业后东渡日本，入东京早稻田大学政治本科学习。1914年5月，章士钊在日本东京创办《甲寅》杂志，致力于探讨"政治根本之精神"，系统宣传天赋人权的思想，在理论上深入批判专制主义思潮。8月，《甲寅》杂志同时刊登李大钊的《风俗》和《物价与货币购买力》两篇文章。9月，天津《大公报》转载了《风俗》。李大钊在日本组织神州学会，进行反对袁世凯的活动。1915年1月，日本向袁世凯提出签订"二十一条"的要求，李大钊被推举为留日学生总会干事，积极参加留日学生的抗议斗争。1915年2月，中华留日学生总会重新建立，由评议部和干事长推荐，李大钊被聘为文事委员会委员，并当选为编辑部主任，主编总会刊物《民彝》。他撰写文章《警告全国父老书》《国民之薪胆》，揭露日本侵略中国的罪行。

1916年5月李大钊回国后，应进步党汤化龙之邀创办《晨钟报》，与几位友人创办《宪法公言》报，受聘章士钊主编的《甲寅》日刊做编辑工作，撰写了《辟伪调和》《暴力与政治》等具有一定思想深度的理论文章，积极支持孙中山的护法斗争。

1918年1月，李大钊任北京大学图书馆主任。在任期间，他将原来的北京大学藏书楼建成现代化的图书馆，为北京大学学术研究发展创造了基础条件。他加入《新青年》编辑部，与陈独秀等创办《每周评论》，主编和革新《晨报·副刊》，任《少年中国》月刊编辑主任。

俄国十月革命的胜利极大地鼓舞和启发了李大钊。这时的北京大学

---

① 中共天津市委党史资料征集委员会编：《战斗在天津的共产党人》，天津人民出版社，1991年，第4页。

是新文化运动的中心,《新青年》已成为新文化运动的旗帜。1918 年 7 月 1 日,李大钊在《新青年》杂志发表《法俄革命之比较观》。他以深邃的历史眼光,认定俄国十月革命代表着世界新潮流,指出中国人的正确态度应是"翘首以欢迎"。这篇文章标志着李大钊从革命民主主义向马克思主义的转变。1918 年 11 月,李大钊发表《庶民的胜利》和《布尔什维主义的胜利》,欢呼"人道的警钟响了!自由的曙光现了!试看将来的环球,必是赤旗的世界!"

1918 年冬,李大钊在北京大学组织马尔格斯演说研究会,遭到北洋政府的查禁。1919 年 5 月,李大钊为《新青年》轮值主编,他满怀激情将本期编为"马克思主义专号",并撰写发表了《我的马克思主义观》。他在文中宣称"马克思是社会主义经济学的鼻祖,现在正是社会主义经济学改造世界的新纪元",强调唯物史观"有许多事实,足以证明这各观察事物的方法是合理的"。

1919 年 8 月,胡适在《多研究些问题,少谈些主义》一文中,把"问题"与"主义"对立起来,对传播马克思主义提出质疑。李大钊立即著文反驳。此后,李大钊更加自觉地运用马克思主义去解答中国的现实问题,写出了一系列重要的理论联系实际的文章。《物质的变动与道德的变动》《由经济上解释中国近代思想变动的原因》两篇文章,运用马克思主义的历史唯物论,回答了新文化运动中伦理革命与革新守旧问题。

为了更好地在中国宣传列宁和十月革命,李大钊和陈独秀决定创办小型的政治刊物,与发表长篇论著的《新青年》互补短长,在群众中开展宣传教育工作。1918 年 12 月,李大钊与陈独秀发起的《每周评论》创刊,其特点是以短篇文章批评时事,宣传新思想、提倡新文化,推动了马克思主义的传播和新文化运动的发展。

1919 年 5 月 4 日,五四运动爆发。全国各大城市纷纷罢课、罢工、罢市,举行声势浩大的游行示威。《每周评论》以特大号字的"山东问题"为标题,连续报道和分析运动的进展。李大钊在《每周评论》上连续发表文章,深刻揭露帝国主义列强的侵略本质,进一步指明了中国人民的斗争目标,号召"改造强盗世界,不认秘密外交,实行民族自决"。在社会各界的强大压力下,出席巴黎和会的中国代表拒绝在和约上签字,五四爱国斗争取得初步胜利。

1919年9月,应天津学联和女界爱国同志会的邀请,李大钊来到天津。9月21日,他在基督教维斯理堂公开讲演,阐述关于第一次世界大战和十月革命胜利的意义。他强调指出:"中国人民反帝反封建运动必须坚持到底。"告诫青年们:"一要不承认一切卖国条约和密约,二要产行民族独立自决,三要打倒卖国贼和一切危害人民的人。"[①]讲演后,他与进步团体觉悟社成员座谈,引导青年们走马克思主义的道路。

1920年初,李大钊与陈独秀相约,在北京和上海分别筹建中国共产党的组织。同年3月,李大钊在北京大学发起组织马克思学说研究会,聚集了邓中夏、高君宇、张国焘、黄日葵、何孟雄、罗章龙等一批具有共产主义思想的青年知识分子,为建党做准备。李大钊还在北京多次会见共产国际代表,商讨筹建中国共产党。

1920年7月,李大钊任北大教授,仍兼任图书馆主任,连续四年当选(教授会每年投票推选一次)为北大评议会评议员。后被任命为蔡元培校长室的秘书,成为蔡元培校长的主要助手之一。这期间李大钊担任北京大学史学系、政治学系、经济学系教授,北京师大、北京女子师大、中国大学、朝阳大学等校兼课教授,李大钊站在时代思潮与学术前沿,开设了一系列新课程。

1920年秋,李大钊领导建立了北京的共产党早期组织和北京社会主义青年团,并与在上海的陈独秀遥相呼应,积极活动,扩大宣传,发展组织,积极推动建立全国范围的共产党组织。"南陈北李,相约建党"成为中国革命史上的一段佳话。1921年7月,中国共产党第一次全国代表大会

---

① 王贞儒等:《李大钊同志在天津的两次演讲》,载中共天津市委党史资料征集委员会编:《战斗在天津的共产党人》,天津人民出版社,1991年,第15页。

召开,宣告中国共产党成立,从此,中国革命的面貌为之一新。李大钊是中国共产党的主要创建人之一。

中国共产党成立后,李大钊负责党在北方的全面工作。为推动和领导全国工人运动,党成立了中国劳动组合书记部,李大钊任北方区分部主任,指导北方工人运动蓬勃发展起来。1922年7月,李大钊当选为中共第二届候补中央执行委员。8月加入中国国民党。1923年6月出席中共第三次全国代表大会,当选为中央执行委员。

这一时期,李大钊频繁地奔走于大江南北,多次代表共产党与孙中山会谈,为建立革命统一战线呕心沥血,做了大量工作。1924年1月,李大钊作为大会主席团5位成员之一,出席了国共合作的国民党第一次全国代表大会,参与大会宣言的起草等,为实现国共合作做出了重要贡献,当选为国民党中央执委会委员。1924年2月,李大钊返回北京,领导组建国民党北京市党部、天津市党部。6月,他率中共代表团赴莫斯科出席共产国际第五次代表大会。年底,任中共北方区委书记。1925年1月,出席中共第四次代表大会,当选为中共中央执行委员。1926年1月,当选国民党第二届中央执行委员,承担了国共两党在北方的领导工作。

在李大钊的组织和领导下,北方地区的反帝反封建斗争蓬勃开展起来。1924年11月,北京开展了声势浩大的支持孙中山北上、反对北洋军阀政府的斗争。1925年五卅运动爆发后,李大钊与赵世炎等人在北京组织5万多人参加的示威游行,有力地支持了上海人民的反帝斗争。1926年3月,李大钊在极端危险和困难的情况下,领导并亲自参加了北京反对帝国主义和北洋军阀的"三一八"运动,号召人们用五四的精神、五卅的热血,不分界限地联合起来,反抗帝国主义的联合进攻,反对军阀的卖国行为。北洋政府当局十分仇视李大钊的革命活动,下令通缉李大钊。

1927年4月6日,奉系军阀张作霖勾结帝国主义在北京将李大钊等80多人逮捕。在狱中,李大钊备受酷刑,但始终严守党的秘密,大义凛然,坚贞不屈。4月28日,北洋政府不顾社会舆论的强烈反对和谴责,将李大钊等 20 位革命者在西交民巷京师看守所内处以绞刑。临刑前,李大钊慷慨激昂:"不能因为反动派今天绞死了我,就绞死了伟大的共产主义,共产主义在中国必然得到光辉的胜利。"他高呼"共产党万岁"英勇就义,时年 38 岁。①

1933 年,党的地下组织将其安葬在北京万安公墓。新中国成立后,在河北乐亭、北京等李大钊生活和战斗过的地方建立了李大钊纪念馆。1983 年 10 月,李大钊烈士陵园在北京万安公墓建成,中共中央领导亲自参加了隆重的落成典礼。

参考文献:

刘民山:《李大钊与天津》,天津社会科学院出版社,1989 年。

中共党史人物研究会编:《中共党史人物传》(精选本)2,人民日报出版社、中央文献出版社,2010 年。

(周 巍)

---

① 《李大钊传》编写组编著:《李大钊传》,人民出版社,1979 年,第 220—221 页。

李 惠 南

李惠南(1898—1954)，名濂钵，字惠南，以字行，直隶冀县人，1898 年
10 月生于直隶冀县码头李镇。其父李恺义(翊宸)清末时任职吏部，民国
后回乡经商，同时在家教子女读书。李恺义共有子女五人，李惠南行二。
李惠南幼年时随兄弟在家中由父亲启蒙学习四书五经，后来兄弟相继去
北京上学，李惠南考入北京师大附中读书。

李惠南读高中时正值五四运动时期，他投身于青年运动，和一些同学
挚友在课余经常谈论爱国、救国的道理，曾因此受到学校的告诫。这时因
农村经济不振，李家渐渐无力供他们兄弟在北京求学。李惠南得知日本
设有给中国留学生的助学费用，于是辗转求助，得到友人的资助，凑够了
去日本的旅费。李惠南东渡日本后，不久考取了公费资格。他先在东京
第一高等学校学日语，读完预科后考入东京高等工业学校(即后来的东京
工业大学)应用化学系学习。

第一次世界大战后，中国迎来了发展工业的短暂时机。读书期间，李
惠南看到日本采用化学方法制造酱油颇有成效，开始致力于对酿造化学
的研究，并萌生了归国创办酱油厂的念头。1924 年夏天，李惠南利用暑
期回国，先后在河北、北京和天津等地考察和了解酱油制造业，并细心留
意酱油的原料和市场销售等问题。1925 年，李惠南从东京高等工业学校
毕业，经过学校的推荐，他先到大连的日本酱油公司实习一年。1926 年，
李惠南学成回国，他决定引进日本制作酱油的技术，用科学方法制新型酱

油,创建一座以科学酿造方法生产酱油的工厂。

1926年,在张雅轩、马懋勋等人的协助下,李惠南筹集资本在天津创办了天津宏中酱油工厂,厂名取宏大中国之意,厂址设在西站北营门西大街。工厂拥有12座容量在1.2万公斤到1.8万公斤的洋灰槽,8间曲菌培养室,购置手摇抽水机、精选机、炒麦机、碎麦机、蒸豆釜等设备,职工16人。工厂成立董事会,由马懋勋担任董事长,董事有杨辑五、张子英、王悦庭、索亚奎、李惠南、张雅轩等人。李惠南任厂长,负责生产技术;张雅轩任经理,负责业务经营。1927年7月,工厂生产出第一批酱油,取名"红钟",洁净卫生、味醇色佳,品质远超出一般的土制酱油。随着红钟酱油的销路日益扩大,李惠南在河北各县镇都设立了代销处,产品还远销至东北、南京、上海、广东以至南洋等地。1928年底,宏中厂收购了大连日本酱油株式会社在天津设立的推销所。

1928年以后,李惠南在天津的河北省工业学院和河北省立水产专科学校同时任教,教授"酿造化学"。他自编教材,热心讲授,为民族工业的发展培养了人材。宏中酱油工厂生产销售稳定以后,李惠南有意发展各种农副产品的加工生产,先后到临清、烟台、无锡等地考察,计划筹资建厂,发展民族工业。1935年,他在故乡冀县码头李镇居住数月,曾南至南宫、卷镇,西至新河,北至辛集,东至衡水,特别是在滏阳河沿岸地带,亲自做过考察了解,提出改造盐碱地和利用土硝开展小规模土法小化工生产的设想。但是,1929年至1933年第一次世界性经济危机波及中国,七七事变爆发后日货充斥中国市场,更加严重打击了中国的农工经济,李惠南的这些设想未能实现。

七七事变后日军占领天津,李惠南利用其在日高等工业学校的关系,结识了不少日本军政人员。酱油属于日军的生活必需品,屡屡有日本商人找到宏中厂要求投资、合作,甚至企图吞并。李惠南等人感到压力很大,决定与其通过日商接受订货,不如主动提出为日军承做加工。其为日军加工酱油的数量占到工厂全部生产量的65%～70%,成为宏中利润的主要来源,余下的产量供应本市市场。抗战胜利后,李惠南及宏中厂被控告与日军有染,国民党天津警备司令部稽查处以汉奸罪名将其逮捕,个人财产全部被查封,宏中厂也被监视起来。李惠南被羁押一年零八个月后出狱,后避居北京。当时,市场情况发生了很大变化,出现了新的制造酱油的化学速成法。天津的小酱油厂蜂拥而起,宏中厂的业务大受影响,宏中厂的资金也被国民党盘剥一空,企业生产陷入困难的境地。

抗战期间,李惠南曾利用自己的身份从事抗日活动。1937年,他的一个留日同学苗剑秋,原系张学良将军的秘书,只身逃到天津。李惠南设法将苗剑秋带到家中,掩护达半年之久。为了躲避日军搜查骚扰,他又把苗护送到当时的英国租界内居住,一直到后来资助送出沦陷区。1942年,由于为重庆政府在津抗日活动募款和联系有影响的人物,李惠南和天津市工商界知名人士30多人遭到日本宪兵队逮捕,监禁了3个多月,经多方努力才保释出狱。1943年,经北平实业家刘仁术联系,北平中共地下工作组织吸收李惠南参加抗敌工作。组织要求李惠南利用其在天津工商界的地位和影响、留日同学会的关系及其精通日语的良好条件,为我方搜集日伪经济、政治、社会及军事动态情报。1944年,李惠南利用随天津工商界参观团去朝鲜参观之机,了解了当时日本在朝鲜的军工、重工、动力等重要设施,曾写出详细资料和地图交给中共地下联络站。李惠南在这一时期数次为我方采购药品和掩护营救我方工作人员。

新中国成立后,在党的"发展生产、繁荣经济、公私兼顾、劳资两利"政策的号召下,李惠南开始过问厂务,经过与职工的共同努力,生产恢复,企业的亏损和混乱局面逐步扭转。李惠南亲自主持了一些工业产品的研制工作。为满足基本建设的需要,他曾研制出水泥防水粉并投入生产。继而又主持研究"海藻胶"的提炼生产工艺,以缓解纺织工业对粮食的需求。1954年秋,李惠南接受了草酸提炼研究任务,在研制中苦于纯度和生产成本未达预期,常常寝食难安。

党和政府对李惠南过去的情况十分了解,出面邀请李惠南参加政府工作,出任天津市财委私营企业处处长。李惠南贯彻执行党对天津私营企业的政策,团结天津工商界人士,为恢复和发展天津的经济而努力。他为给天津市的经济发展提出有益的建议,曾去甘肃、陕西、山东各地进行调查和联系工作。他还协助天津工业界耆老李烛尘做过有关华北的轻工业、食品工业生产的调查研究工作,还积极团结工商界人士参加各项社会活动。他被推选为天津市人民代表,曾任民主建国会天津市委常委、工商业联合会天津市委常委、天津市工程学会常务理事等职。

1954年11月21日,李惠南在工作岗位上突发脑溢血去世,终年56岁。

参考文献:

河北省冀县政协文史委编:《冀县文史》第2辑,1987年内部印行。

民建天津市委、天津市工商业联合会文史委编:《天津工商史料丛刊》第1辑,1983年内部印行。

卞瑞明主编:《天津老字号》(下),中国商业出版社,2007年。

(高　鹏)

李 金 顺

李金顺(1896—1953),天津武清人,生于1896年农历七月二十四日。其父李文发原在大城县的一个昆曲戏班伴奏,后返回故里务农。李金顺从童年就挑起了生活重担,12岁时,其父积劳成疾,日子难以支撑,其母无奈之下带着女儿李金顺到天津赵家窑一家妓院做佣人,勉强维持生活。

当年的赵家窑,经常有鼓曲艺人"串巷子",少年李金顺耳濡目染,无意中听会不少曲段,有时随口哼唱。金顺娘为女儿前途着想,经人介绍拜师河北梆子艺人魏联升(艺名小元元红)学唱河北梆子,后又拜鼓曲艺人葛春兆为师,改学京韵大鼓。仅用了半年多时间,李金顺就学会了当时风靡一时的刘(宝全)派和张(小轩)派京韵大鼓《大西厢》《闹江州》《游武庙》等曲目,在侯家后河沿义顺茶馆登台演唱。

民国初年,评剧创始人之一成兆才率领庆春平腔梆子班从冀东进入天津演"蹦蹦戏"(评剧前身,俗称"落子")。16岁的李金顺爱上了这一新兴的戏曲艺术,毅然拜南孙班的名角孙凤鸣为师,由学唱大鼓改行学了"蹦蹦戏"。两年后在南市群英戏院登台亮相,成为评剧第一代女艺人。

李金顺入行后,从表演入手,对"落子"的习惯演法进行改造。她虔诚地向京剧、梆子艺人学习,借鉴了许多规范的表演程式,带头规范"落子"演员重唱轻做的演法。一招一式从剧情和人物出发,做出戏来既优美大方,又符合人物的行为逻辑,从而提高了评剧的艺术品味。她以自己的舞台实践取得的成绩,带动了在天津演"落子"的艺人群体,一时间,"落子"

女演员纷纷向她看齐,"落子"舞台面貌焕然一新。

李金顺的嗓音天赋出众,又有学唱河北梆子时练就的高亢嗓音基础,她唱出的声音又宽又亮,腔调圆润动听,具有震撼力与爆发力。她把曾经学过的大鼓、梆子的一些旋律,巧妙地融入自己演唱的旋律里,使"落子"声腔变得细腻传情、清新流畅,而且丰富多彩。新颖独特的个性特征令观众耳目一新。另一方面,她嗓音天赋优越,有激昂,有压抑,通过刚柔相济的声腔处理,把剧中人物的喜、怒、哀、乐、悲、恐、惊等不同情绪,力争表达准确,把人物的内心活动刻画得具形具象。茶楼里每当李金顺有大段唱时,观众就停止喝茶,举着杯静下心来聆听,等她唱完一段后才继续饮茶。有人在报纸上著文,赞叹李金顺的唱有让观众"停杯凉茶之功"。

1916 年,营口一家戏院执意邀李金顺去营口演出。遂成立以李金顺为领衔主演的天津元顺剧社,成立后曾经先后三闯关东。

1916 年,社会阅历有限的李金顺第一次出关赴东北献艺。当时"落子"在营口很盛行,群众基础深厚,听惯了传统老味"落子"的当地观众,没等李金顺把头一段唱完,就纷纷退场。原定半个月的演出契约,只演了三天就不得不草草收场。

李金顺回津后并没有气馁,她认真总结经验教训。她虚心向早年唱莲花落的艺人学习,对戏剧中的唱词一字一句地推敲。她革新呆板唱腔为巧妙唱法;唱词与念白采用北京字音,行腔加强了抑扬顿挫、轻重缓急;她创造了清音起唱、先字后音、先轻后重、唱中夹白以及对口唱等演唱方法,丰富了"落子"的表现力。她要求乐器伴奏在她张嘴唱时把声音低下来,以突出旋律韵味和字音清晰。功夫不负有心人,李金顺用了几年时间完善了她自成一格的唱腔体系,并在原有的板胡、笛子等"四大件"乐器伴奏基础上,增添了笙、笛、箫吹奏乐器和琵琶、三弦等弹拨乐器,以及二胡等弦乐器,乐队形成了规模,改进了伴奏效果。

1925 年,她带领元顺剧社重新闯关东,在安东一带演出受到观众异乎寻常的热烈欢迎,连续演出 3 个多月,观众争睹,一票难求。李金顺清新的演唱风格得到当地观众的认可，成为关里关外"落子"坤伶纷纷效仿的榜样，观众的欣赏口味在她的引领下，发生了急剧变化。

李金顺从东北返回天津，声名更是空前高涨。邀请她去外地演戏的戏园经济人应接不暇。

李金顺在"落子"传统的基础上，表演和声腔同步革新，至1920年前后，她以其独具的演唱风格在评剧领域自成一派，称之为"李派"。在其后崛起的评戏刘（翠霞）派、爱（莲君）派、白（玉霜）派，都是在李金顺演唱技巧的基础上，加以改进而后形成的。其他坤伶如花玉兰、筱桂花、喜彩莲、筱麻红、六岁红、鲜灵霞等，艺术上也都深受李金顺的影响。

1928年，李金顺带领元顺剧社第三次闯关东，此时正是她演艺生涯的鼎盛时期。首站仍是营口，然后次第转移至安东、沈阳、长春、哈尔滨，演到哪里红到哪里。尤其在哈尔滨，当时的戏院实行京剧、评戏"两下锅"，每晚的大轴均由李金顺演出评剧，有时也合演新戏，她新排了一出《包公巧断白菜案》，李金顺演旦角，著名京剧艺人赵松樵陪她演小生，剧中的配角也是由当地的著名艺人扮演。

元顺剧社在关东演出期间，正是日本侵略者策划发动侵华战争的前夕，全国人民反日情绪高涨。在波澜壮阔的爱国热潮中，哈尔滨市的曹欣悦教授编写了一出宣扬爱国抗日的时装戏《爱国娇》，亲自到戏社征求李金顺意见。李金顺读了剧本，深为戏中闵德华的爱国情怀所感动，双方达成了合作意向。在李金顺的带动下，用了一个星期的时间，就把《爱国娇》排练出来。为了使这出戏更好地体现出时代风貌，她用自己的包银请人制作了立体布景，添置了西装、旗袍、皮鞋等服饰。李金顺为了角色的需要，毅然带头将长发剪成了短发，比较真实地再现了当时女大学生的形象，增强了演出效果。该剧在同乐戏院上演，极大地激发了群众爱国情绪，演出天天客满。报刊载文盛赞李金顺为爱国艺人。继《爱国娇》之后，以李金顺为主演的元顺剧社，又连续排练了《满洲里》《枪毙驼龙》《黑猫告状》等一批根据社会新闻编写的时装戏，同样取得良好演出效果。

李金顺虽然在事业上建树甚丰,个人生活却十分坎坷。她在东北演出期间被逼婚嫁给东北财阀张景南之子张冠英,饱受欺凌,息影舞台达13年之久。直到日本投降后,李金顺与张离异,才恢复人身自由,回到天津重返舞台。

新中国成立之初,天津市文化事业管理局邀请李金顺专事评剧教学工作。她于1953年冬旧疾发作,在天津病逝,终年57岁。

参考文献:

胡沙:《评剧简史》,中国戏剧出版社,1982年。

息国玲:《评剧名家演唱艺术》,中国广播电视出版社,1988年。

中国戏曲志全国编辑委员会编著:《中国曲艺志·天津卷》,中国IS-BN中心,2009年。

陈钧:《评剧音乐史》,中国戏剧出版社,1997年。

甄光俊:《早期评剧与四大坤伶在天津》,《天津文史》,2004年第4期。

(甄光俊)

李 勉 之

李勉之(1898—1976),字宝时,天津人。

李勉之的父亲李希明,是 20 世纪初华北地区资本雄厚、颇有名气的实业家。他除与周学熙创办了启新洋灰公司并任总经理外,还在开滦矿务局、唐山华新纺纱厂、秦皇岛耀华玻璃公司等企业投入大量的资金。李勉之从小随父亲在唐山长大,于 1918 年毕业于天津德华中学,1922 年赴德国亚美机械厂进修实习。1923 年,李勉之从德国亚美机械厂进修回国后,即协助其父办理家业。

1928 年,李勉之任唐山华新纺纱厂襄理。1932 年 1 月,李希明去世,李勉之作为长子接替父亲的事业,相继投资启新洋灰公司、开滦煤矿、唐山华新纺织公司、耀华玻璃公司,以及中国银行、中兴煤矿公司、斋堂煤矿公司、江南水泥公司、河南卫辉纺织公司、北平三星铅笔厂、南京及天津砖窑等实业,担任唐山华新纺织公司常务董事和滦州矿地公司主任董事。

李希明生前在启新洋灰公司投入了大量的精力和股份,他去世后,李勉之做总稽核。抗战爆发后,李勉之兼任启新洋灰公司董事及上海铅笔厂董事长。

1936 年,李勉之与王汰甄商议建厂生产自动式电话机和交换机,并将李家在西康路的一块地产拿出来做厂基。为了筹措建厂和购置设备资金,在启新股票价格大大低于市场票面价格的情况下,李勉之卖掉了大量股票,并通过禅臣洋行从外国订购了一些新式机器。1937 年,新厂开工生产,正式定名为中天电机厂,因生产中国第一部自动式电话而享有盛名。

1937年七七事变后,华北沦陷,日军占领天津。受战乱影响,中天电机厂从未充分开工,且多次遭到停工停产打击。1941年,李勉之任该厂董事长。为保全技术力量,李勉之在王汰甄的建议下,多次忍痛抛售启新股票,以维持中天资金周转。中天在资金充裕时也曾买回一些股票归还给李勉之。但是由于连年战争,局势不稳定,市场混乱,中天长期资金周转不灵,李勉之手中所存启新股票也越来越少,只能艰难维持。抗战胜利后,国统区的通货膨胀严重,物价飞涨,给予中天厂致命打击,至天津解放时,该厂已陷入停工状态。

新中国成立后,李勉之、李慎之兄妹出于极大的爱国热诚,投身祖国的建设事业。他积极响应市军管会动员工商业者复工、复业、复市的号召,在一些资本家不明缘由,分不清形势,趁机抽逃资金的情况下,李氏兄妹变卖了家中的股票,想方设法使中天电机厂成为全国首批恢复生产的企业之一,有力地支援了天津乃至全国的经济建设。抗美援朝时期,李氏兄妹分别以个人和私人企业的名义捐款达数十万元,购买飞机支援抗美援朝。李氏兄妹还热心社会公益事业,先后捐款逾百万元。1957年,为缓解天津学生开学难的状况,李氏兄妹牵头,联合部分工商业人士集资兴办了新华中学,第二年改名为"新华业大"。李勉之后来被誉为"爱国实业家""红色资本家"。

新中国成立后,李勉之被录用为国家干部,先后任公私合营中天电机厂经理、启新洋灰公司常务董事、天津市电机工业公司经理、天津市工商联常委、天津市人民代表。从20世纪50年代起,李勉之先后担任天津市和平区政协委员、常委及副主席,天津市政协委员、常委,全国政协委员,为天津市的经济建设、教育和统战工作均做出了突出的贡献。

1976年,李勉之在天津病逝,终年78岁。

参考文献:

周叔弢、李勉之:《启新洋灰公司的初期资本和资方的派系矛盾》,载全国政协文史委编:《文史资料选辑》(合订本)第18卷,中国文史出版社,2011年。

李家琨:《李勉之资助中天电机厂》,载天津市政协文史委编:《天津文史资料选辑》第43辑,天津人民出版社,1988年。

牛一兵、王宏主编:《天津小洋楼名人故居完全档案》第1卷,天津教育出版社,2011年。

(张慕洋)

李 士 伟

李士伟(1883—1927),字伯芝,河北永年人。

李士伟出生于1883年,幼年接受传统教育,1901年赴日本留学,入早稻田大学政治经济科学习,开始接触现代经济学理论。1906年毕业回国,入直隶总督兼北洋大臣袁世凯的幕下,先在督署内任秘书,后相继调任北洋师范学校学监、直隶全省学务处会办、直隶全省自治总局督理、直隶咨议局筹办处会办等职。

1906年,启新洋灰公司成立,周学熙任总理,袁世凯、周学熙、张镇芳、王锡彤、孙多森等均为公司股东,李士伟也是大股东之一,并长期担任公司董事之职。1908年,周学熙等在北京创办京师自来水公司,李士伟积极投资认股。袁世凯督直期间,井陉矿务局成立,李士伟被派任为督办。此外,李士伟还担任南洋工业促进会会员、合兴矿业公司总办、通伟工业公司董事,又兼矿工联事会董事、中国工业银行总裁等多职。李士伟自投入袁世凯幕下后,既参与政事,又投身北洋实业,逐渐成为北洋集团中的一个重要人物。

1911年,辛亥革命推翻了清王朝。1912年3月,袁世凯在北京就任临时大总统。李士伟最初任总统府筹议处政治科科员、财政部顾问等职,1913年任农商部矿政顾问,1914年任参政院参政。1914年5月,为顺应日方的投资要求,孙多森与王克敏、陆宗舆、曹汝霖、杨士琦等同日人中岛久万吉、仓知铁吉、尾琦敬义等在北京发起组织中日实业股份有限公司,李士伟为发起人之一。1915年1月27日,李士伟拥袁称帝,被授为上大夫,政治地位不断上升。

1915年4月12日,袁世凯免去李士伟的参政院参政职,任命为中国银行总裁。李士伟上任后做的第一件事是提请取消中国银行归财政部直辖的规定。中国银行由财政部直辖,是1914年周自齐任财政总长时,在梁士诒纵容下,以财政部名义呈文提出,并经袁世凯批准同意的,把中国银行作为财政部的一个附属机构,从而使中国银行失去了应有的"超然独立的中央银行地位"。时任中国银行总裁的汤睿即因此提出辞职。李士伟就任中国银行总裁后,在周学熙支持下,终于将这一违反财政、银行分工管理原则的做法取消。在任期间,李士伟还着手对《中国银行则例》中的一些问题进行了修改,使之更切合当时的实际,并有利于中国银行的发展。他担任总裁后,非常注意制定各种条例与办法,使中行的各项工作逐步走向规范化,其中最主要的有两项:一是对制定《兑换券条例》提出修改意见,另一项是制定《中国银行货币交换总所办事大纲》。

为统一币制,李士伟在国内各省大力推行中国银行发行的纸币,并与不少著名的地方银行签订了领用中国银行兑换券合同,并逐渐成为中国银行拓展业务的一项重要制度。此后,广西、贵州等省银行也相继与中国银行就领用兑换券事宜进行谈判。当时,各省金库多由中国银行接收,但各地银号、钱庄所发行的兑换券极不统一,形形色色,价值不一。有鉴于此,根据财政部在各地成立兑换所以办理货币兑换的要求,中国银行下令各地扩大设立分行,增加设立支行、汇兑所。1915年6月1日,货币交换总所正式成立,北京、天津、保定、邢台、张家口五处分所也同时开张,分行由原来的37个增至70个。就中国银行自身来说,这一时期的盈利也有较大增加。

1915年4月20日,中日实业股份有限公司举行改选,新任中国银行总裁不到10天的李士伟当选为该公司总裁,仓知铁吉仍为副总裁,杨士琦改任顾问。

1915 年 7 月,李士伟与周学熙、袁克文、梁士诒、孙多森、萨福懋、孟继笙、李湛阳、区昭仁、虞和德、张镇芳等人共同发起组织通惠实业有限公司,于北京设总公司,上海、汉口设分公司。随后相继于山东烟台、河南新乡、天津、上海等地创办通益精盐公司、通丰面粉厂、通孚堆栈以及沪丰堆栈、协孚地产公司等企业。1915 年 10 月,李士伟与周学熙联名发起组织华新纺织公司,由于李、周二人的官僚背景,该公司申请在直、鲁、豫三省享有专利 30 年,后因舆论反对,袁世凯宣布取消了该项特权。华新公司到 1919 年先后建成华新津厂、华新青(岛)厂,以后又于河北唐山建成华新三厂,于河南卫辉建成华新四厂。四厂的陆续建成使北洋实业集团进入发展的鼎盛时期。

由于李士伟与袁世凯北洋集团长久的渊源关系,又由于他被袁世凯提拔为中国银行总裁,袁对其有"知遇之恩",1915 年 10 月 20 日,李士伟上书袁世凯,请速行君主立宪。他的上书不仅时间早,而且是一人具名,并盖有中国银行"关防"。袁世凯称帝后,很快就遭到全国各界的一致反对,护国战争继起,袁之统治摇摇欲坠,拥护袁称帝的一班人均遭外界和舆论的批判攻击。周学熙辞去财政总长之职。1916 年 4 月 17 日,李士伟被袁世凯免去中国银行总裁职务,"另候任用"。

1919 年,中国实业银行在天津成立,李士伟任董事兼协理。1921 年 5 月 14 日,北京政府靳云鹏内阁第三次改组,李士伟被任命为财政总长,但北京各界群众团体以李士伟和新任交通总长张志谭为亲日派人物,极力反对。李士伟提出请假 3 个月,以后也始终未就任。1922 年,中比合营耀华玻璃公司成立,李士伟为华方四董事之一,并出任总董,负责公司业务。1924 年,周学熙为了应付北洋实业集团内部的矛盾和当时欧美资本主义国家经济危机对我国民族工业的影响,成立了"实业总汇处",作为控制所属各企业的枢纽。次年,"实业总汇处"改组为"实业协会",周学熙任会长,李士伟和王锡彤任副会长。

1927 年 1 月,李士伟病逝于上海,终年 44 岁。

参考文献:

中国银行行史编辑委员会编著:《中国银行行史(1912—1949)》,中国金融出版社,1995年。

天津社会科学院历史研究所编:《天津历史资料》第 11 期,1981 年内部印行。

(高　鹏)

李 子 光

李子光(1902—1967)，蓟县人，本名贾一中。

1919 年，李子光从宝蓟中学毕业，先在陕西西北汽车公司担任职员，后入绥远官钱局当职员。1925 年，李子光辞职回家，任小学教师。1926 年，李子光再次来到绥远，任《西北实业日报》社校对和新闻编辑。此时正值国共合作时期，西北出现了半公开的国民党组织和秘密的共产党组织。同年 7 月，李子光加入中国共产党。

入党之后，李子光以报社（《西北实业日报》后改为《中山日报》）为基地，开展党的工作。当时，北方党组织在李大钊领导下，派出大批党员干部来到西北地区，在冯玉祥国民军中进行统一战线工作。《中山日报》报社就是中共统一战线的阵地和联络点。李子光等中共党员一面办报宣传革命，一面承担了大量社会工作。他担任报社党支部书记职务，后又担负了宁夏共青团工作。不久，李子光接受党组织的安排，在冯玉祥西北军中开展统一战线工作，担任党支部书记职务。1927 年 4 月，蒋介石叛变革命，报社被封闭。党组织决定，党员分散隐蔽，李子光留在宁夏继续工作。不久，当局发觉李子光有共产党的嫌疑，明令驱逐出境。

李子光又接受党组织派遣，来到归绥市工作，组建特别支部（归顺直省委领导）。李子光任特支书记，以专馆教师的身份为掩护，开展恢复党组织的工作。1928 年春，李子光乘车来到北平，向上级党组织汇报工作，不幸被捕。在国民党侦缉队、军警联合办事处、警备司令部、陆军监狱和法院等处辗转审讯,李子光机智应答,始终没有暴露自己的真实身份,最后因证据不足,拘押 40 天后释放出狱。1929 年 2 月,由于叛徒出卖,李子光再次被捕。李子光坚贞不屈,顽强斗争。苦难的监狱生活摧残了他的躯体,同时也磨炼了他的意志。冬季,李子光出狱后四处寻找党组织,但顺直党组织大部分遭到破坏,李子光奔走数月未果。

1929 年底,李子光回到蓟县老家西山北头,一面设法寻找党组织,一面凭借熟悉故土人情的有利条件,积极开展党的工作。他利用雇农回家歇冬的机会,走门串户,宣传革命,还联络一些对旧社会不满有反抗精神的知识青年,建立马列主义读书小组,学习马列主义著作和鲁迅的文章。

1930 年 3 月,经人辗转介绍,李子光找到中共京东特委。4 月中旬,中共顺直省委召开蓟县、遵化、玉田、丰润党代表会议,决定发动农民暴动,开展武装斗争,创建苏维埃政权。京东特委领导错误地认为革命处于高潮时期,强行要求蓟县县委搞"飞行集会"。李子光从本县实际情况出发,认为离开群众切身利益,脱离群众觉悟程度,提出群众还难以理解的"创造苏维埃"的口号,是不切实际的,而让刚刚发展起来的几十名党员赤手空拳地去公开暴动,更不妥当。李子光与特委负责人进行了激烈争论。

1930 年 4 月底,李子光在马列主义学习小组基础之上,经京东特委批准建立共产党小组,李子光任小组长。6 月间,党员人数增多,经京东特委批准建立特别支部,李子光任特别支部书记。特支党员利用亲戚、熟人、同学等各种关系,先后在段甲岭、穿芳峪、马圈头、门庄子、白马泉、瓦岔庄建立了党支部,在城内和溵溜建立了党小组,共有党员 60 余人。10月下旬,中共蓟县县委正式建立。由于当时的"左倾"思想盛行,特委领导安排雇工出身的农民党员刘云任县委书记,李子光任县委秘书。随即,京东特委领导无视敌强我弱的事实,强令县委组织党员在县城举行"飞行集会",国民党县党部指挥县政府警力全部出动,李子光被抄家,父亲贾毓书等家属和族人被牵连,李子光经上级党组织安排转移到迁安县。

李子光一到迁安,立即与当地党组织负责人一起,发展壮大迁安的党

93

组织和群众组织，又在兴隆、青龙县建立了农民组织"民众会"。同时，在蓟县城内鲁班庙开办"一分利"文具店，作为地下党联络点，逐渐恢复了几个基层党支部。1931 年 5 月，迁（安）遵（化）蓟（县）中心县委建立，李子光任书记。6 月，发起了大规模的反"旗地变民"斗争，国民党蓟县政府扣押遵化"民众会"的领袖李显荣。中心县委组织两万多农民，围攻县城。县政府被迫接受农民提出的取消"旗地变民"、取消一切苛捐杂税、释放李显荣等条件。

九一八事变之后，在李子光的倡议下，中心县委提出了"团结各阶层群众，开展抗日活动"的政治主张。中心县委提出的政治主张受到各界群众拥护，同时也促进了党的发展壮大。1932 年 9 月 14 日，李子光等人在迁西小尹庄主持召开了县委扩大会议，做出了 3 项重要决定：一、广泛开展抗日宣传活动；二、派党员深入国民党军队，支持他们抗日；三、在国民党军队中吸收抗日骨干，相机拉出，建立自己的抗日武装。

1933 年春，中心县委号召群众积极支持长城抗战，并委派县委成员韩东征、高继先等同志组建武装义勇军，配合国民党二十九军作战。二十九军撤走之后，顺直省委、京东特委强令中心县委发动武装暴动，创建红军。中心县委经过认真分析研究，拒绝接受省委、特委的错误指示。京东特委领导人郭涤生批评李子光主持的县委决议是反动决议，给中心县委扣上了"拥护日本帝国主义进攻""维持国民党统治"等一系列大帽子，并采取严厉手段，于 10 月解散中心县委。

李子光和韩东征等人被切断与党的组织关系，先后来到金厂峪金矿，继续从事革命活动。1934 年，矿上的天津资本家借口生产状况不好，不给工人发放工资。李子光发动工人，包围矿局，展开斗争，吓跑了天津包矿的商人。随后，李子光又回到了蓟县，一方面恢复基层党支部，一方面恢复县委。1935 年 9 月，重新建立了中共蓟县临时县委，李子光任书记。1937 年春，临时县委与京东特委取得联系，将临时县委改为中共蓟县县委，李子光任书记。

1937年七七事变之后，李子光组织策划在县内各地建立抗日救国会。1938年4月，县委召开扩大会议，会上成立了蓟县抗日救国总会，李子光任抗日救国总会武装部长。此后，李子光着重在县内11所完全小学和8个区民团中发展救国会员，健全救国会机构，积极进行抗日武装暴动的准备工作。7月14日，李子光指挥三区救国会骨干力量，拿下邦均伪警察分局，建立抗日联军三区队，拉开了蓟县抗日武装暴动的序幕。第二天，李子光和刘卓群在二区龙山学校，召集全体师生、民团及各界人士，组建抗联十六总队，任政治部主任。7月底，李子光派王恕吾、王磊到下营、将军关一带，与八路军四纵取得联系，确定了攻打县城的各项事宜。随后，李子光带领抗联十六总队、十八总队、五总队等各路抗联队伍，配合八路军四纵主力攻克县城，建立蓟县抗日民主政府。

8月2日，伪满洲秦焕章骑兵第五团一个连自东陵进入县内，"围剿"抗日联军。抗日联军共毙俘伪满洲军十几人，缴获子弹数箱。

10月，李子光带领抗联十六总队、十八总队随八路军四纵到达了平西。之后，抗联十六总队、十八总队各一部编入八路军正规部队，一部分集中在清水一带参加整训。年底，李子光重返县内，任冀东地委委员兼蓟（县）遵（化）工委书记。李子光日夜奔忙，联络旧部，恢复组织，在县内盘山地区和遵化北部山区建立了许多堡垒村，恢复和开辟了许多小块抗日游击区。

1940年初，冀东区党分委和军分区决定建立盘山抗日根据地。4月，李子光与王少奇配合冀热察挺进军第十三支队副司令员包森，开创盘山抗日根据地，建立蓟（县）平（谷）密（云）联合县，任县委书记。随后，配合盘山八路军主力部队，开展有计划地巩固老区、开辟新区的斗争。10月，李子光任平（谷）兴（隆）密（云）联合县县委书记。

1942年4月，华北日军和日本关东军严密封锁县内北部山区，实行"三光"政策，集中兵力摧毁盘山、鲁家峪抗日根据地，实行集家并村。李子光领导群众反复多次拆毁"人圈"。9月，李子光任晋察冀第十三地委（冀东）西部地分委书记。李子光主持地分委决定，在山区允许老弱病残进入"人圈",把青壮年武装起来全民皆兵,广泛开展地雷战、麻雀战,保护山区根据地。在平原把公开身份的干部转移出去,组织可以隐蔽的干部打入自卫团等伪组织,对自卫团人员区别对待,不能一律视为汉奸,禁绝乱杀政策。

1943年7月,冀东地委改为冀热边特委,李子光任一地委书记。1945年1月,冀热边特委改为冀热辽区党委,李子光任十四地委书记,兼第十四军分区政委。1945年10月,热河省政府建立,李子光任副主席并主持日常工作。时值建设东北战略基地之际,延安、晋察冀、晋冀鲁豫、华东等八路军部队及大批干部日夜过境,开赴东北各地。热河省肩负了安全保卫、支应粮草等繁重任务。

1949年8月1日,中共河北省委和河北省人民政府成立,李子光任省委常委、省委秘书长。此后,李子光便全身心投入医治战争创伤,恢复发展生产,安排人民生活的工作。新中国成立后,李子光任热河省副省长兼农村工作部部长。1952年,农村合作化运动开始,李子光始终坚持从实际情况出发,实事求是,稳步推动合作化向前发展。1955年7月,热河省撤销后,李子光任河北省副省长。1958年,在"大跃进"运动高潮中,李子光指出,浮夸风是欺骗,危害党危害人民,提前进入共产主义不是实事求是。1963年8月,河北省遭受特大洪水灾害,年逾花甲的李子光拖着病弱的身体,奔走东北和南方各省,吁请救援,并组织群众生产自救,数百万人安全度过灾荒,重建了家园。

1967年3月1日,李子光逝世,终年65岁。1980年11月15日,河北省委将其骨灰安放在盘山烈士陵园。

参考文献:

中共蓟县县委党史资料征集委员会、盘山烈士陵园编著:《盘山英烈》,中共天津市委党史资料征集委员会,1991年内部印行。

(周　巍)

李 宗 义

李宗义(1913—1994)，汉族，天津人，生于天津的一个普通职员家庭。

李宗义天赋佳喉，自幼聪颖好学。11岁丧父，后因生活所迫退学，上小学时加入三义庄的"同志国剧社"京剧票房。14岁拜天津票界"三王"之一王庚生的弟弟王梦鸿为师，16岁后经常在河北正风国剧社、中南国剧社、简易戏院演出。1936年，李宗义拜王庚生为师，演唱功力日臻成熟。24岁时"下海"由票而伶。

李宗义没进过科班，渴望到北平深造。后经信义社刘得珍安排，邀北平的"四梁四柱"攒好班底，于1937年奔赴北平登台露演。

李宗义一炮打响的戏是《四郎探母》。在这出戏中，他与李玉芝、李多奎、茹富慧、诸如香等名家联袂。他扮演的杨四郎出场的第一个亮相便获得观众的"碰头彩"，艺惊四座。奚啸伯看后感叹道："这个演员今后是我的劲敌！"接着，李宗义又与姜妙香、茹富慧、李多奎、马艳芬、梁慧超、哈宝山等人合演了《群英会》《借东风》《杨家将》《大探二》《苏武牧羊》等戏，得到北平观众的首肯，扎牢了根基。

李宗义没有接受过京剧科班教育，自然无门户之见和条条框框。他依据自身高亮的嗓音条件，在声腔上远宗谭鑫培、刘鸿声，近法余叔岩、马派诸家。他的嗓音刚劲雄浑，挺拔有力，行腔高低自如，在慷慨奔放的行腔中，不忽略对人物感情的细腻处理，有较强感染力，以擅演高庆奎高派老生戏为基础，亦有所创新和发展，形成了自己独特的艺术风格。

1939 年，李宗义拜鲍吉祥为师。他同剧团转演天津、武汉、上海、南京、芜湖、西安、济南、青岛等地，名震大江南北。

抗战胜利后，国民党挑起内战，田汉先生针对蒋介石的倒行逆施，编写了一部历史题材的新京剧《琵琶行》，借以针砭现实问题，进步人士马彦祥对剧本做了许多改革性尝试。李宗义顶着丢掉饭碗的压力，毅然参加排演。他主动把排练场设在自己家里，历经两个月的努力，《琵琶行》于北平长安大戏院连演 7 天，场场爆满。田汉先生从上海发来贺电，多家报纸发表评论，肯定了京剧《琵琶行》的创新和现实主义，赞赏了李宗义的革新精神。

1948 年，田汉因《琵琶行》遭到通缉，马彦祥去了解放区，李宗义也因此受到牵连，断了生活来源，他只身一人离开北平到涿县、青岛、济南和其他一些中小县城演出。

新中国成立后，马彦祥任文化部戏曲改进局副局长。1950 年，他与何海生推荐李宗义加入中国戏曲研究院京剧实验工作团第二团。李宗义成为当时国家剧院中唯一一位票友出身挑大梁的演员。李宗义演出的第一出新戏是《江汉渔歌》，与张云溪、张春华等人排演了《三打祝家庄》《大名府》《兵符记》《渡阴平》等剧目，尤与梁小鸾等名家合作重排了《琵琶行》，连演数场，反响热烈。

李宗义与云燕铭等名家携手演出《江汉渔歌》《三打祝家庄》等新编戏，亮相上海舞台。李宗义扮演的男主角渔民阮复成有长达 108 句的二黄唱段，他以精湛的功力、醇厚的韵味，受到上海观众的热烈赞扬。

1952 年全国戏曲观摩演出，他主演新编故事剧《兵符记》，荣获了个人表演二等奖。1953 年他参加抗美援朝演出活动达 4 个月之久。1955 年秋，他随中国艺术团赴英、法、荷兰、比利时、瑞士、匈牙利、南斯拉夫、捷克斯洛伐克、苏联等国家演出。1956 至 1957 年间与李少春、袁世海等艺术家赴欧洲和南美洲的巴西、乌拉圭、阿根廷等十几个国家访问演出，受到热烈欢迎。

1958 年至 1960 年,李宗义排演新戏《蝴蝶杯》《芦花计》《十三陵畅想曲》。后调入梅兰芳京剧团,随梅兰芳出访欧美各国。他与李慧芳、王泉奎合作演出的《大探二》在京津沪引起轰动。1960 年他灌制《击鼓骂曹》《斩黄袍》等剧目的唱片。1964 年李宗义进入北京京剧院二团,与李慧芳合演了现代京剧《洪湖赤卫队》《海港》等。

毛泽东对高派艺术情有独钟,多次观看了李宗义和李慧芳合演的《盗魂铃》。1975 年毛主席提议李宗义、李炳淑、李长春合录了《斩黄袍》《二进宫》《击鼓骂曹》《将相和》等剧。中央新闻纪录电影制片厂拍摄了《斩黄袍》等一批传统戏曲艺术片,为剧坛留下了珍贵的资料。

李宗义热爱自己的家乡,1940 年定居北平后,常回天津演出,曾在中国大戏院演出《四郎探母》《红鬃烈马》《一捧雪》《龙凤阁》《挑滑车》《四进士》《盗魂铃》《大探二》《姑嫂英雄》《失街亭》《龙凤呈祥》《借东风》《杨家将》《宝莲灯》《连营寨》《锁五龙》,反串《钓金龟》等剧目。

1980 年天津市戏曲学校建校 20 周年纪念,李宗义到津为戏校祝贺演出。1981 年,他在天津市第一工人文化宫演出《逍遥津》。1986 年李宗义应天津人民广播电台邀请,偕全家参加"家乡情"6 场演出,盛况空前。

1993 年,李宗义虽已耄耋高龄,仍登场演出。1994 年辞世,终年81 岁。

参考文献:

朱书绅等主编:《369 画报》(民国期刊)。

(许艳萍)

刘荩臣

刘荩臣(1886—1951),河北衡水人。

1901 年刘荩臣来到天津,在万庆泰铁行学生意。1904 年,刘荩臣出师后被派往上海采购。1913 年,他应聘为天津同发祥铁行经理。天津的近代冶金工业自辛亥革命以后得到初步发展,但在冶金工业中占主要地位的冶炼、轧制等行业在西方设备和工艺的冲击下,能够维持生存的仅有私营小型铸造业和小五金加工业。第一次世界大战爆发后,刘荩臣被派到同发祥日本大阪分号主持业务,他与同发祥长年派驻日本采购五金材料的孙步雷相识。他们对日本轧钢工业的发达深有感触,同时对日商在中国办厂、利用廉价劳动力、掠夺中国资源等行径感到愤懑不平。

20 世纪二三十年代,天津的五金行业仅有经营五金钢铁材料的批发商业,技术含量高的轧钢工业仍无人涉及。鉴于这种情况,孙步雷萌生了在天津开办轧钢厂的想法。这个想法得到了同发祥铁行经理刘荩臣、兴记铁行经理宋玉琳、东兴铁厂股东高文仲、玉兴栈铁厂经理秦凤翔等人的赞助和支持,他们共同出资了 4 万元资本,于 1936 年办起了天津第一家私营轧钢厂——天兴制铁所。它的建成不仅为天津近代轧钢工业奠定了基础,还为天津近代轧钢工业培养了一批技术人才。

天兴制铁所由刘荩臣任总经理,孙步雷任经理,宋玉琳任协理,陈自仲任襄理,两年后又聘张学臣为副理。建厂后,随即派人赴日本购买全部轧钢机械与设备,主要有粗轧机和精轧机、烘钢炉、切铁机、切头机、车床等。在设备安装和试生产期间,先后聘用了高桥、渡边荣一、大下越智勇、小滨等8名日本技术人员,订立1年的教学合同,指导本厂工人进行操作。当时的天兴制铁所共有工人50名,分两班生产。轧制的产品主要有各种型号的方、圆、扁钢,产量因品种、规格的不同而异。产品主要销售于本地各五金行和工厂。此外,天兴制铁所还利用大型切剪设备,裁制农村及山区所需的大车瓦铁,销售于河北、山东、内蒙古等地,颇受欢迎。

轧钢所用原料最初是从日本购买的拆船旧铁,以后又派人去青岛、上海等地采购旧铁材料,并向外商洋行订购部分拆船铁板,用剪铁机裁剪后进行热轧。这样由旧料改制成各种型号的新铁,不仅工序简单,而且利润可观。天兴制铁所限于原材料取自废旧铁料,只能大致区分高碳、低碳,无法保证材质精确,其产品当然不能与进口钢材相抗衡,但终究填补了国产钢材的空白。

日本发动卢沟桥事变时,天兴制铁所开工还不满一年。不久天津沦陷,大部分民族工业被迫停工,天兴制铁所也不例外。在日本人的逼迫威胁下,天兴制铁所从1939年开始接受日商的加工订货。同年,日军通过五金同业公会发动"捐献钢铁",将天兴制铁所多年积存的二三百吨钢材全部掠走。另有二三十吨可做武器的钢材事先埋于地下,未被拿走。后来日本军部得知,派人悉数挖走,还扬言要治罪。经多方疏通,才未继续追究。

1945年8月,抗日战争胜利,国民政府接收了日本人在天津所建的伊藤、中山、山本、津田胜等几家制铁所,将其中的津田胜制铁所招标出售。天兴制铁所为了继续保持在天津轧钢业中的地位,遂由本厂资本所开设的宝昌五金号出面,以法币8051万元的高价中标,将津田胜制铁所买到手。1947年10月,天兴制铁所股东刘荩臣、高殿选、高文卿、孙步雷、张学臣等,为与天兴的轧钢形成配套,集资法币100亿元,筹建天津第一家转炉炼钢厂,建1吨侧吹转炉2座,厂名为新兴钢铁股份有限公司,由陈凤皋工程师任经理兼厂长。工厂从建厂起至安装设备,达两年之久。

开工生产后,产品质量未能达到标准要求。由于反复摸索试验,给天兴制铁所带来很大的损失,加之当时通货膨胀日甚一日,到正式投产时,因资金消耗太大,轧钢原料又不充足,天兴制铁所只得承揽部分来料加工,勉强维持。1948年后,国民党军队在战场上节节败退,天津的国民党守军妄图做垂死挣扎,大量征购钢铁材料修筑城防工事,冶金工业负担过重,天兴制铁所正常生产经营无法维持,被迫停工,工人失业。

天津解放后,人民政府大力支持冶金工业,天兴制铁所改进了设备,增添了轧钢品种,生产迅速发展。实行公私合营后,天兴更名为天津市轧钢四厂,新兴更名为冶金实验厂,成为当时天津冶金业的主要企业。

1951年,刘芾臣去世,终年65岁。

参考文献:

孙大干编著:《天津经济史话》,天津社会科学院出版社,1989年。

孔令仁、李德征主编:《中国老字号》(贰),高等教育出版社,1998年。

（张慕洋）

刘 少 奇

刘少奇（1898—1969），名绍选，后改名少奇，字渭潢，曾用名胡服等，湖南宁乡县人，祖籍江西。1898 年 11 月 24 日（清光绪二十四年十月十一日），出生在花明楼炭子冲的富裕农民家庭。

刘少奇幼读私塾，1913 年考入宁乡县城玉潭学校，1916 年考入长沙驻省宁乡中学。1920 年，入上海共产党早期组织创办的上海外国语学社学习俄文，在此期间加入中国社会主义青年团。1921 年春赴苏俄莫斯科东方劳动者共产主义大学学习。是年冬，刘少奇由团员转为中共党员。

1922 年春，刘少奇回国，在上海中国劳动组合书记部工作。1922 年 9 月，赴江西安源煤矿同李立三等领导安源路矿工人大罢工。刘少奇在罢工中任工人全权代表，负责指挥大罢工并亲往戒严司令部谈判。由于路矿工人准备充分、指挥得当，安源大罢工取得完全胜利，成为当时最有影响的罢工之一。1923 年 4 月起，刘少奇任安源路矿工会代理总主任、总主任。1924 年，刘少奇以安源路矿工会为基地，重组汉冶萍总工会，当选为委员长。汉冶萍总工会由汉冶萍公司所属汉阳、大冶、安源各个厂矿企业的工会组成，有会员 3 万多人，是当时全国最大的产业总工会。1925 年 5 月，刘少奇奉调广州主持召开第二次全国劳动大会，在大会上当选为第一届中华全国总工会副委员长，成为中华全国总工会的主要创始人，先后在上海、广州参加领导五卅运动、省港大罢工，是这两次工人运动的主要领导人之一。1927 年 1 月，刘少奇兼任湖北省总工会秘书长，参与领导武汉工人收回汉口英租界的斗争。1927年4月,当选为中共中央委员。

1928年7月,刘少奇抵达天津,以中央特派员的身份,参与顺直省委的领导工作。12月,周恩来受党中央委托来到天津,刘少奇与陈潭秋共同协助周恩来改组顺直省委。刘少奇后任中共满洲省委书记。1930年夏,刘少奇赴莫斯科参加赤色职工国际第五次代表大会,被选为执行局委员并留赤色职工国际工作。1931年1月,在中共六届四中全会上被选为中央政治局候补委员。同年秋回国,任临时中央职工部部长、全国总工会党团书记。1932年冬,刘少奇进入中央革命根据地,领导革命根据地的工人运动,动员、组织工人群众支援反"围剿"斗争和参加红军。1934年7月,任中共福建省委书记,同年10月参加长征,先后任中国工农红军第八、第五军团党代表和第三军团政治部主任。1935年1月,在遵义会议上拥护毛泽东的正确主张。

1936年春,刘少奇任中共中央代表、北方局书记,领导北平、天津、河北、山西、东北等地白区工作。其间,刘少奇在党内外刊物上发表了《肃清立三路线的残余——关门主义冒险主义》《肃清空谈的领导》《论北平学生纪念郭清烈士的行动》《关于共产党的一封信》等文章,清算关门主义、冒险主义等统治北方白区多年的"左"倾错误,坚定地执行抗日民族统一战线的方针,发展了华北地区的抗战形势。

刘少奇到北方后,在很短的时间内重建了华北地区各级党组织,把坚决支持中共中央正确路线的同志安排在北方局和北平、天津市委重要工作岗位上,北平市委书记林枫调任北方局秘书长,李葆华任北平市委书记,李铁夫接任天津市委书记,彭涛、姚依林充实天津市委。恢复了河北省京东、津南、保属、直南等地区的党组织,山东省委、山西工委和河南工委也先后建立起来。根据中共中央的指示,他派干部到汉口、上海、广州、香港等地开展工作,使党的白区工作迅速得到恢复和发展。华北地区的共产党员发展到5000多人,北平市委建立了东城、西城、南城、北城和西郊5个区委,在大学和部分中学建立了党支部,天津市委在南开大学、法商学院、女师附中、三八女中等相继发展党员，不失时机地从国民党监狱中营救出一批党的高级干部，将活跃在北平、天津等地的中华民族解放先锋队和参加"一二·九"运动的学生会、学生联合会中的大批先进分子转为中共党员。这为抗日战争爆发后党在华北的发展做了干部上的准备。

1936年前后，刘少奇贯彻党的抗日民族统一战线政策，撰写了《公开工作与秘密工作的区别及其联系》《民族统一战线的基本原则》等多篇文章，提出一整套策略方针。特别是1936年4月的《关于白区职工运动的提纲》，阐明了白区斗争中的公开工作和秘密工作、合法斗争和非法斗争、经济斗争和政治斗争等一系列重大关系，这是中共指导白区斗争的纲领性文件，标志着党的白区工作的根本转变。这期间，华北各界救国联合会在北方局的指导下，与华北上层文化教育界人士建立广泛联系，把不同阶层、不同党派、不同政治信仰的爱国人士团结在抗日民族统一战线旗帜之下。平津学联改名为平津学生救国联合会，北平学联和天津学联也分别改称为北平学生救国联合会和天津学生救国联合会。此外，天津工人救国会、农民救国会、妇女救国会和民众救国会都相继成立，推动了华北的抗日救亡斗争。

1936年5月，日本政府和冀察政务委员会秘密签订《华北防共协定》，日军向华北大举增兵。中共中央北方局决定发动平津学生举行示威游行。刘少奇向中共天津市委作了具体指示。他指出要利用广大人民群众的高昂抗日情绪，以学生的行动，进一步推动党的抗日民族统一战线的建立，壮大抗日的革命力量，打击日本帝国主义的侵略气焰。中共天津市委根据北方局和刘少奇的指示，通过天津学生救国联合会，在天津发动了万余名学生、工人和市民参加的示威游行。人们高举"反对日本增兵华北"大旗，高喊"停止内战，一致对外""反对华北特殊化"等口号，受到各界人民的拥护，在全国引起巨大反响。刘少奇劝说学生改口号为"拥护宋哲元将军抗日""拥护二十九军抗日"，使宋哲元和第二十九军的广大爱国官兵很快转到同情抗日救亡运动的立场，使群众的抗日救亡活动进一步合法化。

1937年7月抗日战争全面爆发,刘少奇领导了开辟华北抗日根据地的工作。他抓住敌后政权出现真空的时机,委派干部出任地方专员、县长,建立共产党领导下的抗日民主政权。八路军陆续开辟晋西南、晋东南、晋冀豫等抗日根据地,各根据地的军事领导一般由八路军干部兼任,而担任党政领导的,大多是北方局系统的干部。

1938年11月,中共六届六中全会确定党在敌后武装斗争的战略部署是巩固华北、发展华中,派刘少奇任中原局书记,担负发展华中的重任。刘少奇主持华中全面工作后,确定以开辟苏北为战略发展方向。在刘少奇领导下,华中各部队深入敌后,放手发动群众,壮大抗日武装力量,先后建立了豫皖苏、皖东、皖东北、苏北根据地,并先后在皖东、津浦路东半塔集打退国民党顽固派的进犯,取得反磨擦斗争的胜利。经刘少奇提议,中共中央调八路军黄克诚部从华北挥师南下,皖南新四军陈毅部也从苏南渡江北上。1940年6月,在刘少奇的指挥下,八路军、新四军南北夹击,一举歼灭不断进攻新四军的顽固派韩德勤部主力12个团共1.1万多人。

1941年1月皖南事变发生后,针对国民党反动派消灭新四军的图谋,刘少奇于1月17、18日两次向中共中央提议,重新在苏北成立新四军军部,并以陈毅代军长。中央同意刘少奇的提议。20日,中共中央革命军事委员会发布重建新四军军部的命令,任命陈毅为代理军长、刘少奇为政治委员。不久,刘少奇任中央军委新四军分会书记。新四军以崭新的面貌纵横驰骋在华中苏、皖、鲁、鄂、豫5省的抗日战场,全军总人数当年即由9万人发展到13.5万人,与八路军共为中国共产党领导的抗日队伍。

1943年3月,中共中央政治局会议决定由毛泽东、刘少奇、任弼时组成新的中央书记处,推选毛泽东为中央政治局主席、中央书记处主席,刘少奇任军委副主席。1945年5月,刘少奇向中共七大作了《关于修改党的章程的报告》,第一次全面系统地论述毛泽东思想,确立毛泽东思想在全党的指导地位。他在报告中强调:"学习毛泽东思想,宣传毛泽东思想,遵循毛泽东思想的指示去进行工作,乃是每一个党员的职责。"

抗日战争胜利后,在毛泽东赴重庆与蒋介石谈判期间,刘少奇代理中共中央主席职务,根据党中央的决策,提出和执行了"向北发展,向南防御"的战略方针,组织华中主力部队迅速北调,控制北上道路,以应对蒋介石随时可能发动的全国性内战。

　　1947年3月国民党军队占领延安后,刘少奇任中共中央工作委员会书记,转移到华北负责党中央委托的工作。同年7月主持召开了全国土地会议,制定了《中国土地法大纲》,推动了解放区土地改革运动的发展。

　　1948年秋,人民解放战争进入夺取全国胜利的决定性阶段。与此同时,筹备建立全国政权、研究制定新中国的经济建设方针,也提上了党的工作日程。受中共中央和毛泽东委托,刘少奇在1948年9月召开的中央政治局会议上作《论新民主主义的经济建设》的长篇发言,阐述了新民主主义的经济成分、新民主主义社会的主要矛盾、发展合作社和由新民主主义向社会主义过渡等问题,第一次比较系统地提出了未来新中国经济建设的设想。1948年底至1949年初,刘少奇又撰写了《关于新中国的经济建设方针》等党内报告,并在有关会议上讲话,更加明确、完整地阐述了新中国的经济建设方针。这些工作为1949年3月中共七届二中全会制定经济建设方针做了理论准备。

　　针对天津、北平等大城市解放后经济建设和城市管理问题,1949年四五月间,刘少奇受中共中央、毛泽东的委托到天津宣传贯彻党的七届二中全会精神。他先后与天津党政干部、职工代表、工商业资本家、国营企业职员等座谈,全面阐述党的城市工作路线、方针和政策,形成了著名的"天津讲话",对天津的经济建设提出了明确的指导方针,对全国城市接管工作和恢复发展经济起到了指导作用。

　　1949年9月,在中国人民政治协商会议上,刘少奇当选为中华人民共和国中央人民政府副主席;10月19日,在中央人民政府委员会第三次会议上,被任命为人民革命军事委员会副主席,参与了党和国家的政治、经济、军事、文化、教育和外交等重大方针政策的制定。1954年9月,在第一次全国人民代表大会上作《关于中华人民共和国宪法草案的报告》，并当选为全国人民代表大会常务委员会委员长。

在对资本主义工商业的社会主义改造基本完成后，为了制定建设社会主义的路线、方针、政策，1956年9月召开了第八次中共全国代表大会。刘少奇代表中共中央向"八大"作政治报告。刘少奇在报告中正确分析社会主义改造完成以后阶级关系的变化，指明国内形势和国内主要矛盾，提出把党的工作重点转到发展生产力上来的战略决策，强调全党要集中力量进行社会主义建设。报告确定"既积极又稳妥可靠"的经济建设总方针，提出扩大民主、健全法制等一系列改进国家工作的目标，强调中国共产党作为执政党，必须在新形势下加强党的自身建设，并制定了相应的措施。刘少奇在中共八届一中全会上当选为中共中央副主席。1959年4月，在第二届全国人民代表大会第一次会议上，刘少奇当选为中华人民共和国主席、国防委员会主席。

从1960年冬开始，中共中央对国民经济进行了大规模调整。为扭转我国国民经济所出现的困难局面，主持党和国家日常工作的刘少奇进行了大量的调查研究，参与制定了一系列重要政策和措施，为国民经济的恢复和发展做出了重要的贡献。为总结经验教训、统一全党认识，1962年1月，中共中央召开了一次规模空前的工作会议（即七千人大会）。刘少奇代表中共中央向大会提出书面报告，并做口头讲话。报告和讲话实事求是地分析了经济形势和造成经济困难的原因，总结了中华人民共和国成立以来特别是"大跃进"以来社会主义建设的基本经验教训，提出国民经济调整的原则、措施。为了研究制定调整国民经济的措施，刘少奇于2月下旬在中南海西楼主持中共中央政治局常委扩大会议（即西楼会议）。会上陈云作《目前财政经济的情况和克服困难的若干办法》的讲话，并决定成立中央财经领导小组，由陈云出任组长，统一领导国民经济调整工作。这些措施有力地保证了国民经济调整工作的顺利进行。

1962年5月，中共中央政治局常委在北京召集工作会议，确定进一步调整国民经济的方案。会议在刘少奇主持下，讨论通过《中央财经小组关于讨论 1962 年调整计划的报告》，确定了精简职工、减少城市人口、大力压缩基本建设规模、缩短工业战线、关停并转一大批企业、支援农业、增加农业生产和日用品生产、保证市场供应等政策措施。当年底，经济实现全面复苏。1963 年 7 月，刘少奇主持召开中共中央政治局会议，提出用一段时间继续对国民经济进行调整、巩固、充实、提高。1965 年初，国民经济调整任务基本完成。刘少奇对中国的国情和经济建设规律做了进一步的思考，提出应该根据中国的特点，采取适合中国情况的方法来进行建设。他针对我国政治经济体制中的弊端，先后提出了改进生产资料管理办法，试办托拉斯，实行两种教育制度、两种劳动制度等许多富有远见的改革设想。

1966 年"文化大革命"开始后，刘少奇受到错误的批判，并遭到林彪、江青反革命集团的政治诬陷和人身摧残，于 1969 年 11 月 12 日病逝，终年 71 岁。1980 年 2 月，中共第十一届五中全会为刘少奇平反昭雪，并高度评价了他的光辉一生。

参考文献：

中共党史人物研究会编：《中共党史人物传》精选本(1)，人民日报出版社、中央文献出版社，2001 年。

李景田主编：《中国共产党历史大辞典(1921—2011)》，中共中央党校出版社，2011 年。

中共天津市委党史资料征集委员会编：《战斗在天津的共产党人》，天津人民出版社，1991 年。

中共天津市委党史资料征集委员会编：《刘少奇在天津》，天津人民出版社，1993 年。

黄峥：《刘少奇十大功绩》，《中共党史研究》，2002 年第 6 期。

（周　巍）

刘 叔 度

刘叔度(1894—1942)，本名刘伟，祖籍浙江绍兴，出生后不久便随父母举家北迁，移居北京。早年在北京基督教青年会学习英文。

18岁时，刘叔度来天津谋生。凭借自身文化修养在天津邮政管理局找了份工作，一干就是30年。刘叔度闲暇之时好听京戏，尤其喜好老生唱腔，凭借着对京剧艺术的酷爱而步入梨园。他不仅擅唱，还能操琴、打鼓，自置戏装，时常登台票演。

刘叔度知书达理，为人平易诙谐，喜欢结交朋友。他与京剧界的四大名旦梅兰芳、尚小云、荀慧生、程砚秋及名伶高庆奎、刘鸿升、侯喜瑞、奚啸伯、马连良等均有交往，常在一起切磋技艺，从剧本到声腔以及剧中人物无不涉及。特别是他与梅兰芳先生过从甚密。梅兰芳每次来津演出，他都要到住地看望，而梅兰芳夫妇也常去他家问候。"四大须生"之一的奚啸伯只要来津必先到他家做客，经常吃罢晚饭，开锣唱戏至午夜。

刘叔度喜好老生，尤其嗜好著名老生刘鸿升的唱腔，但由于刘鸿升过早辞世，不能得其真传，故只能私下描摹刘鸿升的唱腔，揣摩他的神韵，从而深得刘鸿升的薪传。著名戏曲理论家吴小如先生在《京剧老生流派综说》一书中指出："只有天津票友刘叔度学刘还有几分是处，《斩黄袍》《完璧归赵》等戏，能得刘之仿佛。"

20世纪二三十年代，天津还出现了一些私人家庭票房，这些票房人员不多，组织简单，当时在天津小有名气的要算吕幼才票房。20世纪20

年代中期,刘叔度和天津许多名票都曾在此演出。他与崔捷三、王君直、王庚生号称"津门四大名票"。

刘叔度富有爱国情怀,热心社会公益事业,一生中的演出多半为筹募灾款、学款等义演。1925年,上海爆发了震惊中外的五卅惨案,全国各地爱国志士联合声援上海学生和工人的爱国运动。刘叔度发起天津演艺界的两次联合义演,使他的名声越来越大。

1929年,傅作义驻守天津,创办"兵农工医院",因资金短缺,拟定举办义演筹款,傅作义请出刘叔度操持此事。刘叔度邀请了杨小楼、梅兰芳、余叔岩等演艺界的"大腕",5月10日在新光明大戏院进行了演出,一时被传为佳话。

1930年5月28、29日两晚,天津《商报》为陕西灾区筹赈灾款,在明星戏院举办义演。同一时间,刘叔度和名票王庚生、王元龙等人在春和戏院也为陕西灾区举办义演。事后,天津媒体对名伶的演出反响很大,对刘叔度等名票的演出也给予了很高评价。

刘叔度在出演老生单挑戏外,还与著名演员同台演出,为他们配戏,深受同行钦佩。刘叔度与章遏云合作演出了《回龙阁》,刘叔度扮演西凉王,龙袍玉带加身,一步三摇,神似帝王,一曲"西皮"宏亮醇厚;章遏云饰演王宝钏,宫装上场,光艳照人。二人的合作交相辉映、相得益彰,倾倒四座。

1934年7月29日,刘叔度偕夫人邢美仪应天津市游艺促进会邀请,在老城厢浙江会馆演出日夜两场,在大轴戏《红鬃烈马》中夫妇二人分别饰演薛平贵和王宝钏,可谓夫唱妇随,相得益彰,为时人称道。

刘叔度擅演的剧目有《斩黄袍》《斩马谡》《辕门斩子》《四郎探母》。刘叔度的演唱之法深得刘鸿升的精髓,并通过长期的舞台实践,锤炼出了自己的表演特色。

刘叔度兴趣广泛,多才多艺,喜欢收藏,名伶和票友的生活照、剧照、艺人的脸谱、面具等都是他收藏的对象。平时他还习字、绘画,为报刊撰稿。

1942年，刘叔度因病去世，年仅48岁。

参考文献：

天津市政协文史委编:《京剧艺术在天津》，天津人民出版社，1995年。

中国戏曲志全国编辑委员会编著:《中国戏曲志·天津卷资料汇编》，1984年，内部资料。

（杨秀玲）

刘 文 斌

刘文斌(1891—1967)，本名刘存有，天津宝坻人。幼年喜听大鼓书，慢慢地跟鼓书艺人张增德学了几段《刘公案》，干农活时在地头唱上两段，后来便跟着弦师到周围的村子演唱。

刘文斌22岁时到热河闯荡。他与弦师骑着毛驴，带着针头线脑等稀罕物件，换些零钱，再唱上几段大鼓书，维持生计。26岁时，因家乡闹饥荒，他不得已来到天津谋生。

初到天津，为了吃饱肚子，他拉过洋车，干过装卸工，做过剃头生意，晚上走街串巷卖唱。后来在同行艺人帮助下他开始撂地卖艺，渐渐地听的人多了，难免冲撞别人生意，就有人来搅场子。为了能在天津立足，刘文斌又回到京东大鼓的发源地——老家宝坻，经人介绍拜宋恩德为师。拜师后，刘文斌算是有了从艺的"许可证"。

重返天津后，他先在小营市场演出。1927年，刘文斌到北大关侯家后义顺茶楼演出，开始有了固定场所。刘文斌出名时，京东八县的各种说唱曲种如平谷调、五音大鼓、铁片大鼓、评剧、河北梆子等，都有了自己的专称。而刘文斌在茶楼演出要写海报，刘文斌随口说："我们是京东人，就报京东大鼓吧。"京东大鼓便由此得名。

1928年，官营的天津广播电台正式开播，这是当时天津第一家广播电台，每天固定时段播送"杂曲相声"。刘文斌是最早的被邀请人之一，并由此声名鹊起。

20 世纪 30 年代，仁昌、中华、东方、青年会等商业电台经常请刘文斌演唱京东大鼓，商业电台在播演中穿插广告，而普通听众喜听刘文斌的大鼓书，各得其所。有的商家为了招揽生意，直接在店外安上扬声器，吸引顾客进店或驻足听上一段。"刘文斌的唱段深受大家喜爱，尤其是广大家庭妇女的青睐"。①

刘文斌成名后开始尝试将短书唱成长篇大书，而且做到长短随心所欲，达到短书精致、长书细腻的效果，让听众毫无嫌烦之意。刘文斌文化水平不高，看唱本、读小说连认带猜，但功夫不负有心人，由他整理、改编的书目越积越多，包括《小八义》《少西唐》《十粒金丹》《响马传》等。《王二姐思夫》由他改编成长篇大书，连说带唱，很受听众欢迎。

刘文斌的表演始终保持着乡土气息，朴实无华。他的唱词不讲究，但却亲民，观众比较认可。旧时的艺人为了吃饭，一天演出很忙，有的唱词是死词，有的是现挂。当时相声、大鼓演员同台演出，刘文斌与小蘑菇（相声演员常宝堃）经常互相现挂抓"哏"。

刘文斌对京东大鼓的演唱进行了改革，形成了自己独特的风格。精炼开场白：将先人"上场来今天我开书，先表头一回"的拉腔，直接改成"表的是……"，开门见山，直入主题。丰富定场诗：刘文斌的定场诗不仅短小精悍，且文化底蕴深厚，如《蓝桥会》，演唱前他诵念"夏天美景可观，红日绿水青山，和风香烟透竹帘，树上蝉声不断……"，把夏日秀美风光描写得有声有色。固定唱腔格式：刘文斌认为在大城市演出不能只满足于唱"地头调"，要尽量在唱腔中吸纳其他曲种的旋律，形成活泼明快的韵律风格。吐字清晰：他的《蓝桥会》《大实话》《拆西厢》等段子，无论句子多长一律逐字唱出，吐字清晰，绝不含糊，"字清音重，掷地有声"是老曲艺迷对他的褒奖。

新中国成立后，曲艺艺人的身份发生了翻天覆地的变化。刘文斌当选为河西区人民代表。年逾花甲的刘文斌老当益壮，在演唱传统曲目的

---

① 《广播日报》，1936 年 4 月 3 日。

同时,还编演了许多反映劳动人民当家作主的新曲,如《小二黑结婚》《杨靖宇》《新儿女英雄传》等。1960年他曾到河西区戏楼、曲艺培训学校授课,并在工矿企业和社会开展教学。

刘文斌录制了12张唱片,有《郭子仪庆寿》《拆西厢》《隋炀帝下扬州》《庄子扇坟》《王二姐思夫》《刘公案》,使京东大鼓艺术在全国乃至国际流传。

1967年,刘文斌去世,终年76岁。

参考文献:

根据刘文斌的亲传弟子李承秀口述整理。

(杨秀玲)

卢 成 科

卢成科(1903—1953),天津人。幼时因病双目失明。父母为了他长大后能有生活着落,送他师从著名的弦师韩永禄学习三弦。

出生于1876年的韩永禄,弦技高超。接收卢成科为徒,韩永禄很慎重。通过试耳音、试唱,他确定卢成科禀赋很高。于是,他收下了卢成科,而且毫不保守,倾心相授。几年后,卢成科已把三弦弹得随心所欲。他曾为梅花大鼓艺人金万昌、京韵大鼓艺人石岚云及时调艺人赵宝翠、张少卿、周翠兰、谢蕴(韵)秋、张畹华等人伴奏。他的手音纯正,刚柔相济,托腔保调严谨,又擅用花点,熟谙各个曲种的演唱规律,善于为各个曲种艺人的演唱锦上添花。特别是协助赵小福、王佩臣,形成了各自的演唱风格,并丰富了时调和铁片大鼓的伴奏音乐。

卢成科对天津艺人创造并所独有的三弦弹戏(又名巧变丝弦)也很擅长。1928年,卢成科受广播电台邀请弹奏三弦弹戏,弹奏天津、北京街头巷尾贩卖包子、羊头肉、青萝卜、灌肠等的叫卖声,小孩子、老太太、大姑娘说话声,京剧《四郎探母》中的四郎与公主的对唱,歌曲《四季相思》《苏武牧羊》等。卢成科用三弦模仿这些声音,诙谐幽默、惟妙惟肖、精彩绝伦,很受市民的欢迎。

卢成科能用三弦弹奏各种声音,源于他对音乐的精深理解。20世纪30年代,他与另一位"丝弦圣手",也是大雷拉戏的创始人盲人王殿玉,经常相挽相扶,结伴去"看"电影。从电影音乐中吸取有用的东西,以改革和丰富他们的伴奏和弹戏、拉戏艺术。卢成科在给梅花大鼓与靠山调伴奏时,就经常引进流行歌曲和军乐。

卢成科是三弦弹戏的集大成者,更是花四宝"花派"梅花大鼓的创始人之一。花四宝是卢成科所收第一位梅花大鼓女弟子。

卢成科也为花四宝梅花大鼓伴奏。师徒二人决心在学习"金派"梅花大鼓的基础上努力对梅花大鼓进行改革,卢成科首先在梅花大鼓中融入时调的旋律、唱法,使这种唱法的风格趋向"天津化"。卢成科针对花四宝嗓音高亮柔美的特点,使花四宝的唱腔向高音区域拓展,同时加强了对唱腔的修饰润色。这样一来,新的唱腔就比"金派"唱腔华丽多彩,灵活曲折,非常适合女声演唱,打破了当时梅花大鼓极少有女艺人的局面,帮助花四宝取得了成功,形成了堪与"金派"梅花大鼓媲美的"卢(成科)派",也称"花(四宝)派"。

此后,卢成科再收徒花五宝、花小宝、花云宝、花莲宝、周文如、刘玉芳等,向徒弟传授他与花四宝创立的"卢派"("花派")梅花大鼓,出现了凡演唱梅花大鼓者"十梅九花"的现象,推动了梅花大鼓的创新发展。

1953 年,卢成科在天津去世,终年 50 岁。

参考文献:

中国戏曲志全国编辑委员会编著:《中国曲艺志·天津卷》,中国 IS-BN 中心,2009 年。

采访高玉琮的口述材料。

（刘　雷）

鲁 乔 奇

　　鲁乔奇（Luigi Giorgi），生卒年不详，意大利佛罗伦萨人，音译汉名为鲁乔奇或佐治。钱币收藏界多称其名为乔治，另如译名鲁尔兹、鲁尔智、爱尔乔奇、路易奇·乔奇、路易·乔鲁奇等。

　　清政府为划一币制，1903年在天津兴建造币总厂①，并配建"造钢模所"。1910年度支部颁布的《造币厂章程》规定："各分厂如雇佣外国人员，应先呈由正副监督核准，方可派充……每届三年。"②同年，鲁乔奇经意大利驻华公使巴厘疏理（Federico Barilari）等介绍来华，于9月24日与造币总厂订立聘任合同。同年11月15日，鲁乔奇担任机制币雕刻师。

　　鲁乔奇在津任职期间，被称为"雕刻洋技师"。其待遇优厚，月薪为750元（厂监督为600元），每日伙食费定额为1.20元。为其专配"意语通译"。鲁乔奇还招收10名"雕刻学生"随其学艺。③

　　鲁乔奇来华后，即参与雕刻、试铸"宣统三年大清银币"。其一元面值的蟠龙造型的龙须龙尾有多种版别，经甄选，其中的"曲须龙"一种被定为国币。试铸币的币面镌有"L. GIORGI"或"GIORGI INC"字样。

　　1914年2月，北洋政府颁布《国币条例》十三条。天津造币总厂于

---

　　①　初名铸造银钱总厂，1904年更名户部造币总厂，1906年更名度支部造币总厂。
　　②　《度支部奏酌拟造币厂章程折（并单）奉朱批》，《奏设政治官报》，1910年第957号，第5—6页台北文海出版社，1965年影印本。
　　③　《民国二年度国家预算财政部所管天津造币厂特别会计表》，载江苏省钱币研究会编《中国铜元资料选编》，丹阳人民印刷厂，1989年，第388—391页。

1914 年 12 月铸造袁世凯肖像一元银币,俗称"袁大头"。其辅币分银质中元(五角)、二角、一角和镍质五分等多种。"袁大头"又分袁世凯七分脸、正面肖像造型等式样,样币镌有"L. GIORGI"或"L. G",可知其亦出自鲁乔奇之手。经鲁乔奇之手设计雕刻的"袁大头"银元,因其型式划一,重量成色符合标准,成为全国通行主币,总产量超过 10 亿枚,影响甚广。

1914 年,鲁乔奇"奉饬赶造祖模,尤能漏夜加工,不辞劳瘁,依限竣事"。天津造币总厂监督吴鼎昌赞其"在厂四年,颇著成绩",因其"按照前订合同,向无支领红利情事,年终未便给以奖金",遂通过财政部呈文,拟请大总统袁世凯"赏给六等嘉禾章,以彰劳勤,而励勤事"。袁世凯于1915 年 1 月 15 日批令:"准如所拟给奖,交政事堂,饬铨叙局查照,并交外交部查照。"①

鲁乔奇擅于将西洋雕塑手法运用到钱币雕刻中,使所雕人物肖像目光炯炯,栩栩如生。其敬业精神亦可嘉,每次雕模时,对从绘图到雕工的每个细节都精益求精、不厌其烦。其雕刻"民三袁像币"时,初仅以袁世凯照片为据,后获特许,得以携样币谒见袁世凯本人。鲁乔奇经观察袁世凯神态,认为还能雕刻得更好,遂获准重雕。对于 1916 年版的一分铜辅币(中穿一孔,以别于旧铜元)的花纹,"义技师绘数种",以供选取最"富有美术意"者,"取而为模"。② 而 1916 年造币总厂所铸"洪宪十元金纪念币""洪宪十文铜纪念币"等,"亦义大利技师鲁乔奇雕模,故甚精"③。

1916 年 10 月,鲁乔奇再获续聘,合同仍以三年为期,截至 1919 年 9月期满。这一时期,国币的主币、辅币模式基本定型,且渡过了机制币铸造高峰期,鲁乔奇协助培养的雕刻师也已基本掌握了雕刻设计的核心技术,鲁乔奇的作用大不如前。又由于造币总厂管理混乱、经营不善以及鲁乔奇对于畸高的薪水仍不满足,双方顿生嫌隙。"意技师初来华,尚谨饬,

① 《财政部呈造币总厂雕刻洋技师鲁乔奇成绩昭著请奖文并批令》,《政府公报》,1915 年 1 月 18 日第 968 号,第 15 页上海书店,1988 年影印本。
② 李家咸:《一分铜币》,上海《永安月刊》,1944 年第 67 期。
③ 李伯琦:《中国纪念币考》,上海《永安月刊》,1945 年第 76 期。

久则渐染恶习。又兼翻译从中播弄,逢雕祖模时,必借端要挟需索……三年再满,即辞义技师,革翻译。"①

1919年5月,鲁乔奇被提前免除职务,鲁乔奇还请托即将离任的意大利驻华公使嘎贝娑(Garbasso)以非正式名义面托北洋政府外交部,转达鲁乔奇的意愿,即"请再留用几年,如能办到最好,否则亦请中国管理局所予以优待,使服役九年忠勤职务者,得一相当之酬劳"②。同年8月23日,北洋政府财政部、币制局复函外交部称,造币总厂已明确表示不再与鲁乔奇签定续聘合同,但可视情另予优待,以示体恤。鲁乔奇后悻悻回国。据美籍钱币收藏家耿爱德(Eduard Kann)撰文说:"1953年4月中旬,直接得自乔治先生的信函,彼曾在1910—1920年间,服务于天津造币厂,担任首席设计师及总雕刻师。"③

经鲁乔奇协助培养,学有所成的雕刻师至少有6位。周志钧(1894—1937,江苏丹徒人,字鑫甫)为其中的佼佼者。

参考文献:

李伯琦:《中国纪念币考》,上海《永安月刊》,1945年第76期。

天津市钱币学会编:《天津近代钱币》,中国金融出版社,2004年。

孙浩:《意籍雕刻师路易奇·乔奇——在华外籍人士小传》(二),《中国钱币》,2005年第4期。

孙浩编著:《百年银圆——中国近代机制币珍赏》,上海科学技术出版社,2012年。

(王勇则)

---

① 李伯琦:《中国纪念币考》,上海《永安月刊》,1945年第76期。

② 《义使馆节略一件:造币厂雕刻师义人giorgi免除职务请予以优待由》,台湾研究院近代史研究所档案馆藏北洋政府外交部档案,馆藏号:03-08-001-01-001。

③ 刘皓:《对〈袁世凯与徐世昌人像十文铜元〉的几点补正》,转引自《中国钱币》,2002年第4期。

马 增 芬

马增芬(1921—1987)，北京人，出身穷苦，3岁丧父，母亲带其改嫁马家。

马增芬的继父马连登善良敦厚，视她为己出。马连登是西河大鼓艺人，5岁的马增芬进入马家后，开始学唱西河大鼓，并弹奏三弦。由于继父的教授和两个姐姐的辅导，年幼的马增芬进步很快。1928年，马连登带着妻子和三个女儿来到天津。

当时，天津西河大鼓已是名家荟萃，马连登一家此时到天津立足，是非常困难。然而，极有天赋又勤奋刻苦的马增芬，在既是慈父又是严师的马连登的教诲下，8岁撂地演出，半年后被邀进书馆，9岁时开始说唱长篇大书《杨家将》。当时，她家的左邻右舍有许多西河大鼓艺人，马增芬借着串门儿和上书场的机会，听艺人们说唱。她有着过耳不忘的本领，不到10岁就已经学会了几部大书和一些短段儿。由于父亲亲自给她伴奏，托腔保调，严丝合缝，使她很快就在曲坛小有名气。小小年纪的她还能伴奏，演出艺人用以展示高难技巧招徕观众的绝技——换手联弹。她还自学了河南坠子、乐亭大鼓等曲种的演唱。因此，她在曲坛有"万能马"的绰号。

1932年，11岁的马增芬与父亲或其他老艺人对唱长篇大书《盗马金枪》《薛刚反唐》等。12岁时就灌制了唱片《玲珑塔绕口令》。由于她会的段子多，唱得好，也就成为中高档杂耍场子的邀请对象。13岁时，她成为当时西河大鼓最有影响的女艺人,也就有了与如京韵大鼓三大流派创始人刘宝全、白云鹏、孙小轩,"金派"梅花大鼓创始人金万昌,"荣派"单弦创始人荣剑尘,"相声大王"张寿臣等大家同台献艺的机会。为了听老艺人们演唱,学习表演技巧,她每天很早就到剧场,得到了老艺人毫不保守的指点。不久,她灌制了唱片《马前泼水》《闹天宫》等。

这一时期,北平的中高档曲艺园子也对马增芬发出演出邀请,她在平津两地名气骤增。因园子里一般为多个曲种的综合演出,她就以演唱短段儿为主,拿手的曲目有《拴娃娃》《大闹天宫》《花唱绕口令》《韩湘子上寿》《红月娥》《双锁山》《要酒菜》《许仙游湖》等。她偶尔到茶社、书场说唱长篇大书。

1937年卢沟桥事变爆发,马增芬拒绝为日伪演出。1938年,年仅17岁的马增芬毅然退出舞台,体现出了她的民族气节。日本无条件投降后,1946年,她与父亲合开了一家小书场,与姐姐增芳、弟弟增昆同台演出,颇受欢迎。评论界有"马连登一门风雅"的赞誉。

1950年,马家已定居北京。马增芬积极参加北京鼓楼文化馆工作,组织成立歌剧团,演出了《小二黑结婚》等剧目。1951年,她在中央人民广播电台说唱了新书目《新儿女英雄传》《石不烂赶车》等。1952年,她进入中国戏曲研究院,专门从事曲艺研究工作。1953年,她调入刚组建的中央广播文工团,任西河大鼓演员。她与京韵大鼓演员孙书筠,相声演员侯宝林、刘宝瑞被称为"中广"的"四大金刚"。1958年,她受中央新闻电影制片厂之邀,为一部记述农民兴修水利的新闻纪录片演唱配音,开创了用曲艺演唱解说新闻电影的先河。1961年,中国曲艺家协会举办西河大鼓研讨会,由马增芬和她的父亲马连登所共同开创的西河大鼓表演风格被推崇,并正式确立为"马派"西河大鼓。

马增芬是"马派"西河大鼓女声声腔的卓越代表。她的艺术成就可以概括为清新流畅、轻松幽默、敢于创新。清新是无论内容、观念、形象、心态,乃至吐字、发声、节奏、音韵都如高山流水,通畅无碍;轻松是她的演唱举重若轻,唱腔调式游刃有余,自我表现从容自若,调侃嬉戏、俏皮风趣;创新不只在立意也同时在章法和手段上,《玲珑塔》和《花唱绕口令》都不仅把原来的民间"吟诵"转化为鼓曲的"韵唱",而且在章法的变化上也摇曳生姿,连《一分钱一两米》杂文式体裁的曲目都表现得生动盎然。她还对西河大鼓的内容、唱腔以及表演方法做了大量革新,如她演唱《邱少云》,一改活泼流畅的唱腔,整个基调庄严肃穆。为了渲染情感,她用凝重的语调配乐朗诵四句诗句,将听众带进朝鲜战争的环境中,中间加进说白,说唱相间,极大地增加了表现力。

马增芬作为广播事业代表出席全国先进工作者大会,她曾被评为全国三八红旗手,并多次被邀请到中南海为中央首长演出,受到周恩来总理接见。马增芬曾任中国曲协常委、中国文联理事、北京市西城区政协常委等职务。

1987 年,马增芬因病在北京逝世,终年 66 岁。

参考文献:

中国戏曲志全国编辑委员会编著:《中国曲艺志·天津卷》,中国 IS-BN 中心,2009 年。

采访高玉琮的口述材料。

(刘　雷)

穆竹荪

穆竹荪(1880—1957)，名逢熙，字竹荪、竹孙，号祝荀，回族。1880 年 6 月 15 日，穆竹荪出生于天津。父亲穆云澍于其出生前九天病故，由母亲闵氏抚养成人。其高祖穆兴永曾开设粮店，家道日丰。其曾祖穆文英于竹竿巷开设正兴德茶庄。其祖父穆时荣字竹轩，继承经营茶店首创"绿竹"商标。

穆竹荪幼年时即继承正兴德茶庄 1/3 股份，成为该店最大股东，其母闵氏督之甚严，一心使其继承祖业悉心经商。穆竹荪以茶店分红累年增加所得为基础，自青年时代起即致力于购置房业出租经营，先后购得今估衣街、东马路、北马路、太平街、河北路大片产业，或以铺面或以住户出租。20 世纪 20 年代，穆竹荪于太平街老宅旁新建意式楼房一幢，成为这一带的首富。

穆竹荪作为正兴德茶庄最大的股东，深感扩大营业面积之必要。茶庄老号所在的竹竿巷，在民国时期已经因运河水枯竭而逐渐失去了繁华的景象。正兴德茶店遂于法租界梨栈大街开设一处分店，扩充经营。又于东马路、北马路交口处请建筑师葛洪文设计出一幢上有三面钟楼的四层楼房。该楼房于 1933 年正式落成，命名为"正兴德茶庄第二支店"。穆竹荪请著名书法家华世奎及原民国大总统徐世昌等人为其题写了匾额。1935 年，穆竹荪将其部分房产改建成商店门面铺房，分别租给正兴德茶庄第二支店、四远香糕点店、五和百货店、交通鲜货店、同升和鞋帽店、乐仁堂药店、凯记礼品店。

穆竹荪对子女教育相当重视。1935年举家迁京,定居于和平门内顺城街宅第。

抗战时期,日本人对正兴德茶店有觊觎之心,几次托人找到穆竹荪游说,希望搞一个中日联营的茶叶株式会社。穆竹荪以大股东身份坚决反对,才使得已有近200年历史的正兴德老茶店未沦入日本人之手。抗战胜利后,国民党天津警备司令部又对正兴德茶庄敲诈勒索,以"通匪"罪名一度将茶庄封门,使茶庄元气大伤。

穆竹荪一生虔奉伊斯兰教,致力经商。穆竹荪喜好书法、绘画。1908年,他在天津参加"劝工牖商"绘画比赛,两幅作品分获优等奖与头等奖,由官方授以奖状。穆竹荪书法宗赵孟𫖯,颇有功力,可惜除少量私人互赠之扇面外,传世甚少。

培育花卉是穆竹荪的另一大爱好,每到秋季,他便在其新楼花园中展出各种菊花供族人亲友观赏。穆竹荪亦热心慈善事业,常有冬送寒衣、夏舍暑汤之举,并经常捐助清真大寺。

新中国成立后,穆竹荪已届晚年,体弱多病,但思想进步。1954年,他主动向政府提出将正兴德茶庄公私合营。

1957年1月11日,穆竹荪病逝于北京,终年76岁。

参考文献:

穆守荫供稿,穆伊光整理:《津门回族首富穆逢熙》,载天津市河东区政协文史委编:《天津市河东区文史资料》第3辑,1991年内部印行。

杨光祥主编:《典籍中的北辰》,天津古籍出版社,2007年。

天津市政协文史委编:《天津近代人物录》,天津市地方史志编修委员会总编辑室,1987年内部印行。

(张慕洋)

那森爱德

那森爱德(1890—1962)，全名爱德华·乔纳·那森(Edward Jonah Nathan)，英籍犹太人，为那森(Walter Simeon Nathan)之侄。那森曾任开平矿务有限公司总办、开滦矿务总局第一任总理。因此，那森爱德也被称为"小那森""那少森"。那森叔侄二人携手操控开平、滦州两煤矿长达40年之久。

那森爱德毕业于英国牛津大学。1910年，凭借开平公司总办那森的关系来华，进入开平公司工作，1910年8月至1912年2月任总办助理秘书。

从1912年3月起，那森爱德先后担任开平公司采买部经理、营业部经理、上海经理处副经理。第一次世界大战爆发后，那森爱德遂返英服兵役，任职于英国陆军部。1919年9月返华，任开滦矿务总局营业部部长，1922年5月任总局帮办，1923年11月后任总局帮理。其间参与天津英租界管理事务，曾任天津英租界董事会董事。1926年3月至8月，开滦矿务总局总经理杨嘉立(Patrick Charles Young)休假5个月，那森爱德代理总经理之职。

1931年11月4日，那森爱德接替杨嘉立担任开滦矿务总局总理兼开平公司驻中国代理人，完全继承了其叔那森的衣钵。那森爱德受叔叔影响较大，以通晓中国人情自居，善于察言观色。那森爱德上任伊始，即在开滦矿务总局与南京国民政府的矿权纠纷中施展手段。

1931年12月2日,国民政府实业部训令开平、滦州两公司按照新颁《矿业法》之规定设定矿权,并缴纳所欠税金。那森爱德从维护英方在开滦既得利益出发,以新《矿业法》未得到列强认可且合同未写明为由拒绝交税。僵持数日后,由属下中方经理顾振私下与实业部达成如下协议:如果与财政部就矿产税磋商有了圆满结果,开滦矿务总局同意放弃已垫付的矿区税款27万元,并垫付100万元作为未来10年应交矿区税款;实业部按照第6017号矿界图内所载全区准予总局40年的采矿权(继续期限另商),并且允许将历年欠交矿税一律放弃。

在开滦矿务总局与国民政府实业部进行矿权交涉的过程中,滦州公司董事部提出修改1912年联合办理合同的要求。1934年3月,开平公司同意放弃1912年订立的联合办理合同。那森爱德与顾振经过协商,同意开平、滦州两公司一切权力、资产与管理权平等,双方于1934年8月10日订立"修正联合合同"。1934年9月22日,实业部批准《开滦矿务总局修正联合合同》,根据这一合同,实业部准允发给开滦矿务总局矿照。当日,那森爱德致信开平公司英方董事部,称英国人在开滦的地位已"安若磐石"。

那森爱德在开滦矿务总局的第一届任期应于1936年11月4日结束,但按照修订后的联合办理合同,中英双方应各设一名总经理。开滦矿务总局议事部决定自1935年4月15日起,那森爱德任开滦矿务总局英方总经理。

20世纪30年代初,受世界经济危机的影响,开滦矿务总局煤炭销量锐减,利润严重下滑,加之开滦矿区处在侵华日军占领区内,局势动荡,而矿区工人为争取合法权益不断举行罢工。以1934年1月至5月的罢工规模最大,开滦煤矿所属的唐山、赵各庄、林西、马家沟、唐家庄五矿3万多名工人要求恢复工会、改善生活待遇,举行大罢工。

那森爱德为保住开滦的原有竞争优势不遗余力。他先是授意营业部门有组织地搜集各地营业情报,并依靠开滦本身地理、交通、运输、财力等优势,采取各种促销手段,保住了在华北等地的垄断地位。为稳定矿区局势,在采取关闭矿井、镇压罢工等手段的同时,适当对工人做出让步。那森爱德诡计多端,试图通过依附日本人来维持局面。对于日方势力,那森爱德采取妥协态度,百般逢迎,卑躬屈膝。他为日军提供测量船和资料,还允许日军在秦皇岛港设立兵营并使用秦皇岛码头。

1938年,他代表英方在唐山各矿实行"井下记工制度",引起了矿工们的强烈不满。在中国共产党的领导下,以赵各庄为首的唐山五大矿区的矿工,砸了井下牌子房,联合举行了为期50天的大罢工。那森爱德迫于压力,答应了工人们提出的条件。但他又暗中勾结日军,在罢工之后的第三天,他就和日本人签订了由日本人接管煤矿的"包销权"。日本人全面进入开滦矿区,并大肆抓捕罢工组织者。矿工们被迫拿起武器,走上抗日武装斗争的道路,这就是开滦五矿大罢工和冀东大暴动的重要起因。

那森爱德与日本陆军省次官梅津美治郎密谈不久后,驻京的华北方面军司令部下令对工运实施血腥镇压。那森爱德的副职裴利耶得意地炫耀:"我们背后有必要的支持。"那森爱德在1940—1941年度的开滦总理年报中吹嘘:"各矿区当局与各矿区的中日军政人员的关系之正确和适宜,是再好不过的了。"1941年,那森爱德再次赴日本访问,与日本公司洽谈合作。1941年10月2日,那森爱德向日方承诺在日、英两国宣战时将开滦移交给日本军方。1941年12月8日太平洋战争爆发当天,日军强行占领开滦,实行"军管"。

那森爱德表示尽力协助侵华日军接收开滦。移交后,侵华日军当局多次让他留任,并于1942年1月10日,日本华北派遣军任命他为开滦矿务总局总经理最高顾问,协助总经理工作。1月14日,那森爱德正式辞去总经理职务。1942年8月31日,又被侵华日军当局改任为"嘱托"(顾问)。由于英、日为交战国,1943年3月,那森爱德被押往山东潍县集中营囚禁。抗日战争胜利后,那森爱德于1945年9月30日回到天津。1945年10月17日,那森爱德参加开滦矿务总局董监事联席会议后返回英国。

那森爱德在华期间还参与耀华机器制造玻璃股份有限公司(以下简称耀华公司)的创办。1922年3月,耀华公司成立后,在天津英租界设立董事会和总事务所。那森爱德兼任总事务所总理,后兼耀华公司协董,成为耀华公司董事会比利时一方驻中国的代理人。1936年,那森爱德欺骗耀华公司的华方董事,指使比方私下在巴黎与日商秘密谈判,把比方的全部股权出售给日人。中日合办耀华公司后,那森爱德仍任协董,直到太平洋战争爆发后,才被侵华日军当局解除职务。

那森爱德在开滦任职长达35年,待遇优厚,其薪金是矿区工人平均工资的850倍。那森爱德在开滦矿局任职期间的年薪和在开平公司的津贴共计1万英镑。1942年那森爱德被迫离任时,开滦矿局董事还赠与其额外酬劳金1.5万英镑。

1946年5月15日,那森爱德在伦敦任开平矿务有限公司董事会主席。1962年卒于英国,终年72岁。

参考文献:

熊性美、阎光华主编:《开滦煤矿矿权史料》,南开大学出版社,2004年。

开滦矿务局史志办公室编:《开滦煤矿志(1878—1988)》,第1—5卷,新华出版社,1992—1998年。

马世平:《那森爱德阻止同胞回国抵抗法西斯》,载李志龙主编:《开滦史鉴撷萃》(上),河北人民出版社,2011年。

王冠东:《英帝统治下的开滦煤矿》,载全国政协文史委编:《文史资料选辑》第63辑,中华书局,1979年。

南开大学经济研究所经济史研究室编:《旧中国开滦煤矿的工资制度和包工制度》,天津人民出版社,1983年。

(王勇则)

钮 传 善

钮传善(1877—1941)①,字元伯、瑷伯,江西九江人。

钮传善自幼接受中国传统教育,以优附贡生进入北京国子监学习,后又获公费赴日本游学。回国后初任光禄寺署正,改捐知县。曾为北洋大臣杨士骧幕僚,袁世凯督直隶时任津海关道。后调任直隶州营务处提调兼巡防军统领,署四川重庆府知府兼水陆巡警总办,兼授云南丽江府知府。1911年辛亥革命爆发,钮传善在重庆被革命党捉拿,在朝天观群众大会上跪地投降,缴出官印,并被当众剪去了长发辫。

民国后,钮传善以与张勋同属赣籍之谊,得到张勋的大力举荐,从而获得袁世凯信任。1913年任江西赣北观察使,1914年改任陕西汉中道观察使,并署陕西财政厅长。同年7月署理陕西巡按使。

1915年,袁世凯意图称帝,但财政困乏,责成财政部长周学熙研究对策。4月26日,周学熙在给袁世凯的呈文中说:"兹拟在部中特设烟酒公卖局,由部长督饬办理,另请简任总办一员,俾得专意进行。"他还举荐卸任的陕西省财政厅厅长钮传善担任总办。5月29日,袁世凯批准成立全国烟酒公卖局,同时任命钮传善为全国烟酒公卖局总办。

1916年6月袁世凯过世后,原第一任副总统黎元洪依法继任大总统,段祺瑞任国务总理。1916年至1917年,二人陷入府院之争,僵持不

---

① 陈玉堂编:《中国近现代人物名号大辞典》(全编增订本),浙江古籍出版社,2005年,第913页。

下。黎元洪电邀张勋进京调节。6月14日,张勋到达北京,钮传善随众前往迎接。6月30日,张勋派兵控制京城,发布清帝复辟谕。钮传善以自己和张勋既是同乡又是熟人,积极参与张勋复辟的活动。7月1日,清帝复辟,张勋率钮传善等1000多人殿前谢恩。7月3日,段祺瑞的讨逆军在天津马厂誓师,消息传入京城,钮传善十分惶恐,逃至天津。为了洗刷自己,钮传善向段祺瑞的总司令部进献巨款,还多次想拜见段祺瑞,均被段祺瑞拒绝。钮传善更加恐慌,无奈之下,在天津《大公报》上连登3份告白,洗刷自己。

7月12日,张勋军败逃,清帝再次宣布退位。14日,段祺瑞返回北京,重新担任国务总理。7月25日,段祺瑞政府设全国烟酒公卖局,办理全国烟酒公卖及税捐征收事宜,胡汝麟任总办,钮传善被撤职。9月24日,钮传善因与洋商订立合同丧失利权,并派员购地舞弊等违法行为,被交法庭依法办理。钮传善设法得到了两广讨逆军总司令陆荣廷的保护,通缉令才被取消。此后,钮传善一直避居天津做寓公。

1935年,日军开始策划分离华北。在天津的日本特务机关大举网罗在津朝野要人、军阀政客、巨商富贾,建立亲日组织。具有赴日游学身份的钮传善加入日军建立的"三同会"之一的同道会,组织"中日密教研究会"。1935年8月,日军授意钮传善和沈同午等人,在天津日租界发起成立"东亚经济协会",宣称以"联络中日和平亲善,实行经济合作"为宗旨,实行"中日经济合作,尤须先从华北开发入手"。10月20日,"东亚经济协会"在天津日租界成立,钮传善被推举为理事。钮传善称"东亚经济协会"主要注重路、矿、棉三事。①

1937年7月25日,由天津日本驻屯军头目茂川秀和少佐主持,在日租界召开建立伪天津市治安维持会预备会议,钮传善受邀参加。28日,伪治安维持会的组成人员确定为10个委员,钮传善位居其中。7月29

---

① 中国社会科学院近代史研究所中华民国史研究室编:《中华民国史资料丛稿大事记》第21辑,中华书局,1981年,第154页。

日,日军占领天津。8月1日,日伪天津市治安维持会宣布成立,60岁的钮传善当选为委员兼伪社会局局长。12月17日,伪天津特别市公署成立,钮传善先后出任社会局长、教育局长。

1941年,钮传善在天津去世,终年64岁。

参考文献:

杨国安编:《中国烟业史汇典》,光明日报出版社,2002年。

林伟功主编:《林白水文集》上,福建省历史名人研究会林白水分会,2006年内部印行。

（赵云利）

彭　真

彭真（1902—1997），本名傅懋公，1937 年改名彭真，山西省曲沃县人。

彭真幼年时家境贫寒，12 岁入私塾读书。1919 年考入曲沃县立第二高等小学，受五四运动影响，他萌发强烈的反帝爱国思想，带领同学进行反帝爱国宣传，1920 年被推选为学生会主席。1922 年彭真考入山西省立第一中学。在这期间，他阅读了大量进步书刊，参加进步学生组织的青年学会，并成为一名坚定的马克思主义者。1923 年，彭真任青年学会所办平民小学校长，并在平民小学内增设成人夜校，组织工人、市民、店员等学习知识，接受革命道理的教育。5 月，彭真经张育麟、李毓堂介绍加入中国社会主义青年团，同年冬加入中国共产党，是山西省共产党组织的创建人之一。

1924 年初，彭真与高宇君等人组建了山西第一个党支部——中共太原支部，彭真任组织委员。3 月，彭真当选太原支部书记、太原学联副主席，领导太原和山西的革命运动。1924 年，彭真参与筹建国民党山西省党部，积极开展国共合作，同国民党右派排斥共产党员的活动进行斗争，并参加领导成立了太原和山西省的国民会议促成会。

1925 年元旦，彭真组织成立山西工人联合会，后又指导成立太原总工会和太原纺织工会等各行业工会，领导山西的工人阶级走上革命的历史舞台。5 月，中共太原支部发动了声势浩大的反房税运动。彭真带领学生在校园贴墙报,率青年学生和市民到省政府请愿,迫使阎锡山取消房屋估价税。五卅惨案发生后,彭真发动山西各界举行声援上海工人、学生的反帝斗争。

彭真的反帝活动引起当局的注意,党组织决定将彭真调离山西。1925年8月下旬,彭真奉调石家庄,化名傅茂公,任正太铁路总工会秘书,组织领导工人运动。11月,冯玉祥的国民军占领石家庄,彭真把握这一有利时机,将工人运动推向高潮。12月初,正太铁路总工会恢复公开活动,彭真与王鹤寿领导成立京汉铁路石家庄分工会,石家庄工人运动力量不断扩大。1926年1月10日,召开正太铁路总工会、京汉铁路石家庄分工会以及驻石家庄国民军联席大会,彭真在会上发言,这标志着正太铁路和石家庄工人运动进入一个新的发展阶段。同时,彭真与王鹤寿、王斐然组建中共石家庄特别支部,在北方地区产生广泛影响。3月中旬,国民军撤出石家庄,正太铁路总工会被查封,彭真转赴天津继续从事革命活动。

为响应北伐战争,天津地委于1926年8月召开扩大会议,决定重点在一部委领导下的河西区开展工人运动,任命彭真为一部委书记兼宣传委员。彭真到任后,深入工厂组织发动群众,动员工人起来斗争,恢复各厂工会,建立党的基层组织,并胜利领导了北洋纱厂、裕元纱厂的罢工斗争。彭真通过纱厂工人结识了附近五村①的农民,为团结他们参加国民革命,彭真在西楼成立国术馆,据此向工人、农民宣传革命道理。在彭真的帮助下,建立了中共五村党支部。

1926年11月23日,天津地委组织委员江震寰等被捕。在此紧急情况下,12月上旬天津地委改组,彭真调往斗争复杂的三部委任书记。到任后,彭真利用租界做掩护,加强了租界内的秘密斗争。1927年1月,天津市委在法租界普爱里秘密召开纪念列宁逝世3周年大会,彭真等30余人全部被捕,后经李大钊等人营救获释。

① 指纱厂附近的小刘庄、小滑庄、东楼、西楼、贺家口五个村庄。

1927年,北伐战争和上海工人武装起义取得胜利,天津地委决定调彭真回地委任职工运动委员,负责领导天津地区的工人运动。4月6日李大钊被捕,北方区委遭到严重破坏。中共五大后,党决定建立中共顺直省委,执行北方区委职权,领导北方地区党的工作,彭真参与了筹备工作。党的八七会议后,中共中央决定成立北方局,以加强对北方工作的领导,并将中共天津地委改为天津市委,彭真任宣传部长。8月中旬,市委成立不久即遭到严重破坏,彭真先后任天津市委代理书记、书记。

1929年2月,彭真任中共天津工作会议书记。此时天津党组织遭到严重破坏,彭真恢复重建了各区委领导班子和基层党组织,建立健全下边、河北、河东区委,恢复裕元、北洋两个纱厂的党支部,领导和开展了裕元、北洋、裕大纱厂和平奉路、津浦路的斗争。1929年4月14日,顺直省委向中央报告《天津工作情形与本身工作》,肯定了天津党组织的工作。

1929年6月10日,由于叛徒出卖,彭真被反动当局逮捕,在河北省第三监狱关押。在狱中,经顺直省委批准,彭真组建第三监狱秘密党支部并任书记。彭真根据法律条例进行有理有据的斗争。1930年春,被捕人员中11人刑满释放出狱,彭真被判9年零11个月的徒刑,避免了因刑讯逼供造成的损失,保护了顺直省委及天津党组织。

1930年4月,第三监狱发生了政治犯程秉义因病不治死亡和左镇南被捕头折磨致死事件。彭真抓住这一机会,立即组织人员将两人的材料写成诉状送给法官,并秘密送往狱外报纸公开发表,引起社会舆论的谴责,促进了第三监狱犯人的团结。5月,顺直省委、天津市委再遭破坏,第三监狱的政治犯增加。彭真与党支部成员研究了适值中原大战的华北和天津形势,在7月与9月组织了两次大规模的绝食斗争,彭真虽在斗争中途被转往陆军医院,但在三监党支部的领导下,在顺直省委和社会各界的广泛支持下,两次绝食斗争都取得了胜利。中原大战结束后,政治犯均获减刑三年。

彭真等人于1931年2月23日被转押回第三监狱。彭真利用绝食斗争的契机,加强政治犯的政治理论学习,建立党小组,开展狱中组织生活,培养和发展共产党员、共青团员。这些在狱中入党、转党和受到培养的同志,后来大多成为革命骨干。1931年5月,天津当局将第三监狱内政治犯分散关押,彭真等人被送到河北省第二监狱。在狱中,彭真继续组织政治学习和文化学习,成立第二监狱党支部,彭真为支部委员,积极做好政治犯的工作。

1935年8月,彭真因减刑出狱回到天津,化名老魏,负责恢复天津党组织的工作。1936年春,刘少奇任北方局书记,彭真调入北方局工作,并被派往唐山恢复冀东党的组织和领导抗日救亡运动。夏末,彭真回天津任北方局组织部长。

1935年9月,彭真以北方局代表身份到北平工作,纠正了北平党组织"左"的错误,指导成立了中共北平学生工作委员会,改组中共北平市委,在北方局机关刊物《火线》上连续发表文章,宣传党的抗日民族统一战线政策,批评关门主义及投降主义两种错误倾向。西安事变后,北方局委派彭真在北平开展对著名人士的统战工作,力促西安事变的和平解决。

1937年2月,彭真被派往山西开展上层统一战线和营救王若飞的工作。5月,彭真作为白区代表团主席,参加在延安召开的党的全国代表会议,同时参加中共中央白区工作会议和中央政治局会议,他提出党在白区的工作要充分运用统一战线形式,广泛组织发动各界群众共同抗日,同时必须坚持党的独立性。

1937年8月洛川会议后,彭真协助刘少奇部署党在华北的各项工作,调整建立各地党组织,组建中共晋察冀省委。11月初,晋察冀军区宣告成立。1938年3月,彭真以北方局代表身份参与晋察冀抗日根据地的创建工作。4月,彭真被任命为晋察冀省委书记,与聂荣臻共同主持召开边区党的第一次代表大会,制定"巩固和扩大边区,团结各阶层人民共同抗日"的正确方针。11月,成立北方局晋察冀分局,彭真任分局书记。

在晋察冀抗日根据地建立、巩固和发展过程中,彭真创造性地执行党中央关于抗日战争的战略方针和基本政策,放手发动群众,壮大人民力量,主持制定《中共中央北方分局关于晋察冀边区目前施政纲领》,提出并实施了根据地党的建设、政权建设、武装建设以及土地、经济、劳动、金融等方面的政策。彭真在调查研究、广泛征求各阶层抗日人士意见的基础上制定《双十纲领》,加快推动了晋察冀边区的新民主主义建设,同时将纲领中提出的各项政策以法律形式公布实施,使边区建设向法制化迈进。晋察冀抗日根据地被党中央誉为"敌后模范的抗日根据地及统一战线的模范区"。晋察冀边区各项具体政策及党的建设经验,受到毛泽东同志的高度评价。1941 年 1 月,晋察冀分局撤销,成立中共中央北方局分局,彭真任书记。

1942 年 2 月 28 日,延安整风运动开始不久,彭真被任命为中央党校教育长,并任中央党校《学习报》负责人。他详细制定学习计划和整风运动工作计划,对中央党校进行了认真的整顿,使中央党校各项工作都有较大提高,1943 年 3 月彭真任中央党校副校长。

1944 年 3 月,彭真任中央组织部代理部长,参加扩大的党的六届七中全会,参与起草了《关于若干历史问题的决议》和《关于修改党的章程的报告》。6 月 5 日,中共中央决定成立中央城市工作委员会,彭真任主任。9 月 1 日,任中央城市工作部主任。1945 年 4 月 20 日,彭真任中共七大代表资格审查委员会主任,在中共七大上当选为中央委员,并作"关于敌占区的城市工作"的重要发言,系统总结了我党城市斗争的历史经验,对开展敌占区城市工作起到了重要的指导作用。6 月 19 日,彭真出席七届一中全会,当选中央政治局委员,后任中央组织部部长兼中央党校校长。8 月 23 日,在中共中央政治局扩大会议上,增补为中央书记处书记。他为总结党的历史经验,把全党思想统一到以毛泽东同志为代表的正确路线上来,在全党确立毛泽东思想的领导地位,为培养党的领导干部,为开展敌占区、国统区地下工作做了重大贡献。

抗日战争胜利后,彭真任中共中央东北局书记、东北民主联军政治委员。他放手发动群众,壮大人民力量,建立各级政权,巩固了东北根据地。1946年6月,根据东北形势的发展和工作的需要,中共中央对东北局主要领导重新分工,彭真任东北局副书记兼副政委,负责城市、社会部工作,并具体指导哈尔滨市的工作。

1947年4月,彭真任中央工作委员会常委,7月参加全国土地会议,参与起草《中国土地法大纲》。会后,中央决定,彭真以中央政治局委员身份指导晋察冀工作。1948年5月起,彭真任中共中央华北局常委、中组部部长、政研室主任。他明确提出党的组织工作的目标,大批调配干部,为新中国成立从组织上做好准备。12月,彭真任中共北平市委书记,在很短的时间内,部署开展了北平的接管工作,建立巩固政权,整理和发展党组织,巩固社会秩序,稳定金融,平抑物价,领导郊区土地改革,使北平建立了新的社会秩序。1949年9月,彭真参加中国人民政治协商会议第一次全体会议,当选为全国政协委员、中央人民政府委员。

新中国成立后,彭真任中央人民政府委员,政务院政治法律委员会副主任、党组书记,后任中央政法小组组长。1951年2月,彭真兼任北京市市长,他在开展城乡贸易、恢复生产、整党整风、抗美援朝、镇压反革命等方面为全国创造了成功的经验。1958年,彭真领导制定了北京十大建筑建设规划、天安门广场建设规划和《北京城市建设总体规划初步方案》,为首都城市规划和建设确定了基本框架。从1954年起,彭真任第一届、第二届、第三届全国人大常委会副委员长和第二届、第三届、第四届全国政协副主席,为建立和完善人民代表大会制度,发展社会主义民主,建立社会主义法制不懈努力。1956年在党的八大和八届一中全会上当选中央委员、中央政治局委员、中央书记处书记。

"文革"期间,彭真同志遭到错误批判和林彪、江青一伙的迫害,失去了党内外一切职务,并被关进监狱。

1979年2月17日,中共中央发出《关于为彭真同志平反的通知》,决定恢复彭真党的组织生活,分配工作。1979年2月,彭真被任命为全国人大常委会法制委员会主任,着手开展立法工作。6月,在五届人大二次会议上彭真被补选为全国人大常委会副委员长,主持日常工作。9月,在党的十一届四中全会上被补选为中央委员、中央政治局委员,连任党的第十二届中央委员、中央政治局委员。1980年1月,彭真任中央政法委员会书记、"两案"审判指导委员会主任,统一领导审判林彪、江青两个反革命集团的工作。担任宪法修改委员会副主任委员,直接主持了宪法修订工作。1983年6月在六届全国人大一次会议上,彭真当选为全国人大常委会委员长。

从1976年至1988年,彭真领导制定了55部中国的社会主义法律,在我国初步形成了以宪法为核心的有中国特色的社会主义法律体系。

彭真一生著述颇多,其中相当一部分是专门论述或涉及民主和法制问题的,主要存于《论新时期的社会主义民主与法制建设》《彭真文选》和《论新中国的政法工作》三部著述中。

1997年4月26日,彭真在北京逝世,终年95岁。

参考文献:

田酉如:《彭真传略》,人民出版社,2007年。

《缅怀彭真》编辑组编:《缅怀彭真》,中央文献出版社,1998年。

中共山西省委党史研究室编:《彭真生平大事年表》,中共党史出版社,1992年。

(孟　罡)

屈 秀 章

屈秀章(1901—1981)，天津人。

屈秀章早年入新学书院读书，1916 年毕业后进入粮行，最早在天津西集的怡和斗店任事。由于他头脑清醒，有工作能力，在粮行中受到斗店经理的器重，累升至总稽核。

1937 年 9 月，屈秀章联合李树棠(中法合办仪兴轮船公司副经理)、傅淳熙(本名傅同乐，系河北省立水产专科学校教务主任)、赵星久(久成汽车零件商店经理)、张玉庆(开有煤厂、大车店，并有玉庆里、玉庆东里等大片房地产)开办启泰粮栈。启泰粮栈设在海河东岸大王庄，注册资金法币 2 万元，约合面粉 1 万袋，由 5 股组成，每股 4000 元，5 位股东分别持有 1 股。经股东会商定，由屈秀章任经理，聘请安焕章任副经理。

启泰粮栈地址在英商太古洋行码头，用地产权为英商太古驳船公司所有。启泰粮栈租用时，除办公用房外，粮食进栈则露天堆存，每月按实际使用面积向太古驳船公司丈量交租。经纪人每天代客探样、进栈交易，栈方外柜同时也代客商洽谈成交。从铁路运来的粮食，有专用支线直接卸车，其他渠道来粮则由汽车、兽力大车、地扒车装运入库。扛包、码垛、封席、装运等均人背肩扛，纯系人工作业。启泰粮栈的业务范围，除面粉一项由金城银行仓库成交外，其他所有粮米无不包括。其经营方式主要有代客垫款、代客报验、代客报关以及提供船舶、列车班次等信息服务。

启泰粮栈开业时仅有 2 万元资金，不敷周转运营。由于屈秀章任天津裕兴银号监理、福中贸易公司总经理,在进出口贸易以及银钱业中也有一定声誉,启泰粮栈与多家银号建立了透支关系。启泰粮栈经营步入正轨后,屈秀章有了建立全市性杂粮交易市场的想法,于是他联合了东帮兴隆栈经理岳福臣、山东帮泰丰栈经理邹馨泉等,发起组织以本地帮、东帮、山东帮为主体的天津市杂粮业同业公会。该同业公会于1938年正式成立,屈秀章当选为会长。经过公会决议,指定在启泰粮栈成立杂粮交易市场。

　　启泰粮栈成立杂粮交易市场后,与西集、北集的五大斗店保持密切联系,每天第一盘开出,立即通过电话向各处传播,同时也能听到西集、北集的行情,行情变化随时打招呼通气。杂粮产地北起长春,南到沪、粤,对于各地丰歉情况,通过各种渠道,粮栈了如指掌。启泰粮栈还通过进出口贸易渠道,搜集国际市场行情,如澳洲、加拿大、伦敦、利物浦的小麦行情,香港、大阪、新加坡、马来西亚的大豆行情等,随时向客户提供参考。粮栈代客买卖,坐收佣金,无论涨落,旱涝保收。

　　1939年天津大水灾以后,各地来粮减少,粮价直线上升。日本侵略军为巩固侵华战争基地,开始实行粮食统制。在日本陆军特务机关操纵下,在天津成立"米谷组合",强迫粮商、粮栈参加,启泰粮栈首当其冲。同时,由日商三井洋行、三菱洋行和增幸洋行出面,在市场上代日本军方抢购稻米、小麦、杂粮等以充实军需。

　　1940年8月29日,伪天津特别市公署市长温世珍令津商会改选,9月30日改选完毕,刘静山当选会长,焦世卿、屈秀章等4人为常务董事。1940年12月,天津商会组织公断委员会,推举屈秀章等7人为委员会评议员,并公推屈秀章为主任。1942年底刘静山因病请辞会长职务。1943年1月24日,天津商会在伪社会局局长蓝振德监督之下进行改选,屈秀章等5人当选常务董事,屈秀章当选会长。1月25日,举行新职员就职典礼,日军特务机关长、日本商工会议所头目、新民会事务部长等出席会议,屈秀章致就职辞。① 引起社会哗然。1944 年 3 月 20 日,屈秀章离会出走。② 后辗转到了重庆。

1948 年底,屈秀章偕家眷逃到台湾。1981 年,屈秀章因病在台湾去世,终年 80 岁。

参考文献:

刘勋:《屈秀章与启泰栈杂粮市场》,载天津市河东区政协文史委编:《天津市河东区文史资料》第 2 辑,1989 年内部印行。

天津市档案馆等编:《天津商会档案汇编(1937—1945)》,天津人民出版社,1997 年。

孔令仁、李德征主编:《中国老字号》(陆),高等教育出版社,1998 年。

（高　鹏）

---

① 天津市档案馆等主编:《天津商会档案汇编(1937—1945)》,天津人民出版社,1997 年,第 52 页。
② 天津市档案馆等主编:《天津商会档案汇编(1945—1950)》,天津人民出版社,1998 年,第 1 页。

沈 华 亭

　　沈华亭(1881—1969)，本名沈光第，天津人。他从小就是个曲艺迷，自学了三弦、四胡、琵琶等多种乐器的演奏，以及时调、梅花调、京韵大鼓等多个曲种的演唱。尤其是演唱当时已很流行的西城板，达到了一定的水平，受到天津市民的欢迎。

　　西城板源于北京的清音子弟书，大约产生于乾隆年间，有东韵、西韵之分，但均无音响资料留存。因西韵最初流行于北京西城根一带，故名西城板。西韵子弟书传入天津后，渐有艺人用天津语音演唱，至清光绪初年出现了"津子弟书"的称谓，也称为"卫子弟书"，在清同治中期基本定型。

　　1912年，沈华亭拜西城板艺人许景魁为师。沈华亭长期在一家落子馆里伴奏，是位著名的"坐弦"。"坐弦"会的曲目要多，会的乐器也要多，因在一场曲艺演出中，"坐弦"要从头至尾为多名艺人、多个曲种伴奏。虽然他已是一位出名的"坐弦"了，偶尔也"票"段儿时调、梅花调，但他更喜欢西城板。为求深造，沈华亭再拜与许景魁齐名的西城板艺人郭景春为师。郭景春与沈华亭本以"兄弟"相称，虽郭景春年长近10岁，也不敢收这位"名弦"为徒。沈华亭就在天津菜馆聚合成要了有名的"八大碗"，还有天津人爱喝的大直沽二锅头，专请郭景春。由此打动了郭景春，郭决定收下他，并倾心授艺。

　　西城板虽是来源于西韵子弟书，但却不用子弟书的曲目。因为子弟书的曲目非常文雅，不适合西城板演唱，所以艺人们选择了其他曲种的一些书目和曲目,分长篇大书和短段儿两类。长篇大书有《水浒传》《五女七贞》《三侠五义》《清列传》《施公案》等。短篇多是长篇书中的"赞儿",以唱"赞儿"或片断(称唱"篇儿")渲染气氛,几乎全部取自评书与西河大鼓等曲种。"赞儿"根据内容分为大、小、文、武,有兵器赞儿、人物赞儿、风景赞儿、公堂赞儿、街市赞儿,等等。当时的评书艺人郝俊山曾在天津县衙门里当过书吏,见闻较广,他在说书时常常说些逸闻趣事;而沈华亭的嗓子好,就以唱为主。因此,听众对他二人有"听书郝俊山,听唱沈华亭"的评论。

沈华亭的嗓音条件极好,音色甜、脆、美,还精通音律。为了丰富西城板的曲目,他与在津的评书、西河大鼓艺人经常切磋,从艺人处得到了许多"赞儿",他认真进行记录整理,把一些水词儿变得稍微文雅,唱起来观众就接受了。而且,他还唱了不少新创作的曲目。

民国建立之后,天津当局和有识之士认识到曲艺说唱教育民众的作用和价值,倡导培训盲生演唱词曲。1915 年,直隶省教育会、直隶省学务会设立了天津社会教育办事处,办事处成立了盲生词曲传习所。培训的主要曲种有西城板、卫子弟书、子弟书,后来又增加了时调、大鼓和单弦等。培训教师有陈凤鸣、吴静山、沈华亭等。

在盲生词曲传习所任教期间,沈华亭结识了曲艺作者李金藻。李曾任河北省教育厅义务教育委员及天津广智馆馆长。他热爱曲艺,为社会及民众教育,曾创作大量曲艺作品。二人结识后,李金藻创作的西城板段子,全部交给沈华亭演唱,如《花园赞》《四季赞》等。李金藻精通曲艺中的多个曲种,他认为评书《三侠五义》有封建愚忠思想,据此他创作了西城板《欧阳春看破绿林》,在曲词中对愚忠思想进行尖锐的批评,成为沈华亭的代表曲目之一。

沈华亭在园子演出,也在电台播唱。在无人伴奏时,他就自弹自唱,极受欢迎。他的曲目极多,代表曲目短篇《贺龙衣》《送崔通》《九春楼》《大上寿》《天霸夸功》《镖打秦尤》《铜网阵》《打老道》等;"赞儿"有《风雪赞儿》

144

《学校赞儿》《春光赞儿》《李刚赞儿》《尼姑赞儿》《书房赞儿》《叹鞭》《叹拐》等。

1957年,沈华亭参加了天津市第一届曲艺杂技会演,演出了西城板《镖打秦尤》,获得一等奖。此后他便把全部精力投入西城板曲目的收集和整理工作,将几乎全部曲目、书目用小楷亲手抄录。

20世纪40年代西城板开始衰落,新中国成立后有艺人沈华亭、吴静山及李永泉,"文革"后还有高小川、刘小江教唱传播,但流传不广,近于失传。

1969年,沈华亭因病逝世,终年88岁。

参考文献:

中国戏曲志全国编辑委员会编著:《中国曲艺志·天津卷》,中国IS-BN中心,2009年。

采访高玉琮的口述材料。

(刘 雷)

石 慧 儒

石慧儒(1923—1967)，北京人，幼时随父母移居天津。由于家贫，12岁时拜花连仲(又名华连仲)为师，学唱单弦。

石慧儒仅仅学习了8个月，就开始在燕乐戏院登台演出，一炮打响。"燕乐"是名角儿演出的场子，石慧儒演唱了《青石山》，台下叫好声、掌声不绝于耳。看到这样一位艺技不凡的13岁女角儿，台下花连仲请来的天津中华电台的人兴奋不已。当场邀请初出茅庐的石慧儒到电台广播演唱，曲目有《五圣朝天》《水莽草》《乌龙院》《宁武关》《巧娘》《庄子扇坟》《杜十娘》《金山寺》《青石山》《葛巾》《翠屏山》以及《武十回》中的《戏叔》《挑帘》《十分光》《裁衣》《开吊杀嫂》等十几个中、短篇曲目。

从此以后，天津的中高档曲艺园子竞相约请，而且其排名也在不断上升，收入不断增加。在这期间，石慧儒的演唱更加精湛，还增加了许多新曲目，花连仲做出了一个惊人决定，打破师父在世不再拜师的陈规，让石慧儒再拜师谢芮芝学戏，为石慧儒日后开创新的流派奠定了坚实基础。

谢芮芝是"谢派"单弦的创立者，与"荣(剑尘)派""常(澍田)派"三足鼎立。1937年3月，谢芮芝定居天津。他的嗓音宽亮响堂，膛音厚实，唱腔唱法自成一家，以幽默滑稽见长。他编写曲目，即使是与他人合编的曲目，也都根据自己的演唱特性进行加工，使之诙谐风趣。石慧儒拜师后，谢芮芝倾心相授，她的演唱进步很快。1943年，20岁的石慧儒已在玉壶春茶楼担当大梁。这一时期，她演唱了《沉香床》《卓二娘》《舍命全交》《两

146

县令竞义婚孤女》《战岱州》《乌龙院》《珍珠衫》《瑞云》《画皮》《成仙》《庄公点化》《敬德打朝》《铁冠图》《穷逛市场》《蝴蝶梦》等曲目,个人风格也愈加凸显,报刊媒体一致称她为"单弦女王"。

新中国成立后,石慧儒于1952年参加天津市曲艺工作团(天津市曲艺团的前身),担任主要演员。50年代,曲艺界掀起了说新唱新的时代热潮,她上演了大量新编曲目,如《大生产》《好夫妻》《电灯费》《二上庐山》《地下苍松》等,岔曲《赞雷锋》《沁园春·雪》《红军过草原》等,整理改编了传统曲目《杜十娘》《游春》《鞭打芦花》《金山寺》《花木兰》《孔雀东南飞》等。她还在《中秋之夜》等多部曲艺剧中扮演女一号,塑造了众多鲜活的人物。

石慧儒还善于创新。她在花连仲传授的唱腔基础上,融各家之长,又保留了自己华贵圆润、轻灵流畅的特点,华丽而不花哨,俏皮而不轻浮,庄重而不涩滞,委婉而不柔靡,得一个"正"字。在多种表演手段当中,她首先注重的是以唱塑造人物。如在她的整理本《杜十娘》中,她从不以张扬个人的天赋与能力来取悦观众,更不滥用眼神、手势,但凡表演均有点睛之效,这也是她的标志性特色。她的嗓音醇厚圆润,吐字轻盈明晰,唱腔如行云流水。由于注入了饱满的感情,演艺达到了新的境界。凡经她演唱的曲目总能令人耳目一新。

石慧儒创立的"石派"单弦,是单弦史上第一个女声流派,仿学者众多。1967年,石慧儒去世,终年44岁。

参考文献:

中国戏曲志全国编辑委员会编著:《中国曲艺志·天津卷》,中国IS-BN中心,2009年。

采访高玉琮的口述材料。

(刘　雷)

石 元 仕

石元仕(1849—1919),字次卿,出生于天津杨柳青,祖籍山东莱州。其先辈依靠漕运发家,在清乾隆年间定居杨柳青。至道光初年,石家在杨柳青已家资累万。1823年,石元仕的父辈们家分四门,其父石宝珩立堂名为尊美堂。石元仕兄弟三个,石元仕行二。1884年,石元俊病故,石元仕依照兄长遗嘱接管尊美堂。

石元仕致力经营父兄留下的土地、当铺以及在天津先后创办的万有姜厂、万有酱园、万源炉房、美善成银号、东万盛煤灰厂、西万盛煤灰厂、万庆成绸布棉纱庄等企业,使家业又有了进一步的扩展。除杨柳青镇外,又在静海、武清、文安、霸县、安次、固安等地购买土地。他将土地出租给佃农,每年可收租钱。他继其父兄之后成为石氏族长,管理着家族万兴公祭田等产业。1894年中日甲午战争爆发,当局要求四乡组织地方武装。此时的石元仕是杨柳青首富,还是花翎捐职道员,被推举承担组织保甲局。石元仕在天津杨柳青镇首创地主武装团体。

1900年,义和团运动爆发,石元仕和地方乡绅再次成立了保甲局,雇丁壮300名,每夜由乡绅带领绕村巡查,保甲局的办公地点就设在石元仕家的账房。

八国联军入侵天津后,石元仕迎合清政府的媚外政策,保护地主阶级局部利益。1900年6月初在尊美堂院内成立了杨柳青支应局,拟对侵华八国联军办理支应,一切财物开支皆由石元仕承担。石元仕还以杨柳青绅董的名义发邀请函,请津府、道、县各驻津办事衙门及在津亲朋好友等暂来杨柳青避难。7月14日,天津失守,大小官吏便纷纷来杨柳青避难。八国联军占领天津后,派兵驻扎杨柳青,支应局负责供应驻境侵略军的日常所需,以及过境侵略军的车、船、马匹等。对于逃难来到杨柳青的难民,石元仕也多方接济,不时设粥厂放赈。随后,石元仕结识了八国都统衙门文案处的美国人丁家立,获得了一纸责令联军保护杨柳青的护照,杨柳青得以免遭战火涂炭。丁家立离任后,石元仕联合乡绅送其一块"惠心有孚"的匾额,作为回报。此后,联军驻扎杨柳青的军官先后换为濮吉飚和吴德瑞,石元仕又通过这两个人弄来了40条枪,发给保甲局作为武器。

1901年《辛丑条约》签订后,清廷表彰石元仕维护地方平安,授给四品卿衔湖北试用道,后经慈禧太后召见,光绪皇帝钦加三品衔,赏戴花翎。

石元仕热心创办公益学堂。1901年8月,石元仕和杨柳青其他乡绅认为中外交涉语言不通,议决腾出官斗局厢房3间,聘请通晓英语的人,教习洋文洋语,招收学生15名,每日午后学习3小时,后因款项不足而中止。石元仕支持和赞助在尊美堂西院创办了天津私立第二中学,也叫杨柳青石氏中学,另创办了初等商业艺徒学校,还成立了杨柳青公立第一两等小学堂,以及一所蒙养院。

1906年清朝政府推行宪政,实行地方自治,天津县成立议事会,石元仕被选为议员和第一任副议长。进入民国,石元仕结识了天津警察厅厅长杨以德,又与直隶省长、大总统曹锟之弟曹锐联姻,把女儿嫁给了曹锐的儿子。不久,石元仕当选为杨柳青镇公议局的议长。

1912年"壬子兵变"爆发。石元仕一方面给当地驻军送去了1000元的犒赏,一方面通过一名日本商人的介绍,见到了天津日本驻屯军司令官。后来日本驻屯军派出一个排(30人)的兵力,以野外演习为名,驻扎在尊美堂西院的石元仕出资兴办的学校内,杨柳青镇又得以安然无恙。

石元仕热心公益。自从他主持尊美堂后,每遇冬季下大雪,他都雇用贫苦人清扫由杨柳青至天津河道的积雪,以利冰床通行,方便来往路人。

此外,每遇灾荒之年,石元仕也积极实施赈济。1891 年,杨柳青先旱后涝,颗粒无收,饥民纷纷抢石家柴场以御寒。石元仕不但没有责怪,还拨款项,赈放棉衣、设场施粥,使饥民赖以存活。1917 年杨柳青闹大水,石元仕在年终时又一次开赈,并宣布佃农受灾户 3 年不收租金。

1919 年,石元仕病逝于天津,终年 70 岁。

参考文献:

天津市西青区地方志编修委员会编著:《西青区志》,天津社会科学院出版社,2000 年。

罗澍伟编著:《天津的名门世家》,天津古籍出版社,2004 年。

宫桂桐、韩志勇:《杨柳青石家大院》,新蕾出版社,2007 年。

来新夏、郭凤岐主编:《天津大辞典》,天津社会科学院出版社,2001 年。

(赵云利)

史 迪 威

史迪威（1883—1946），全名约瑟夫·华伦·史迪威（Joseph Warren Stilwell），美国人，1883 年 3 月 19 日出生于美国佛罗里达州帕拉特卡。1904 年毕业于美国陆军军官学校（西点军校），成绩名列前茅，获得少尉军衔。毕业后赴驻扎在菲律宾马尼拉的美国第十二步兵团服役。1906 年 2 月被调回西点军校任现代语系教官。

1911 年 3 月史迪威晋升为中尉，再次赴菲律宾服役。同年 11 月，他第一次来到中国，游历上海、香港、广州、梧州等地，在中国逗留 17 天。

第一次世界大战期间史迪威赴欧，任第四集团军首席情报官，负责为美军参战活动做各种情报搜集准备工作，表现出非凡的才干，获优异服务勋章。

1919 年 8 月，史迪威被任命为美国陆军的驻华首任语言教官，在伯克利的加利福尼亚大学学习一年汉语。

1920 年，史迪威晋升为少校，偕家眷乘船前往中国，在秦皇岛登陆后，坐火车经天津抵达北京。在北京，史迪威继续在华北协和语言学校学习汉语，课余关心中国事务，喜爱中国文化。1921 年 4 月，由国际赈灾委员会借调到山西参与筑路工程，修筑了一条从汾阳到军渡的公路。此次在中国工作的 4 年时间里，他曾到奉天、哈尔滨、海参崴（今符拉迪沃斯托克）、日本、朝鲜、外蒙古执行访问任务，并独自到浙江、江西、湖南以及杭州、上海等地旅行。1923 年 7 月结束语言教官的任期回国。

1926 年 8 月史迪威奉命到天津担任第十五步兵团营长。第十五步兵团在天津的驻扎地俗称美国大院,位于当时的德租界。美国大院除了营房和一个练兵场,还有配套的驻地医院、军人俱乐部等,军官们工作之余,可以参加茶会、晚餐会、舞会,到赛马俱乐部打马球以及观看电影。官兵每天上午进行操练,定期举行急行军训练和野外演习。每周还有几次例行的中文课,由会中文的军官教授。史迪威每月为团里作一次有关中国形势的报告,每周写一篇关于"中国局势中的风云人物"的文章,刊登在该团出版的周刊《哨兵报》头版,其中介绍张作霖、蒋介石等中国军政人物的文章,有一定见地。由此,史迪威成为享誉美国军方的中国和远东问题专家。①

1927 年 5 月,国民党的北伐军队逼近华北,史迪威被派往徐州地区进行调查。从 5 月 26 日搭车赴徐州,经过一个月危险的调查工作,历经艰险,抵达上海。这期间,他看到了旧军阀部队底层士兵与难民的悲惨状况,对他们的遭遇感到悲愤与怜悯。后来,在提交的报告中他以客观的描述给予北伐军队很好的评价,并就战事情况做出了正确的军事上的判断。

1928 年,史迪威由连队调到总司令部任参谋长,并晋升为中校。

1929 年 4 月,史迪威结束第三次中国之行,回到美国。应马歇尔之邀,到本宁堡步兵学校任战术科主任,任期 4 年。乔治·C. 马歇尔中校曾在驻天津第十五步兵团任执行长,先于 1927 年 5 月回国,史迪威与他在天津有 8 个月的共事时间,两人结下了相互欣赏与尊重的友谊。在本宁堡,史迪威以教学严苛著称。他的工作能力与务实严谨的作风得到了马歇尔的高度评价。

1935 年 1 月,史迪威被任命为驻北平外交武官,并晋升为上校。当年 7 月全家又回到北平。作为军事观察家,为了真实了解蒋介石政府对日抵抗的准备情况,从 1936 年 4 月开始,他进行了一系列的旅行考察,从广州到东北,足迹遍布大半个中国。通过这次考察,他形成了对蒋介石军

---

① 冯嘉琳:《史迪威将军在中国》,《红岩春秋》,2012 年第 1 期。

事领导才能的极坏评价。① 卢沟桥事变后,他同情中国人,对中国面临的危机十分关注。1937年12月跟随外交使团西迁到汉口。在随后一年半的时间里,史迪威深入中原及南方各省前线的部队,考察队伍,结交抗日将领,还拜访了周恩来、叶剑英领导的八路军。他认为中国士兵具有优良的素质,个别军官能力很强,但对国民政府的军事领导层评价很低,他已看到了蒋介石军事指挥系统的混乱。

1939年5月,史迪威结束任职,从大沽乘船回国。此时,马歇尔刚刚被任命为美国陆军参谋长,他注重任用具有实干与开拓精神的人。经过3个月的航行,船到檀香山的时候,史迪威从广播中听到了他被晋升为准将的消息。

1940年7月1日,史迪威被任命为第七师指挥官。9月,晋升少将。在训练军官及新兵的时候,他经常去观看学员操练,向军官耐心讲解战场问题,甚至亲自示范,由此得了新的外号"乔大叔"。由于他训练的队伍在演习中表现出色,1941年晋升为第三军军长,被认为是美国陆军最优秀的军长。

1942年1月,史迪威晋升为中将。他被任命为中缅印战区美军司令、中国战区统帅部参谋长、援华租借法案物资监理人和联合军事委员会的美方代表。② 他的职能和任务是"保障滇缅公路畅通无阻,指挥可能划归给他的中国军队,帮助提高中国军队的战斗力,提高美国对中国政府援助的效用"③。3月6日,史迪威带着他的新任务飞到重庆向蒋介石报到,这是他第五次来到中国。

史迪威到任后,迅速投入组织缅甸军事行动计划,但现实情况与他的计划相去甚远。蒋介石表面上答应让他指挥在缅甸的中国军队,实际这

---

① 冯嘉琳:《史迪威将军在中国》,《红岩春秋》,2012年第1期。

② [美]巴巴拉·W.塔奇曼:《逆风沙——史迪威与美国在华经验》,汪溪等译,重庆出版社,1994年,第321页。

③ [美]约翰·伊斯特布鲁克:《史迪威将军》,《新远见》,2012年第1期。

些部队都受蒋的直接操控,史迪威根本无力调动。① 1942 年 5 月,在缅北大撤退中,史迪威拒绝乘坐空军运输机离开,而是带领 114 人穿过缅甸酷热潮湿的密林,躲过日军的追击,经半个多月丛林行军,安全撤退到印度。此后,他不屈不挠地策划收复缅甸的战役,一边督促缅印战区的军事集结与训练工作,一边与重庆国民党政府中以蒋介石为首的各色人物周旋,尽全力推动他们与日本人作战。他经常乘坐轰炸机飞越平均海拔 6000 多米的喜马拉雅山脉,来往于印度德里与中国重庆总部之间。

1943 年,史迪威陪同蒋介石参加开罗会议后,从当年 12 月末到 1944 年 7 月,一直留在缅甸丛林里,修公路,组织战役。他身临前线,同普通士兵一起生活,给中国军官留下了深刻印象。8 月从日军手里夺回了缅北重镇密支那。

史迪威在华任职期间,逐步认识到,无论从政治、经济还是军事方面来看,都很难依靠国民党去战胜日本侵略者。同时,他认为中国共产党代表中国的新兴力量,便更加关注中共领导的抗日力量。他积极领导组建了密码代号为“狄克西使团”的美军观察组。1944 年 7 月 22 日,第一批美军观察组成员终于抵达延安。

1944 年 7 月,罗斯福给蒋介石发电报,晋升史迪威为四星上将,要求史全权指挥中国抗日军队。这使史迪威与蒋介石本已恶化的关系彻底崩盘。在蒋介石的坚决要求与美政府内部错综矛盾的合力下,10 月史迪威被召回。他离开之前拒绝接受蒋介石授予他的青天白日特别勋章。②

为抗击日军对中国陆路的战略封锁,从 1942 年 11 月起,在史迪威领导下,中美开始合作兴建西起印度利多镇,东至云南边境畹町的公路,称为利多公路。史迪威离开后,1945 年 1 月利多公路正式通车,与缅甸公路对接,第一批车队进入昆明。这条贯通印度、缅甸、云南的公路被命名

① 章百家:《抗战时期中美合作的历史经验——由史迪威在华经历所想到的》,《新远见》,2012 年第 1 期。
② 吕德润:《史迪威:与中国士兵并肩抗战的美国将军》,《传承》,2010 年第 9 期。

为史迪威公路。2月被美军授予荣誉军团勋章,以表彰他"意志坚定,热情不倦",同时授予陆军优异服务的橡叶勋章,表彰他在打通滇缅公路中功绩之"巨大和复杂"。

1945年6月史迪威任驻冲绳美国第十集团军司令,8月接受琉球群岛日军投降。1946年3月任美国第六集团军司令。

1946年10月13日,史迪威在旧金山病逝,终年63岁。

参考文献:

[美]约瑟夫·W.史迪威:《史迪威日记》,黄加林等译,世界知识出版社,1992年。

瞿同祖编:《史迪威资料》,中华书局,1978年。

(刘轶男)

宋 德 珠

宋德珠(1918—1984),本名宝禄,字颖之,祖籍天津,1918 年 12 月 3 日生于北京。

宋德珠幼年曾在天津日租界某戏班学唱京剧,后被其父接回北京。1930 年,焦菊隐在北平创办中华戏曲专科学校①,12 岁的宋德珠进入该校学习,成为第一期"德"字班的学生。

戏专有别于传统的京剧科班,仿效法国巴黎歌剧院的教育教学体系,在办学上力求除旧布新,借鉴西方艺术教育方式方法,课程兼授中西戏曲音乐。

宋德珠在这种优越的学习环境中如鱼得水,如饥似渴地汲取艺术养分,在完成了毯子功和把子功等基础课程后,宋德珠被分到生行组学老生,又改学小生,最终专工武旦。

学校重点培养宋德珠,为他多方聘请名师。最初由武旦名宿十阵风(张善亭)开蒙,以后陆续得到余玉琴(余庄儿,内廷供奉)、郭际湘(老水仙花,久与谭鑫培合作的著名花旦兼刀马)、阎岚秋(九阵风,阎派武旦的创始人)、朱桂芳(久与梅兰芳合作的著名武旦)、朱玉康(熟谙于武旦下手技术)的传授。加之宋德珠练习刻苦,技艺大增,打下了坚如磐石的武旦基础。特别是跷功出众。为了练习跷功,宋德珠常常早晨起床后就绑上跷,一直

---

① "中华戏曲专科学校",民国时期文献称其为"戏曲学校""中华戏专"等,为行文简便,下文通称"戏专"。

练到晚上才取下来,跷里的汗水血水与跷带子沾在一起,扒不下来,同学们帮助他用茄叶煮水浸泡,慢慢地撕下来。在戏专实习演出时宋德珠已负盛名,天津《北洋画报》曾刊登多幅宋德珠在校期间演出及日常照片。

1935年,程砚秋着手筹办旅行剧团,准备到法国演出,他把宋德珠列为剧团演员之一。于是,宋德珠经常到程砚秋家排戏,得到了程砚秋的悉心指点,唱、念、做、打、舞都更上层楼。1937年抗日战争全面爆发后,程砚秋法国之行夭折。

1938年,宋德珠得到王瑶卿的赏识,离校侧身于古瑁轩弟子行列。后宋德珠成立了颖光社剧团,他便成为四小名旦中第一个挑大梁的演员。王瑶卿、陈墨香和翁偶虹为其编排了《杨排风》全剧,首演于北京新新戏院,宋德珠成功演绎"青龙棍""天波府打孟良""火棍打焦赞""夺宗保打韩昌""小扫北打耶律",合称"五打",倾倒了北京观众,宋德珠被誉为"剧坛红珠"。

1939年,上海黄金大戏院约聘宋德珠携颖光社到上海演出。宋德珠领衔主演,同行的有老生杨宝森、武生吴彦衡、铜锤花脸裘盛戎、架子花脸袁世海。第一天打炮《金山寺》,之后陆续演出了《杨排风》《取金陵》《夺太仓》《扈家庄》《虹桥赠珠》《忠烈鸳鸯》。最受欢迎的《金山寺》,演出达十几场之多。剧中宋德珠"五杆枪"的出手功夫出神入化,特别是他绣刀下场,在使出撒花盖顶、盘臂缠腰的解数之后,抽出腰巾子脆率地亮相,两只绑着硬跷的脚尖纹丝不动地站在台上长达四五分钟。观众看得如痴如醉,喝彩不断。京剧界前辈对宋德珠也是极为推崇。在一次堂会演出中,林树森、周信芳、袁世海合演《战长沙》,竟将大轴让于宋德珠的《金山寺》。

从上海回平后,宋德珠邀请翁偶虹为他编排新剧。1941年秋先后演出了翁偶虹编剧的《蝶恋花》《碧血桃花》《英春秋》。1942年7月再赴上海,在更新舞台演出了打炮戏《金山寺》及代表作《杨排风·五打》《虹桥赠珠》(即《泗洲城》)《湘江会》《扈家庄》《碧血桃花》《青石山》和《蝶恋花》。更新舞台见宋德珠的演出场场满座,便希望他能留沪再演半月。当时黄金戏院已约请叶盛章、吴素秋和盖叫天"三大头牌"合作演出。宋德珠在"三大头牌"首演的当晚,在更新舞台对垒演出了翁偶虹编剧的《百鸟朝凤》。该剧以新奇取胜,充分显示了宋德珠全面的武旦技巧,连演了12场,载誉回平。当年春节,更新舞台又邀请宋德珠赴沪演出,宋德珠演出了翁偶虹的新编剧目《紫塞香云》。此后宋德珠又在南京、天津、青岛、济南、东北等地巡回演出。

新中国成立后,宋德珠先后加入沈阳京剧院、长春京剧院、福建京剧院等院团。1960年任河北省京昆剧团艺术委员会主任,同时担任演员和教师工作。42岁的宋德珠只身从北京来到保定,以极大的热情投入京昆剧团的艺术建设工作。他一边演出一边教学,将《扈家庄》《泗洲城》等戏传授给了青年演员。1961年冬,河北省京昆剧团《扈家庄》《玉堂春》《金山寺》《墙头马上》等剧目在天津首次亮相,一炮打红。1964年,宋德珠到河北省戏曲学校任教。1970年,河北省戏剧学校更名河北省艺术学校,宋德珠担任京剧科女生身段课的教学。1974年,宋德珠正式调入河北省艺术学校任教。

1978年7月17日,宋德珠退休回京。1983年暑期,河北省艺校举办"宋派艺术学习班",参加学习的有全国十省市五个剧种的29名学生,宋德珠亲授了《扈家庄》一剧。

1984年7月18日,宋德珠在北京病逝,终年66岁。

参考文献:

王金璐:《我和宋德珠》,《戏剧报》,1985年第2期。

翁偶虹:《翁偶虹编剧生涯》,中国戏剧出版社,1986年。

宋德珠口述,汪效倚记录整理:《一支雄厚的力量——我在中华戏曲专科学校学艺的日子(节选)》,《戏曲艺术》,2002年第2期。

窦国启:《宋德珠先生在河北》,《大舞台》,2009年第1期。

（王兴昀）

苏 锡 麟

苏锡麟(1876—1967),字玉书,天津宁河县人。苏锡麟父母去世较早,他从小由祖父抚养。少年时代,他曾在丰台粮店学生意。他的祖父在驻芦台的一位代理提督杨玉书家中做私塾先生,苏锡麟在此与军旅生活接触后,有了投军的想法。祖父本想将其推荐给杨提督,但苏锡麟更想去投新军。

1894 年,通过姑父许怀璧的引荐,苏锡麟加入了开平的新军统领夏马海部下的骑兵。入伍不久,苏锡麟被选拔进骑兵随营学堂,学骑兵的旗语、灯语。后来,苏锡麟被分配到队上去任骑兵教练。当时的新军共分五军,即武卫前军、后军、左军、右军、中军,而苏锡麟入伍的部队恰好是聂士成统领的武卫前军。

1900 年 4 月,直隶涞水县农民开始练义和拳。聂士成奉旨率部开赴涞水县弹压,苏锡麟随骑兵前往,随后驻扎在保定。不久,八国联军入侵中国,在天津大沽口登陆直取北京。守将聂士成率领武卫前军担任作战任务,苏锡麟随骑兵驻扎在天津西沽军械库。聂士成殉国后,苏锡麟随后跟着队伍西行护驾,在娘子关一带阻击德军。两宫回銮时,苏锡麟随骑兵左营奉命到磁州接驾。

民国建立后,苏锡麟到张勋部下当差,积功累迁至统领,驻扎灌云、连水一带。1917 年 4 月底,苏锡麟率部随同张勋由徐州出发,到津后驻扎在天津河北车站附近。3 天后,苏锡麟随从张勋带着队伍进入北京,坚决支持其复辟帝制的活动,和李辅廷带着队伍驻扎在天坛。张勋复辟后,段祺瑞很快便在天津马厂誓师讨逆。这时李辅廷倒戈,不听张勋调遣。张勋命令苏锡麟率部保护自己的南河沿公馆。7月8日,讨逆军占领丰台。段祺瑞提出解散定武军等条件,张勋拒不接受。12日拂晓,讨逆军向苏锡麟防区发起进攻。苏凭借东华门及景山等处的大炮俯射,压住了讨逆军的攻势。讨逆军先后派三批人劝降苏锡麟,苏提出保证张勋安全的条件。时任京师警察总监的吴炳湘遂派人通过苏锡麟防线,驾车准备将张勋送到荷兰使馆。张勋当场拒绝,意与讨逆军决一死战。苏锡麟和几个外国人硬是把张勋架上了汽车。

张勋复辟失败后,苏锡麟在北京租了房子陪着张勋。1918年,赴安徽投倪嗣冲新安武军任第四路统领。后来经张勋推荐,苏锡麟投奔张作霖。1922年第一次直奉战争失败后,张作霖以旅为单位整编辽吉黑军队,苏锡麟任东三省陆军骑兵第三旅旅长,驻防奉天。1925年冬,苏锡麟任蓟榆镇守使,驻扎山海关。1926年初,苏锡麟任第十军军长,与直鲁联军一起攻入天津。

1927年,苏锡麟脱离军旅,在张学良帮助下,经营裕蓟盐业公司。早在1924年,苏锡麟就在张学良的帮助下,获准承办河北省永平府所属卢龙、滦县等7县的盐务,组织成立裕蓟盐业公司,在天津设办事机构。苏锡麟的这家公司办理报盐、纳税手续,并按盐包收取手续费,在各县城及主要乡镇设立100多个盐店。1927年,组成了全面经营的裕蓟盐业公司,鲍贵卿任董事长,苏锡麟为总经理,并在唐山、滦县、昌黎、秦皇岛设四个盐场,负责办理发往各县盐店盐包的收发、保管等事宜。此外在汉沽设置筑运所,负责为所属盐场联系装盐打包、托运分发等事务。1928年,裕蓟盐业公司曾因军阀侵扰而一度停业。北伐后,何成濬为公司董事长,增加陈调元为董事。1936年复经国民政府批准续办,苏锡麟任总经理。1929年至1940年是该公司的鼎盛时期,由于市场垄断,专卖专销,利润可观。抗日战争胜利后,国民政府开放引岸专卖制,实行自由营运,裕蓟盐务公司业务逐渐萎缩。但该公司为长芦包商三公司中存在年限最长的。

1925年，苏锡麟还在天津集股开设思勤植物油厂，投资福兴面粉公司。1926年起，任红卍字会济南总会会长及天津分会会长。苏锡麟曾为家乡宁河中学捐款，并任该校董事。新中国成立后，任天津市新华区政协常委。

1967年，苏锡麟去世，终年91岁。

参考文献：

苏锡麟：《谈谈我在庚子年的一段经历》，载全国政协文史委编：《文史资料存稿选编》(1)，中国文史出版社，2002年。

苏锡麟：《我在复辟之役中的亲身经历》，载全国政协文史委编：《文史资料选辑（合订本）》第14卷，中国文史出版社，2011年。

苏锡麟：《我在张、吴合作中的亲身经历》，载全国政协文史委编：《文史资料选辑（合订本）》第18卷，中国文史出版社，2011年。

（王社庄）

孙 冰 如

孙冰如(1896—1966),字明鉴,天津人。1896 年,孙冰如生于河东贾家沽道村的一个商人家庭。孙家是粮食行业世家,到孙冰如这一辈已经是第七代。其祖父孙治创立了"增兴厚"米面铺,后来又创立了"增记"米面铺。到了同治年间,只剩下"增兴厚"维持经营,并从东郊迁到市内,先在东浮桥(现金汤桥)西,后来搬到西大湾子。"增兴厚"的第二代传人是孙冰如的叔父孙俊卿。孙俊卿非常具有商业天赋,很快就成为天津粮食销售行业中的领军人物。事业有成的孙俊卿没有子嗣,于是由孙治做主将第七子的两个儿子明鉴和明哲过继给他,叔侄变成了父子,孙俊卿毫无保留地把自己的财产和人生经验传授给了孙冰如。

1916 年,孙冰如在南开中学肄业,考入北京大学预科。1919 年入北京大学经济系。他毕业后到上海交通银行当练习生。1925 年孙冰如回天津,任金城银行助理。1926 年,孙冰如应倪幼丹之聘,任大丰面粉公司总稽核。倪幼丹决定对大丰面粉公司管理层进行调整,除仍由他本人任董事长外,总理及经理、副理分别由三津寿丰公司的总、经、副理孙俊卿、佟德夫、杨西园三人担任,孙冰如任总稽核,接管后业务即好转。1929年,大丰公司改组为三津永年公司,孙冰如任公司襄理。1933 年,寿丰、三津永年两厂合并,几位董事和几个大米面铺集资收买了民丰天记面粉公司,改组为天津寿丰面粉股份有限公司。以原来三津寿丰公司为第一厂,三津永年公司为第二厂,民丰天记公司为第三厂,总经理处设在第一厂,共有资本 170 万元,磨粉机 66 部半,成为华北最大的面粉厂。

寿丰公司开业时,董事长、总经理及经理仍由倪幼丹、孙俊卿、杨西园分任,并以孙冰如和王慧生为襄理。1939 年倪幼丹逝世,孙俊卿兼任董事长,倪叔平被选为副董事长,同时孙冰如升为副理。至 1946 年孙俊卿辞去总经理专任董事长,杨西园辞去经理,与倪叔平同为常务董事,孙冰如升为经理。1952 年,董事长改由倪叔平继任,常务董事改由孙冰如及杨耀廷继任。

清同治年间,增兴厚米面铺的创办人、孙冰如的祖父孙治和立成米面铺的创办人杨立成,为了保护同业的利益,他们把各米面铺组织起来,成立了三津磨房公所。1903 年,天津成立了商务公所,旋即改为商务总会。各行业商人鉴于商会维护商界切身利益,经常接近官府,办事方便,于是就纷纷组织起行业公会,作为商会的团体会员。三津磨房公所改组为三津磨房同业公会,孙俊卿为公会的董事,后又任天津商会的董事。20 世纪 30 年代初,孙冰如亦被选为三津磨房公会的董事,后来又做了总商会的常务董事和执行委员。1936 年,公会改为委员制,孙冰如被推选为主席。1945 年,市公署训令商会,对各行业公会进行改组,三津磨房公会改名为零售粮业公会,并改为理监事制,仍选孙冰如为理事长。1946 年,孙冰如因担任寿丰面粉公司的经理,辞去公会理事长的职务,改选张紫宸为理事长,直到解放。

孙冰如很关注慈善事业。1939 年天津水灾,贾家沽道被淹,百姓苦不堪言,孙冰如派人给村里送去救济粮和馒头,按人口每天分给各家各户,乡亲们无不感激。天津沦陷后,日军占了贾家沽道村民的耕地,用铁丝网围了起来。孙冰如得知非常气愤,四处奔波,花了许多钱,把那片地为百姓争了回来。

孙冰如一家世代有着"兴学"的家风,他幼年时就读的贾家沽道村小学,就是孙家出资兴办的。1937 年,孙冰如又捐出了自家的菜地 7 顷,修建了拥有 8 间教室的新校舍。1939 年天津发大水,新校舍被冲毁,孙冰如立即捐出自家的一套旧宅院作为校舍,让学童们及时复课。有些学生小学毕业后渴望升学,但家境特别困难,孙冰如得知后,不仅负担学生们上学所需的一切费用,而且还负担全部伙食费。1943年,孙冰如认为"唤起女同胞的觉悟。必须有赖于教育!"①在孙冰如的支持下,贾家沽道村小学特设了妇女识字班,学生达到100多人。著名教育家卢木斋之弟卢慎之晚年生活窘困,想把一生珍藏的万余册古籍变卖,以贴补家用和治疗疾病。孙冰如得知后,认为古籍应该留在读书人身边,立即派人送上两万元,给卢慎之治病,但坚持把古籍留在卢宅。

孙冰如在天津工商界享有较高声望,曾任天津三津磨房同业公会会长、天津市商会常务理事、天津市场股份有限公司理事等职务。新中国成立后,曾任粮谷工业公司副理兼寿丰面粉公司经理、大丰面粉厂经理、天津市人民代表、天津市人民政府委员、天津市工商联副主委。

1966年,孙冰如去世,终年70岁。

参考文献:

孙冰如:《解放前天津的面粉工业》,载天津市政协文史委编:《天津文史资料选辑》第42辑,天津人民出版社,1987年。

杨子文:《孙冰如先生二三事》,载天津市河东区政协文史委编:《天津市河东区文史资料》第10辑,1998年内部印行。

孙冰如、张紫宸:《三津磨房同业公会》,载天津市政协文史委编:《天津文史资料选辑》第42辑,天津人民出版社,1987年。

(高　鹏)

---

① 牛一兵、王宏主编:《天津小洋楼:名人故居完全档案》第2卷,天津教育出版社,2011年,第195页。

孙 多 钰

孙多钰(1882—1951),字章甫,安徽寿州人。

孙多钰 6 岁入家塾,12 岁学习英语。1899 年随胞兄孙多堃(字厚甫)赴美留学,1905 年入美国康奈尔大学土木工程系学习,毕业获工程师文凭。

1909 年,孙多钰回国,经清政府考试,得工科进士。1910 年,经其舅父邮传部右侍郎李经楚举荐,任吉长铁路工程局工程师。1911 年春,清政府授予他翰林院检讨,吉长铁路工程局升他为工程局总办兼总工程师。1913 年,袁世凯撤掉了与国民党关系较深的沪宁、沪杭甬两铁路管理局总办钟文耀之职,由孙多钰赴上海接任。1915 年,孙多钰被调任湘宁铁路工程局总办。1918 年,美国停止湘宁铁路借款,该路工程计划被取消,孙多钰改任株钦、湘鄂两铁路总办。

为解决大批新办企业资金短缺的困难,1916 年,孙多森、孙多钰、孙景西叔侄创办中孚银行。孙家把绝大多数商股陆续回购,股权几乎全部掌握在孙氏家族手中。[①] 1919 年夏,因孙多森突然去世,孙多钰也因此辞去铁路总办职,移居天津,接任北京通惠实业公司总裁、中孚银行总经理和阜丰面粉公司总经理,开始推动中孚银行第二轮大发展。孙多钰励精图治,在各地开办分行的同时,又在上海开设了阜丰面粉公司等企业,还

---

① 冬月编著:《五大道名门世家》,第 180 页。

在上海和汉口分别建设了中孚大厦。[1]

1920年10月,孙多钰任浦口商埠管理局局长。1922年后,欧洲国家恢复了元气,又开始向中国大量输入面粉,一些小的面粉厂经受不住冲击,破产倒闭。阜丰面粉公司凭借稳固的基础、强大的实力、优良的产品、成功的管理,不仅渡过了难关,还一直稳步发展。孙多钰主持阜丰公司时,国内机制面粉的黄金时期已经过去,面粉进出口贸易由出超变为入超,国产面粉销量锐减。孙多钰与胞兄孙多焱采取改进面粉质量、直接从美洲、澳大利亚采购原材料和改进机器设备等切实可行的措施,使得阜丰面粉公司所产面粉在市场上一直保持着竞争优势。孙多钰凭借其雄厚的实力和银行资本,1916年在山东济宁创建济丰面粉公司,1919年在河南新乡创建通丰面粉公司,1923年投资5万两白银租办上海长丰面粉厂,1924年租办无锡泰隆面粉厂,以后还相继租办了上海裕通面粉厂、祥新面粉厂、信大面粉厂等。阜丰厂不仅生产得到维持,而且获得了较好的盈利,企业进一步发展。1929年、1932年,阜丰厂两次扩建,到1932年,日生产能力已经达到26000包,为建厂时的10倍。至1936年,加上吞并的厂家,阜丰的日生产能力已经达到51500包。1937年,阜丰厂全自动麦仓落成,其规模已经超出当时民族资本中号称最大的面粉厂——福新八厂,被誉为"远东第一面粉厂"。[2]

1923年1月,北洋政府交通总长吴毓麟推荐孙多钰任交通部次长,于是他将通惠实业公司总裁一职让给孙多森的长子孙震方,自己仍兼任中孚分行总经理。1924年11月,孙多钰辞去交通部次长职务,专任中孚银行总经理。1929年,孙多钰接任阜丰面粉公司董事长,同时兼任启新洋灰公司常务董事、滦州矿务公司副董事长,后来他还参与投资江南水泥公司,任董事职务。

阜丰厂虽然经营状况良好,但是中孚银行的情况却不容乐观。1925

---

① 冬月编著:《五大道名门世家》,第180页。
② 上海市粮食局等编:《中国近代面粉工业史》,中华书局,1987年,第147、201页。

年,上海中孚银行副经理谢芝庭做外汇投机生意,亏累达 200 万之巨,使中孚银行面临破产危机。事发后,孙多钰赶往上海,决定从天津中孚总行拨款到沪 100 万元,孙家各房凑款 60 万元,上海中孚分行赔偿 40 万元,渡过了难关。此后,类似问题不断出现,上海中孚银行副经理顾季高进行外汇投机,亏损 100 万元,上海中孚分行副经理张佩绅、北平中孚分行副经理孙晋方、天津中孚银行保管股等先后盗卖有价证券,使中孚银行几次面临危机。依靠阜丰面粉厂的贴补,中孚银行一次次渡过危机。1930 年 6 月,孙多钰将中孚银行总管理处迁往上海,在上海、北平、天津、苏州、南京等地添设支行,在定县、郑州设立办事处。除汉口分行因受战争影响营业不振外,其他分支机构营业状况良好。① 孙多森去世后,孙多钰也参与了滦州、开平煤矿的工作,1937 年起任开滦矿务局天津局华方经理。②

1946 年 2 月,由于上海中孚银行总经理孙豫方在沦陷期出任伪职,南京国民政府财政部依据《收复区敌伪钞票及金融机关处理办法》,训令中孚银行停业清理。经孙多钰叔侄多方奔走,11 月 16 日蒋介石批准中孚银行复业,但为官僚资本所控制,吴忠信任总董事长,孙多钰仅挂名副董事长,并无实权。抗战胜利后,国民党发动内战,各种原材料价格暴涨、税收倍增,阜丰面粉厂生产越来越不景气。1946 年到 1949 年,是阜丰厂历史上利润最少甚至出现亏损的 4 年。

上海解放后,1950 年 7 月,中孚银行加入上海市私营金融业第一联营集团,1951 年 10 月 1 日改组为上海市金融业第一联营总管理处。③ 1952 年下半年,阜丰公司参加联营处后,业务渐有起色,收支得以平衡。联营处结束后,该公司生产业务全部为政府加工。1955 年 10 月,阜丰公司实现公私合营,结束了由孙氏家族主导的历史。

1951 年 4 月 26 日,孙多钰病逝于天津,终年 69 岁。

---

① 李良玉主编:《安徽三大家族与近代中国实业研究》,合肥工业大学出版社,2010 年,第 4 页。
② 李良玉主编:《安徽三大家族与近代中国实业研究》,第 6 页。
③ 中孚商业银行:《中孚商业银行简史》,上海市档案馆藏,卷宗号 Q289-1-16。

参考文献：

中国社会科学院近代史研究所中华民国史研究室编:《中华民国史资料丛稿·人物传记》第 15 辑,中华书局,1982 年。

合肥市政协文史委、阜阳市政协文史委编:《皖系北洋人物》,安徽人民出版社,1993 年。

李盛平主编:《中国近现代人名大辞典》,中国国际广播出版社,1989 年。

（张慕洋）

孙恩吉

孙恩吉(1860—1927),天津人。

1875年,孙恩吉进入天津机器局东局当工人,在此他接触到很多外国技师和先进的机器设备,学会了木型及其他机械制造技术,为其日后事业的发展奠定了基础。

1900年八国联军劫掠天津后,天津机器局等官办企业遭到严重破坏,孙恩吉不得不离开东局,迁居东马路。不久,他和同为机器局技工的陆宾被三条石规模最大的金聚成铸铁厂聘用,他们帮助厂家改进了翻砂和化铁技术。孙恩吉还将东局采用的手摇葫芦代替这里的大风箱,提高了生产效率。工作之余,孙恩吉经常为人修理机器和零件,在家中摆弄一些机器零件。不久,孙恩吉在南斜街开办了恩兴和机械厂,主要制作压把水泵,因技术高超,营业日渐红火。

1905年前后,孙恩吉逐步增加设备,扩建厂房,并开始使用蒸汽机(当时称为水火机)为动力。1906年2月,孙恩吉在东马路正式创办了民立第四铁工厂,但人们仍称其为孙恩吉铁工厂,厂址设在小洋货街的胡同里。工厂刚开办时只有一台床子旋活,完全是手工操作。经过近10年的发展,逐步扩展为拥有车、铣、刨床10余台机器,拥有5名技师的工厂,工人也增加到约50人,成为当时天津较有名气的机器厂。

孙恩吉的制造技术比较全面,其工厂生产的产品种类也比较齐全,有河北、山西等地小煤窑用的水泵、卷扬机、锅炉,磨房、油坊用的电磨、榨油设备,建筑用的铁门窗、水暖设备,各种车床,还试做过运煤挂斗的大铁轮、地雷等。除制造和生产工业机械,孙恩吉还将很大的精力放在了技术发明上。

孙恩吉铁工厂发明制造的汽机机器有多种,这些机器以"行球"为商标远近闻名。1915年,孙恩吉又发明了引磨汽机机器,它可以同时带动4副磨盘,每天能磨面粉30余石。如果用牲口拉4副磨,须用牲口12匹,每天只能出面10余石。1915年11月,孙恩吉利用自己的发明在南马路开办恩兴和机器磨房,有机器磨4架,一昼夜能磨面粉48石。随着机器磨房的运营,孙恩吉的盈利越来越丰厚。每天磨房人满为患,许多磨房也纷纷前来订购机器。

这时候,电力机器在直隶开始为人们所接受,煤油灯照明逐步被电灯取代。1916年,孙恩吉得知山海关要建榆关城内外电灯公司的消息,他立即通过天津商会向管辖山海关的临榆县发去信函,声称电灯公司所需设备正好与机器磨面设备配套,建议同时成立附属临榆机器磨面有限公司。发电设备既可以向百姓提供电力,又可提供磨面服务,一举两得。

1918年5月,孙恩吉针对人工、煤炭价格上涨的情况,研究发明了水冲飞轮磨面机器。机器试验当天,孙恩吉在天津海河金汤桥下,驾着一艘木船,船的两侧安装有两个巨大的飞轮,船上安放有两只磨盘。在水流的推动下,飞轮快速旋转,将动力传送到磨盘,带动磨盘转动。孙恩吉将小麦加入磨盘内,面粉便从下面流到口袋中。

1919年,享有"机器发明家"之称的孙恩吉,在其62岁时又推出一项新发明——榨棉机。当时,天津棉纺织企业林立,棉花的运输很成问题,即使用外国的榨棉机,棉花包还是臃肿不堪,核载20吨的火车车皮,装载10吨棉包便无处再行容纳。孙恩吉经过多次试制后,研制出了新式的榨棉机,比外国机器所榨棉花缩小了一半体积。每小时可装车八九包棉花,较之其他机器榨制的棉花节省了两三倍时间,且包裹坚实,不易引发火患,运输、存放十分方便。当时,专利制度已经引入中国,在报送天津商会的呈文中,孙恩吉明确要求实业厅严禁其他厂仿造,以保护发明者的权利。

孙恩吉铁工厂生产的机械产品,主要有车床、刨床、钻床、铣床、车活木床、大小锅炉顶水机器、起重高车、手动起重省力车、筛芝麻子机器、凿钻井机器,各种铜铁具,海陆军应用钢铁军械器具,等等。

直隶总督袁世凯曾颁赠孙恩吉"覃思熔铸,挽回利权"对联,以示褒奖。孙恩吉自 1905 年后陆续收徒,五年出师,不留本厂,于产品外销时随同机器一并派赴买家雇用,这样不仅推广了产品销路,而且也扩充了各地技术工人力量。其徒弟出师后自行设厂的也不少。这对民族机器工业的发展,起到了一定作用。

1927 年孙恩吉病逝于天津,终年 67 岁。

参考文献:

黄卫:《天津技师孙恩吉,磨面榨油攒机器》,载天津日报报业集团编,张建星主编:《城市细节与言行——天津 600 年》卷 4,天津古籍出版社,2004 年。

(王社庄)

孙 连 仲

孙连仲(1894—1990)，字仿鲁，直隶雄县人。1894 年 2 月 3 日，孙连仲出生于直隶雄县龙湾村一个富裕农民家庭，从小受"从军报国"思想的影响很大。

1912 年 2 月，北洋军第二镇到雄县招兵，孙连仲报名参军。其母闻讯，命他的哥哥孙连喜赶至招兵处婉劝。孙连仲表示："男儿应立志报效国家，岂能终老田园与草木同腐？从军之志，不可更改！"其兄为之感动，放弃劝说而归。入伍后，孙连仲被编入第二镇八标二营八连为学兵。清帝退位后，北洋陆军各镇改为师，孙连仲隶王占元的第二师之下。此时孙已调入炮兵营，并由学兵升为正兵。

1914 年，袁世凯亲信陆建章的京卫军被派往陕西镇压白朗起义军，行军前在各旅成立炮兵营，孙连仲入陆建章军左翼第一旅(后改为冯玉祥第十四旅、第十六混成旅)炮兵营任班长。有一次，冯氏下连检查，适逢孙连仲所在连的连长正在考问士兵"五十二条精神训条"(此为冯玉祥治军规定)的内容，就悄悄站在后面听。不料长时间无人主动回答，最后孙连仲站了起来，不仅流利地背诵了一遍，还头头是道地讲解了一番。孙连仲从此为冯玉祥所赏识。[1]

1917 年，第十六混成旅回驻京津之间的廊坊。在讨伐张勋复辟的战

---

① 湖北省宜昌县政协文史委编：《宜昌县文史资料》第 9 辑，1995 年内部印行，第 57 页。

争中,孙连仲在万庄附近阻截张勋军,并追击到永定门,孙连仲因功被提升为营长。1922 年,第一次直奉战争后,冯玉祥任命孙连仲为炮兵团长。当年 10 月底,冯玉祥以陆军检阅使兼第十一师师长,移驻北京南苑,集训练兵,孙连仲随其前后,颇为冯所倚重。随着冯玉祥军事力量的发展,出现了一批他所亲信的少壮将领,孙连仲、石友三、孙良诚、刘汝明等下属被称为冯玉祥的"十三太保"。

　　1924 年 10 月,冯玉祥联合胡景翼、孙岳发动"北京政变",囚禁直系军阀曹锟。政变前夕,冯玉祥提升孙连仲为卫队旅旅长,管辖手枪团、学兵团、炮兵营。孙亲自率手枪团化装成接运粮饷部队,由古北口潜回北京。事变后,冯玉祥将所部改编为国民军第一军,孙连仲调任国民军第一军炮兵旅旅长。不久,冯部再度扩军,孙连仲升任骑兵第二师师长。他严格训练队伍,与士兵一起操练,同甘共苦,并要求官兵恪守国民军"不扰民、真爱民、誓死救国"的宗旨。1925 年,孙连仲部随同国民军第一军在京津地区活动,曾参加国民军会战天津之役。

　　1926 年初,孙连仲师驻山海关。时奉直已达成谅解,不久奉系张作霖与直系吴佩孚以 50 万兵力联合进攻国民军。1926 年 4 月,国民军撤至位于居庸关与昌平之间的要隘——南口,以劣势兵力抵抗奉直精锐达 4 个月之久。南口战役失败后,孙连仲率部随同绥远都统兼第十二师师长蒋鸿遇经包头、五原撤退到宁夏。后接冯玉祥电令,火速赶赴西安,参加 11 月解围西安的战事。

　　1926 年 9 月,冯玉祥从苏联返国,举行"五原誓师",响应南方国民革命军北伐。孙连仲接替蒋鸿遇任第十二师师长,冯玉祥又加委他为"全军总执法",对旅长、道尹以下,均有权处置。11 月 28 日,孙连仲与孙良诚、刘汝明等人协同作战,击败围困西安的刘镇华主力,西安之围乃解。1927 年 5 月 1 日,冯玉祥将所部改称国民革命军第二集团军,出潼关参加北伐战事。孙连仲率部在豫西南一带作战,先后进击奉系于学忠,改编了阎德胜部队,追击过向四川流窜的吴佩孚。嗣后移驻唐河、确山,解决了直系旧部靳云鹗的部队,占据了平汉线。1927 年 6 月冯玉祥与蒋介石徐州会议后,孙连仲被任命为第九方面军总指挥兼第十四军军长,进驻新乡。不久,他与鹿钟麟对调,任第二方面军总指挥兼京汉前线总司令,率秦德纯、冯治安、庞炳勋军,在漳河沿岸与奉军作战,对稳定京汉、陇海两线战局起了很好作用。

1928 年 5 月北伐战争后,孙连仲部赴陕西绥靖地方。此时,甘肃发生了马仲英领导的"河州事变",动乱日益扩大。孙连仲移师入甘,击败了自武威进攻永登的叛军。同年 9 月,国民政府决定设立青海省,任命孙连仲为省政府主席。1929 年 2 月,孙连仲到青海就任青海省主席。孙连仲驻青后,积极修筑公路、提倡栽树、修渠引灌,力图振兴青海经济,同时镇压了马子乾旅的叛乱。1929 年 8 月,孙连仲接任甘肃省主席。

蒋介石召开所谓"编遣会议"后,冯玉祥和蒋介石的矛盾更加尖锐。1930 年 4 月,东调的孙连仲被任命为冯部第八路军总指挥,随后与蒋军在河南等地作战。9 月 18 日,张学良通电拥蒋,并派大军入关参战,冯军失败已成定局,孙连仲率部退驻豫北新乡。在冯玉祥通电下野后,西北军拥鹿钟麟为总司令,孙连仲为副总司令。10 月 18 日,孙连仲在新乡发出通电,声明今后"拥护中央,和平统一建国,绝不参加内战"。随后接受蒋介石改编,被委为第二十六路军总指挥,开往山东济宁一带整编。

1931 年初,孙连仲奉命率部开往江西,以"江西清乡督办"的头衔参加对中央苏区的第二次"围剿"。红军采取诱敌深入的战术,歼灭了孙连仲部一个旅。同年 7 月,蒋介石指挥 30 万大军向中央苏区进犯,孙连仲的第二十六路军改名为第二军团,从右翼进攻。在这次"围剿"中,孙连仲部接连被红军击败,损失惨重。孙连仲部队交由参谋长赵博生指挥。1931 年 12 月,第二十六路军总指挥部参谋长赵博生,师长董振堂,旅长季振同、黄中岳等,率领 1.7 万名官兵举行了著名的宁都起义。蒋介石由于打内战的需要,拨款重建了孙的部队,并恢复第二十六路军番号,但编制缩小。

1932 年 3 月,孙连仲在金溪县浒湾驻防,迎战红军林彪部。孙亲临前线指挥,与红军展开拉锯战。孙部进驻永丰。蒋介石旋提升他为第四十二军军长,仍兼任第二十七师师长。1933 年 7 月,蒋在庐山设训练团,自兼团长,委孙为团副,教育长为陈诚。训练团结束,孙连仲返防后率部攻占宁都、赣县。

1934 年初,孙连仲率第三十军再到江西,驻永丰,蒋又将第二十七军、第四十二军归其指挥。是年,孙连仲参与了对中央苏区的第五次"围剿"。第二年初,又奉命率部到湖北追击红军贺龙、萧克部。10 月,孙部调往苏北地区,从事修筑国防工事以及导淮工程。在同年 11 月举行的中国国民党"五大"上,孙连仲当选为中央监察委员。

1936 年西安事变后,孙连仲率部驻防河南信阳、确山一带。1937 年 7 月卢沟桥事变爆发后,蒋介石任命孙连仲为第二集团军副总司令兼第一军团司令,北上抗日。8 月 10 日,孙部与日军河边旅团在良乡西南之窦店对峙。15 日起,战斗日趋激烈,孙将全部兵力投入,屡次重创日军。8 月下旬,日军攻占南口,孙连仲在琉璃河、涿县等地逐次抵抗。10 月,日军川岸师团直扑山西娘子关,直接威胁太原。孙连仲部撤到娘子关附近,奉命参加娘子关战役,阻击日军。

1938 年的台儿庄战役中,孙连仲在第五战区的李宗仁指挥下,与板垣征四郎率领的第 5 师团、矶谷廉介率领的第 10 师团作战。孙连仲的勇猛战斗扩大了战果,受到蒋介石的赞赏。其后,因与日军不断作战取胜,孙连仲于 1945 年 7 月升任第十一战区司令长官。抗日战争结束后,孙连仲负责北平、天津地区日军的受降事宜。

抗日战争结束后,因孙连仲的部队非中央军,待遇较中央军差距很大,孙连仲对此十分不满。1947 年 3 月,蒋介石将第十一战区改为保定绥靖公署,孙仍任主任。11 月,孙连仲提出辞职,随即调往南京转任首都卫戍司令。1948 年 6 月,孙连仲任总统府参军长。1949 年 1 月,蒋介石引退,孙连仲辞职。

1949 年 3 月，孙连仲前往台湾。后历任"总统府"战略顾问、"总统府""国策"顾问、中国国民党中央评议委员、中国国民党中央监察委员会委员。

1990 年 8 月 4 日，孙连仲在台北市病逝，终年 97 岁。

参考文献：

郭大钧主编：《中华民国史》第七册传二，四川出版集团，2006 年。

王成斌等著：《民国高级将领列传》(4)，解放军出版社，1999 年。

（欧阳康）

孙 润 生

　　孙润生（1885—1977），名玉琦，字润生，以字行，直隶献县人。1885年，孙润生生于直隶省献县的一户贫寒人家，幼年随父亲逃荒到天津。孙润生的父亲在美国基督教公理会谋得一份杂役差事，受其影响，孙润生皈依了基督教。

　　孙润生在通州教会学校协和书院读书时，十分爱好体育，经常参加球类运动。当时篮球、足球、排球全部从外国进口，售价十分昂贵。孙润生萌发了制造篮球和其他球类的想法。毕业后，孙润生到南开中学教授音乐兼教英文。因为校长张伯苓先生很重视体育运动，对学生的体育和德育、智育同等看待。孙润生不仅经常参加篮球运动，而且有了制造篮球的机会。他用自己的收入买来各种新球、旧球和破球，在课余时间拆线解剖，研究皮球缝制方法，在反复缝制的基础上，他终于试制成功中国最早的篮球。

　　1921年，孙润生辞去南开教职，拿出母亲变卖首饰后支援给他的几百元资金，与亲戚孙庆有合作，在家中办起了手工作坊式的生产篮球的小工厂。他自拟了一副对联挂在房间中，"利应社会需要，制造体育用品；生为人身健康，畅销运动器具"，①他取上下联的第一个字，将工厂取名为利生工厂。南开学校张伯苓校长认为孙润生的行为对社会有意义，在他辞

---

① 　吴广义、范新宇：《中国民族资本家列传》，广东人民出版社，1999年，第289页。

职离开学校时,特别多支付他几个月工资,以支持他的事业。工厂运营初期,制造的篮球质量虽然很一般,但由于售价低廉,仍然很畅销。孙润生请来两位亲戚做帮工缝球,自己专门研究如何提高篮球质量。

提高篮球质量的关键在于球革,难点在于利生工厂最初使用的球革厚薄不匀,制成的篮球弹跳高低不稳;有的皮革伸张力未饱和,制成的篮球使用不久便会走形。他请来直隶工业学校制革科毕业生王学敏做技术员,在利生工厂建立了制革部,按照篮球的要求生产皮革。又请来留美专攻制革的齐守愚任副厂长兼制革工程师。孙润生、齐守愚、王学敏3人密切合作,改进了球革的质量。他们自己设计制造了轧皮机、押皮机,并购进挤水机、速干机、大转鼓等制革机器,代替了手工操作,篮球的质量从此有了显著提高,以致天津、北京、保定、唐山等地的学校和篮球爱好者争相购用,利生工厂名声大震。

1932年,孙润生决心扩大营业规模,将独资企业改组为股份公司,职工均可入股。总公司设在东马路,孙润生自任董事长,聘宁绍清担任厂长。1928年至1936年,是利生工厂的极盛时期,除篮、足、排、羽毛球外,还增添铁饼、标枪、双杠、木马、吊环等运动器械,承制各种运动鞋、袜和运动服装,还承包各校体育场、馆工程,如北站外的河北省体育场、耀华中学体育馆、水产学校的游泳池、培才小学的儿童游戏场等,都是利生设计或修造的。利生已经逐步发展成为综合性的体育用品工厂。

为满足发展需要,孙润生先后两次扩大厂房迁址,在北京开设分厂,在顺德设制革车间,在天津市内东马路、法租界天增里设两个营业处。利生厂经营的体育用品有九大类,以球类为主,占总产值的60%~70%,日产量160~170个。产品远销东北、西南、两广、福建及香港地区和新加坡等国,在大城市和南洋各地设代销点,在北平开设志同体育用品公司和同来商行两个分号。

孙润生先是把利生工厂生产的各种球类送到各大、中学校免费试用,后来推广成为全国运动会和地区运动会所用球类和体育器械。利生工厂还根据各种自然环境、不同的体力和经济条件的不同需求,制造多种型号、档次的球类,供用户选择,得到体育界知名人士的好评。1931年,出席世界运动会的中国篮球队指导董守义曾在文章中评价:"中国球类被西人认为合格采用者,利生工厂实开最先纪录也。"①由于经营得法,利润优厚。同年,时任国民党军事委员会副委员长的冯玉祥为利生工厂题词"用国货方能救国",时任山西省政府主席邵力子题词"品优用宏",时任监察院院长于右任题词"强种健生"。

1937年七七事变以后,日军占领天津,民族工商业遭到了严重的摧残,利生体育用品工厂也不能幸免。日本侵略者指使日商出面,要求"合作"经营利生体育用品工厂,遭到孙润生的断然拒绝。日军强占了利生的厂地,孙润生只好把工厂迁回河北五马路旧址。由于厂地狭小,皮革亦被日军强行征作军用,制球业务停止,利生体育用品工厂只能维持木工部开工,生产一些网球拍和羽毛球拍,向南洋一带出口。孙润生于1938年将家搬到北平,他奔走于平津两地,经营照料两地的工厂和门市部。1941年太平洋战争爆发后,南洋的销路也断绝了,只好全部停产。

1945年日本投降以后,利生体育用品工厂收回了昆纬路的厂房。孙润生把职工陆续招回工厂,逐渐恢复了生产。不久,蒋介石发动内战,百业萧条,利生体育用品工厂也被迫压缩产品,裁减人员。新中国成立前夕,利生全厂只有制革、制球、木工3个车间开工,职工不到90人,勉强维持。

新中国成立后,利生体育用品工厂在政府的扶植下,获得了新生,逐渐恢复了原有的生产规模。随着国家对体育工作的重视和人民体育运动的广泛展开,利生体育用品的产量逐年增加。1952年,67岁的孙润生退休。

1955年,利生体育用品工厂实行公私合营,同时对利生、春和两家体育用品厂的产品进行了整合,从此利生体育用品工厂发挥自己的优势,专

---

① 吴广义、范新宇:《中国民族资本家列传》,第291页。

门生产各种球类。从 1958 年开始,利生厂生产的各种球类开始出口,陆续在东南亚、非洲、澳洲、欧洲的许多国家打开了销路,受到各国体育界人士的欢迎。

1977 年孙润生病逝,终年 92 岁。

参考文献:

傅立民、贺名仑主编:《中国商业文化大辞典》,中国发展出版社,1994 年。

孔令仁、李德征主编:《中国老字号》(肆),高等教育出版社,1998 年。

(高　鹏)

孙 仲 凯

孙仲凯（1893—1966），名祥琪，字仲凯，以字行，天津人。

孙仲凯是天津元隆绸布庄创办人孙烺轩的次子，他幼读私塾，曾在天津洽源银号学徒，协助其父管理家业与对外联系。1921年元隆绸布庄大股东孙烺轩逝世后，由孙仲凯接任经理职务。1927年，孙仲凯对元隆进行全面改组，派大哥孙梦麟为东理（即东家掌柜），元隆绸布店另一大股东胡树屏的次子胡翼轩为东理，并提升顾慰忱、马少臣为经理，撤销经营批发业务的后柜，集中精力经营门市零售业务。由于该店历史悠久，经营作风规矩，深得广大顾客称赞，业务蒸蒸日上，销货额每天达8000余元，直至1937年全面抗战前夕，业务始终保持不衰。

1925年，孙仲凯独资创办庆生纱布庄（亦称庆生棉纱庄），资本额为10万元。庆生经营棉布、棉纱批发业务，孙仲凯聘请的经理为李子滨、王子波，地址设在北门外竹竿巷内。庆生纱布庄开业后，与天津各大纱厂建立良好关系，掌握纱布货源的主动权。庆生在不足3年的时间里，盈利即达100余万元，声名大振，成为纱布业中的后起之秀，为后来的发展奠定了坚实基础。庆生的经营思想及其方式方法，不同于其他纱布庄，其特点是经营业务路子宽，不局限在实销业务上，既有当地的买卖业务，又有异地套购业务，有现货交易，又有期货买卖，有包销纱厂的货源，又有在市场的垄断产品，例如裕元纱厂生产的纱布，完全由庆生独家经销。庆生在业务周转中的库存棉纱，经常保持在10000包以上。

1923 年至 1925 年为孙家最兴盛时期,资财估值可达四五百万元。20 世纪 30 年代初,孙仲凯在劝业场和小白楼又增设元隆新店,被称为天津新八大家之一,人称"元隆孙"。"元隆孙"成为巨富后,于 1933 年 1 月以庆修堂孙仲凯的名义,购得原法租界樊主教路土地一块,同年由中国工程司阎子亨设计建造楼房一所。

七七事变后,孙仲凯将庆生纱布庄从竹竿巷迁至法租界四号路,进行全面改组,更名为和昌纱布庄,孙仲凯将独资的股本让与李子滨 45%,让与王子波 10%,其余 45% 为孙所有,即改为孙、李、王 3 人合资经营。后李子滨将女儿嫁给孙仲凯做儿媳,结为儿女亲家,孙、李由东伙关系,发展为合伙关系。1940 年,和昌纱布庄又从法租界四号路迁至五号路,进行二次改组,更名为孚丰纱布庄。这一时期,孙仲凯的财产未受多大损失,为安全计,他大买不动产,在天津法租界樊主教路永安饭店、沙大夫路吉祥里、恒和西里等处购置了大片住宅门面房屋,在上海也购置房产多处。

竹竿巷是棉纱厂商和银号的聚集之地,除庆生纱布庄等 4 家大的棉纱庄外,竹竿巷内尚有纱布庄 20 余家和多家银号。孙仲凯曾先后经营和投资元聚、元裕、通成兴、隆生等棉纱庄,其中元聚和元裕纱布庄均由孙烺轩于 1915 年与人合资开办,去世后由孙仲凯接办。另外,孙仲凯还投资经营了晋丰、祥生、庆益等银号。晋丰银号位于竹竿巷中间,坐北向南,开办于 1915 年,由"棉布业八大家"的金桂山、潘耀庭、孙烺轩、胡树屏四家合资经营,资本银 10 万两。该银号专营存款、放款、申汇、买卖银元。孙仲凯接办银号后,该号对庆生纱布庄的发展给予了大力支持。祥生银号为孙仲凯大哥孙梦麟与棉纱商李子滨投资 10 万元创办,合伙经营。1947年 9 月,按照国民政府统一规定,改称祥生钱庄,资本 1 亿元法币,由孙仲凯出任董事长兼总经理。庆益银号为孙梦麟、李子滨联合钱商朱余斋投资 10 万元所建,孙仲凯亦参与其投资经营。另外,孙仲凯还参与投资庆义米面庄等。

1956 年,元隆绸布庄等陆续参加公私合营。孙仲凯迁往北京居住。

1966年,孙仲凯在北京去世,终年73岁。

参考文献:

谢鹤声、刘家琛:《记早年的天津竹竿巷》,载天津市政协文史委编:《天津文史资料选辑》第41辑,天津人民出版社,1987年。

万亚萍:《天津新八大家的元隆孙家》,载周俊旗主编:《建筑·名人·城市》,天津社会科学院出版社,2012年。

牛一兵、王宏主编:《天津小洋楼名人故居完全档案》第3卷,天津教育出版社,2011年。

李焕章、刘家琛:《解放前天津大纱布庄概述》,载天津市政协文史委编:《天津文史资料选辑》第49辑,天津人民出版社,1990年。

(王社庄)

唐 绍 仪

唐绍仪(1862—1938),字少川,1862 年 1 月 2 日生于广东香山县。

1874 年,唐绍仪作为第三批留美幼童赴美留学,后进入哥伦比亚大学学习。1881 年,被召回国,入天津水师附设的洋务学堂读书。次年,唐绍仪作为德国人穆麟德的随员前往朝鲜襄助海关事务。1884 年遭遇甲申政变,唐临危不惧,持枪坚守穆麟德宅,给时在朝鲜平定政变的袁世凯留下深刻印象。1885 年,唐绍仪到天津税务衙门任职,随后被派往朝鲜办理税务,成为清政府驻朝鲜大臣袁世凯的书记官和得力助手。1889 年底被委任为驻龙山商务委员,在任上表现出干练的外交才能。1894 年 7 月,袁世凯内调,委唐代理驻朝鲜商务专员。

1895 年,唐绍仪随袁世凯至天津小站训练新建陆军,与徐世昌一起经管营务处。其后,袁世凯任山东巡抚,唐以道员随往山东,办理外交和商务。1901 年,袁世凯被擢升为直隶总督兼北洋大臣,他任用唐绍仪为天津海关道。唐绍仪在任期间,办理接收八国联军分占的天津城区、收回秦皇岛口岸管理权等事务,成绩斐然,令同僚们刮目相看。袁世凯亦上奏朝廷,称赞唐绍仪出色的表现和能力。

1904 年,清朝政府任唐绍仪为全权议约大臣,赴印度与英国代表谈判有关西藏问题。唐绍仪坚持民族立场,运用灵活的外交手段,力主推翻英国与西藏地方政府签订的所谓《拉萨条约》。1906 年 4 月,中英签订《续订藏印条约》,虽然英国取得从印度架设电线通往西藏已开商埠的特权,但也不得不承认中国对西藏的领土主权。唐绍仪在西藏问题谈判中的成就,使他晋升为外务部右侍郎。此后,唐绍仪参与主持中日、中俄关于东北问题的谈判。

1906年起,唐绍仪先后被委任为沪宁、京汉铁路督办、邮传部左侍郎。他主持路政后,着力扩大中国在外资铁路中的行政管理权和挽回铁路借款方面的损失。由于他的力争,沪宁铁路的续借款由原定的9折改为9.55折,总管理处由原来华员2人、洋员3人组成,改为只设华员总办1人,洋员在总办主管下分理部门职能。在广九铁路合约的谈判中,唐绍仪把用人用款之权从英国人手中争回,由两广总督一手经理。

1907年,唐绍仪任奉天巡抚,并负责东北地区的对外交涉。他企图引进英美资本,修筑一条贯穿东北全境的铁路,以制约日本,但英商在日本的抗议下退缩了。之后唐绍仪又打算联美制日,计划依赖美国资本开发东北来遏制日本。翌年,美国以部分庚子赔款退还中国政府,唐被派为专使,赴美活动。在美期间,他鼓动美国财团到东北投资,并以考察财政为名,访问欧洲、日本等八国。但日本拉拢美国抢先签订日美协议,使唐绍仪的计划落空。

1908年10月,唐绍仪从上海经日本到美国,后从美国到欧洲,第二年7月回到北京,此行他作为清政府特使秘密访问美国,推动中德美联盟和裁厘加税事,虽获美国总统接见,但未取得进展。1910年,唐绍仪曾一度被任命为邮传部尚书,但不久即辞职。

1911年武昌起义后,唐绍仪充当袁世凯内阁全权代表,于1911年底,开始与南方民军全权代表伍廷芳举行议和谈判,达成在湖北、陕西、安徽、江苏、奉天等地的停战协定。后继续与伍廷芳秘密磋商关于清帝退位的优待办法,以及孙中山的辞职和由袁世凯继任的各项问题,终于达成了确定共和体制、优待清室、推举袁世凯为大总统的协议。由黄兴、蔡元培介绍,由孙中山监誓,唐绍仪加入了同盟会。

袁世凯就任临时大总统后,唐绍仪被任命为国务总理,成为中华民第一任国务总理。唐绍仪出任总理之初,本抱有极大的政治抱负,他挑选宋教仁、蔡元培、陈其美等同盟会骨干成员入阁担任农林、教育、工商总长,使同盟会会员在政府中占据多数,被称为同盟会中心内阁。唐绍仪勤于公务,注重办事效率,使政府呈现一派新气象。

但是袁世凯大权独揽,对唐绍仪推行责任内阁制,事事恪遵约法甚为不满,在用人、财政、遵守《临时约法》规定的总理附署权等问题上,两人的裂痕加深。在筹款方面,唐绍仪拒绝英、美、德、法四国银行团提出监督中国财政的无理要求,引起了袁世凯和财政总长及四国银行团的合伙攻击。6月初,直隶省议会选举王芝祥(时加入同盟会)为直隶都督,袁世凯不予承认,并抛开总理附署权,公布另任命令。唐绍仪见《临时约法》已遭到破坏,彻悟袁之种种行为,存心欺骗国民党,乃于1912年6月15日愤而提出辞呈。

此后,唐绍仪寓居上海数年,与人集资创办金星人寿保险有限公司,自任董事长,但他仍密切关注着政治动向。1913年袁世凯派人刺杀宋教仁,唐绍仪予以强烈谴责,并拒绝袁世凯拉拢其复任政府总理。1915年,袁世凯复辟,唐绍仪与蔡元培、汪精卫联名致电,要求袁取消帝制。护国军兴起后,唐绍仪再次致电袁世凯,劝其退位。1916年6月,袁世凯死后,黎元洪继任大总统,但皖系军阀段祺瑞大权在握,任命唐绍仪为外交总长。9月17日唐绍仪抵达北京就任,9月25日遭到督军团的通电反对,于9月29日辞职。唐绍仪力主恢复旧约法和国会,站在孙中山革命派的立场上,多次拒绝北洋军阀的拉拢及利诱。

1917年8月,唐绍仪南下参加护法运动,9月17日孙中山就任军政府的大元帅,并任命唐绍仪为财政部长。

1918年5月,军政府改为总裁制,唐绍仪被国会推为七总裁之一。

1919年初,南北和谈,北京政府与护法军政府谈判议和,唐绍仪担任南方总代表。他维护孙中山的护法旗帜,但其主张被北方代表拒绝,同时也为把持南方军政府的桂系军阀所不容,被撤掉总代表之职。南北和谈历时年余,终未达成协议。

五四运动爆发后,唐绍仪表现出爱国热情,通电表示支持爱国学生。他去电巴黎,要求出席巴黎和会的中国代表、他的女婿顾维钧拒绝在和约上签字。

1920年6月,唐绍仪与孙中山等在上海通电反对桂系军阀,正式脱离军政府,赴上海坚持斗争。11月,桂系军阀势力被驱逐出广东,唐随孙中山回到广州,重建军政府,任财政部长。但此时唐绍仪与孙中山的政治主张已发生分歧,在政治上表现消沉,寓居上海闭门不出。南京国民政府成立后,唐绍仪挂名为中国国民党中央监察委员和国府委员。1925年孙中山去世后,唐绍仪鼓吹联省自治。

1931年5月,汪精卫、孙科等在广州成立国民政府,与蒋介石南京政府相对峙。唐绍仪应邀参加担任常务委员。九一八事变后,宁粤合流。1932年1月,广州设立"西南政务委员会",唐绍仪出任常务委员。3月,唐绍仪兼任中山县县长,但遭到广东军阀陈济棠的排挤。1934年10月,陈济棠通过亲信在中山唆使县兵以索饷为名发动哗变,包围唐绍仪的寓所,迫使他离开中山县,重返上海。

1936年,陈济棠发动"六一事变",公开与南京国民政府对抗,唐绍仪站在蒋介石一边。国民党五届二中全会撤销国民党中执委西南执行部和国民政府西南政务委员会等机关,从而促使陈济棠兵败下台。事后,唐绍仪举家寓居上海。

1937年12月日本侵略者侵占上海、南京后,企图拼凑一个统率南北的伪政权,把南方的唐绍仪、北方的吴佩孚作为重要争取对象。日方多次派人与唐绍仪接触,但唐并未答应日方要求他出任伪职的要求。同时,国民政府也在笼络唐绍仪,派人劝说唐保全晚节,为国民党效力。后来,唐绍仪曾与日本特务头子土肥原进行接触,社会上对此有所传言并产生了重重疑云。

1938年9月30日,唐绍仪被国民党军统特务刺杀身亡,终年76岁。

参考文献:

李新等主编:《中华民国史·人物传》第 6 卷,中华书局,2011 年版。

李永胜:《清末中外修订商约交涉研究》,南开大学出版社,2005 年。

谢彬著,上海学术研究会丛书部编:《民国政党史》,商务印书馆,1924 年。

刘寿林、万林元、王玉文、孔庆泰编著:《民国职官年表》,中华书局,1995 年。

(王　进)

王 翰 臣

王翰臣(1878—1959),本名锡纶,天津人。

1912年,王翰臣在其叔父王益三经营的天津中益织染股份有限公司任经理。该厂位于天津北门外釉店街,以生产爱国布(土产棉布)闻名。1914年,张品题创办中华公司,由天津教育界知名人士严范孙、孙子文(天津直隶水产学校校长)等投资。中华公司拥有雄厚的资本,在当时天津织染业中首屈一指。张品题任公司总经理,孙子文任董事长,王翰臣任经理,闫子岚任副理。后又设立西厂、北厂、东厂,总公司在西厂内。

1922年,总公司移至北马路,成立中华实业售品处,与宋则久创办的国货售品所,均专售国货,两家互相竞争,结果中华公司经营不善,于1928年停业,总公司仍迁回西厂办公。当时中华公司所产爱国布,质低价高,而外国货如日本花布,物美价廉,难以竞争。王翰臣决定在上海、南京、汉口设外庄推销,又在广州、香港推销。后来王翰臣得知国产布匹在新加坡很有市场,便亲赴新加坡推销爱国布及各种国货商品,颇受华侨欢迎。1923年,王翰臣任天津织染业同业公会会长。

中华公司成立之时,正逢军阀连年混战,苛捐杂税名目繁多,同时洋货充斥市场,国货滞销,以致日渐亏损,到1930年亏损达3万元。按规定,股份有限公司资金亏损达3/10时,须补足方可营业。公司原投资人大部分为教育界人士,自开业以来从未分过红利,不肯再行投资,于是由天津庆生纱布庄李子滨补足亏额3万元后,于1931年改组为天津大新织染股份有限公司,并公推李子滨为董事长,总经理仍由张品题担任,王翰臣任经理。

大新公司成立后,颇具规模,但在经营方面业绩平平。九一八事变后,日军侵入华北,扶植成立冀东伪政府,日本浪人走私麻丝甚为猖獗,影响正常经营。1933年底,天津大新公司及上海、南京、汉口等分销处积压成品甚多。当时,华北的日本浪人走私之风仍甚猖獗,国民政府不敢过问,对民族工商业则百般刁难,凡无完税证明产品一律不准出境,这又造成大新公司严重积压,资金不能周转。

为了生存,由经理王翰臣会同织染业同业公会会长巴沧泉(庆华织布工厂经理)、边洁清(华新公司经理)、闫鑫舫(亚纶毛巾厂经理)赴南京向国民政府请愿,财政部长孔祥熙接见了他们。国民政府深恐工厂停工,造成工人闹事,批准一次登记免税放行,大新公司才得以暂时转危为安。此后,日本的麻丝走私仍甚猖獗,而国民政府对无税单产品又严加缉私,海关在车站、邮局、水陆码头设卡控制,致使大新公司难以为继。王翰臣决定通过收购走私原材料来降低生产成本,一度获利甚丰。半年以后,走私原料麻丝来源断绝,工厂只得改织其他品种。

1937年七七事变后天津沦陷,日军对中国的民族工商业加紧掠夺和摧残,对麻丝、棉纱原料严加控制,限制生产。王翰臣通过加工生产,逐步和三井、三菱、东棉、八木、三兴等日本洋行建立了关系,打通了购进麻丝、棉纱等原料的渠道,并以生产成品换取麻丝、棉纱,不但维持本身生产,也支援了为大新公司加工的100多家小工厂的生产。

沦陷时期,由于南方交通断绝,无法销货,王翰臣只好将南京、汉口两外庄撤销,仅保留上海外庄1处,同时计划向东北、华北、西北发展,从绥远到宁夏、兰州、新疆等地开辟销路。

抗战胜利后,物价先降后涨,上下波动甚大。为了保持棉纱供应,大新公司向天津织染业同业公会申请,与天津中国纺织公司交涉,由公会统一购纱分配,同业使用,以维持生产。于是,天津织染业成立了购纱委员会。大新公司王翰臣作为购纱委员之一,掌握棉纱原料,并随市价涨落购料销货,代大新公司加工生产的100多个小厂近水楼台。因经营得法,大新公司得以在恶性通货膨胀的险恶环境中安然度过。

1949年1月,天津解放。4月,刘少奇同志代表党中央来津,召集工商界人士座谈,大新公司经理王翰臣参加座谈。新中国成立后,王翰臣曾任天津市财经委员会委员、市工商联常委、市政协常委等职。在党的过渡时期总路线的指引下,大新公司首先开工生产,投身于社会主义建设事业。到1955年6月1日大新公司公私合营,正式改名为大新织布厂。

1959年,王翰臣在天津去世,终年81岁。

参考文献:

朱绍曾、朱继珊:《天津大新织染公司发展史》,载天津市政协文史委编:《天津文史资料选辑》第95辑,天津人民出版社,2002年。

天津市档案馆编:《天津老商标》,天津古籍出版社,2013年。

(王社庄)

王 静 斋

王静斋(1880—1949)，名文清，字静斋，以字行，回族，出生于天津红桥西北角的一个穆斯林世家。王静斋的父亲及外祖父都是阿訇，母亲也谙识教理。按照中国穆斯林的礼俗及教法规定，王静斋的经名为赛尔德。

1887年，王静斋开始随父母学习阿拉伯文。1894年，王静斋进入经堂学校，学习阿拉伯文"浅近教法学"等10多种课程，并初识了波斯语言文字。

从1895年到1899年，王静斋先后在天津北郊穆庄子、北京通县、北京笤帚胡同、北京宣武门外教子胡同、天津金家窑等地的清真寺学习，师从李长贵、马玉麟、于勉斋、金连荣、刘绪魁等阿訇。1902年，在王静斋的介绍下，于勉斋受聘于天津清真北寺。次年，王静斋投于河北沧州南丁庄海思福阿訇门下。两年的时间里他遍览了阿訇购置的200多种大部教法经，如《沙昧》(五巨册)、《斐特哈盖低勒》(八巨册)等经典。在阅读中，王静斋发现前辈阿訇的著述有不少错误之处，便有了订正的想法，但觉得自己人微言轻，没敢说出。1905年，王静斋从丁庄回到天津，不久后投京南安育清真寺教长于勉斋门下，在那里他蒙赐"锦幛穿衣"，获得阿訇资格。

1906年至1921年底，王静斋历任河北、北京、哈尔滨、山东等地清真寺的教长一职。在此期间，他关心社会问题，开始订阅北京的《正宗爱国报》和天津的《民兴报》《大公报》。1913年他辞职赋闲在津时，开始撰写文章投天津《民兴报》，令他兴奋的是，稿件竟然公开发表了，这极大地鼓舞了他写作的信心。为扩充眼界和增广见闻,1922年他带着弟子马宏道从天津出发前往开罗,考入埃及爱资哈尔大学深造。1923年赴麦加朝觐后,在沙特阿拉伯各地及土耳其伊斯坦布尔、安卡拉等地游历,接触了近现代伊斯兰教改良主义思潮,还收集和抄录了阿文经典600余种,于年底带回国。

1924年,王静斋在天津创办《清真汇刊》。《清真汇刊》初为季刊,内容主要为搜集最新西洋书报上的素材并缀以通俗的标注,分为论坛、海外要闻、文学、教款、历史、传记、寓言、释疑、小说、答问、通信、著述等栏目。《清真汇刊》因刊阿拉伯文稿,只能供阿訇阶层或精通阿拉伯语的穆斯林研读,不久停刊。

1924年2月,天津回教联合会决定组织策划一种刊物。王静斋与刘铁、张希真、钱鹏九、张裕良为筹备委员。刊物取名为《明德月刊》,其创刊宗旨是:"昌明正道,以养成人民高尚的道德;针砭陋俗,以匡正社会不良的风俗。"《明德月刊》前后共出11期,王静斋撰写了一些答问文章在月刊发表,如《玄石》《答马仲三先生问人类之始祖》《释疑黄纸本》及《妇女功课与男子相异之点》等。

1927年秋,王静斋离开天津回教联合会,并谢绝了其他社会活动的干扰,全身心投入创办《伊光》报。《伊光》报为月报,王静斋自任总经理兼编译。《伊光》月报内容以阐扬伊斯兰教文化为主,同时关注时政,报道所见所闻,先后开设有本报启事、论坛言论、教款撷萃、教礼释义、史屑、译件、特载、外论、选录、漫谈、小言、国内近闻、国外要闻、问答、谐谈、小说、附件、补白、辟谬、来函照登、漫评、教务常识等栏目,创办《伊光》是王静斋一生中最重要的活动之一。《伊光》月报为四开四版,每期一万多字,其中大部分文章是王静斋自己翻译、编写的,对所译文章中涉及的问题,常常还亲写按语,并加以评论。《伊光》每期1000~2000份,全部免费赠阅,读者遍及全国各地,特别是一些知名阿訇和关心教门的乡老。经费开支由各地关心和支持者自愿捐助,金额无论多少,都在月报上公告鸣谢,其他的经费来源主要是刊登广告。1930 年 9 月《伊光》创刊 3 周年,王静斋出了红色印刷的纪念专号,发了增刊,刊登了纪念文章和各地发来的贺文、祝词。《伊光》月报自 1927 年 9 月创刊,至 20 世纪 40 年代停刊,出版总期数不详,约印行 130 期。抗日战争期间,社址频繁变更,常常是王静斋走到哪里,就把社址设在哪里,把《伊光》出版在哪里。《伊光》社址随着王静斋的脚步辗转于天津、武汉、河南、重庆、甘肃、宁夏。

1932 年,王静斋膺任天津三义庄清真寺教长一职。为修缮三义庄清真寺,王静斋两次赴北平募资,还到沧州、泊镇、沈阳等处劝募。在他的努力下,清真寺西侧建成了宏伟的大殿,两侧和对面则建为配套平房。1933 年,王静斋在教务上积极倡行遵经革俗。

1936 年,王静斋在北平西单牌楼回教俱进会总部,组织"中国回教典籍编译社",1937 年在河南与时子周发起成立"中国回民抗日救国协会"。抗战期间,他先后在重庆、宁夏等地从事《古兰经》译解工作。王静斋一生译著颇丰,主要有《回耶雄辩录》(1914 年)、《回耶辨真》(1922 年)、《中亚字典》(1929 年)、《古兰经译解》(1932 年)、《中阿双解中阿新字典》(1934 年)、《古兰经译解》(丙种,1946 年)和《真境花园》(1947 年)等,被誉为"现代中国伊斯兰教经学大师"。

1948 年,69 岁的王静斋出游西南各省,考察中国伊斯兰教文化教育及学术研究情况。下半年,应台湾穆斯林邀请,出任台北清真寺阿訇。因不适应当地生活习惯和环境,于翌年春返回大陆。在旅经贵阳时,因积劳成疾,一病不起,1949 年 5 月 25 日去世,终年 70 岁。故后被安葬于贵阳郊外白桦山回民公墓。

参考文献：

王根明：《王静斋生辰和经名考释》,《中国穆斯林》,2015 年第 1 期。

王静斋：《五十年求学自述》,《禹贡》半月刊,1937 年第 7 卷第 4 期。

丁宏主编：《经学大师王静斋与近代穆斯林出版业》,载《回族对中阿经济文化交流的贡献——第二十次全国回族学研讨会论文集》,宁夏人民出版社,2013 年。

穆白：《清真宗师王静斋》,《中国穆斯林》,1989 年第 3 期。

冯今源：《王静斋阿訇传略》,《中国穆斯林》,2001 年第 1 期。

（赵云利）

王 汝 甄

王汝甄(1897—1963),江苏武进人。

王汝甄毕业于上海同济大学电机系,先在上海德商禅臣洋行任职,后调至该行天津分行任首席工程师。20世纪20年代后期,国内电信通讯事业方兴未艾,对电话机的需求日益增多,但当时使用的电话机及电话交换机和零部件均依赖德、英、日及瑞典等国进口。国内上海、天津、武汉三地虽已有小规模民族工业制造磁石式电话设备,但质量不高,未产生大的影响。因目睹中国电机工业落后,国家财源外溢,王汝甄萌生了创办电机工厂以挽回利权的想法。

1932年4月,王汝甄与同济大学校友周仁斋、蒋方逸等人,在天津特一区三义庄创办电机厂。王汝甄建议取名为中天电机厂。王汝甄任经理负责经营管理,周仁斋为工程师负责生产、技术。开业当年,中天电机厂拥有车床、刨床、铣床、冲床等8台机床设备,厂房面积84平方米,第一批雇用了8名技术工人。主要业务是从事修理及制造磁石式电话机。除受进口电话机的排挤外,尚有国内同行的竞争,发展十分困难。

中天厂主要面临两大难题,首先是资金短缺,经常周转不灵,难以扩大生产,有时甚至危及生存;其次是技术力量薄弱。当时中天厂生产的电话机已得到河北省各县电话局的盛赞,均乐于采用。1936年,武汉电话局购置自动式电话桌机1000部,王汝甄的中天厂中标。中天厂当时尚无自动式电话机产品,还不能生产拨号盘这样重要的部件,全年也只有生产

200部电话机的能力。国内市场已初步打开,但电话机的重要元件仍需依靠进口,因而所需资金甚巨。

1936年,王汰甄向同济校友李勉之求助,得到他的慷慨资助。李勉之经常在开支工资或购进原材料需用款项时,给以垫付,甚至有时为给中天垫款而低价出售启新股票,还以坐落在英租界海光寺大道(今西康路和沙市道西口)一块4亩多的地产作价入股中天厂。从此中天有了自己的地盘,逐步增加国外先进设备,贮存原材料,扩大组织机构,增加职工人数,使企业逐渐得到发展。

电话机生产在当时属于高科技行业,王汰甄等为充实技术力量,努力从各方面延揽人才。王汰甄聘请了同济校友张星海和陈心元,以及留美的金奎等为工程师;聘请电信专家陈益寿工程师为总技师,担任生产技术方面的实际领导工作。七七事变后,聘请三条石孙恩吉铁工厂孙恩吉之子孙介清(直隶高等工业学校机械系毕业,以精于制作模具而著称)为工程师,聘通晓五国文字的王越颐专门负责进口材料,又聘请毕业于北京大学工学院电机工程系的陈宝实为工程师,进一步加强了工务部的技术领导力量。王汰甄还着眼于技术人才的培训,开办技术训练班,招收高初中以上优秀学生进修电工业务、电器制造业务和生产管理等方面的专业,后来这些学生都成了中天厂的骨干力量。

七七事变后天津沦陷,日伪当局表示要向中天厂投资,王汰甄、李勉之等拒绝了日方的要求,日军便进厂封闭仓库。经与多方周旋,始获启封。1938年,中天厂迁入英租界后,业务很难开展。王汰甄亲自去香港并转赴内地,最后到达重庆,寻求产品的出路,决定在香港、昆明、重庆等地设立办事处,派袁士琦、范泗川主持香港办事处,负责中天厂产品运往内地时,沿途进行照料和储存、分发、保管等工作。并将制成的零部件利用英商太古洋行、怡和洋行的轮船,由英租界海河码头装船运往香港,并派去技工在香港进行组装。当时中天厂的产品已发展出携带式磁石话机,这是一种军用通信设备,在香港装箱后,海运经越南海防运至昆明,最后运达重庆,作为支援大后方抗战之用。1940 年 6 月以后,法国投降,中天厂产品运往西南的越南通道被切断,中天厂被迫撤去香港和昆明两个办事处,剩下重庆办事处,继续保存电话器材。这是中天厂历史上最困难的阶段。

1941 年 12 月,太平洋战争爆发,日军进驻英租界,中天电机厂生产所需原材料和产品市场都被日军控制起来了,日军占领香港及南洋各地后,通往内地的路线也被切断,中天厂陷入半停工状态。在最困难的时期,经理王汰甄在董事长李勉之的支持下,四处奔走,在中天电机厂后院兴办了明月铅笔厂,用来掩护和维持中天厂的生存。抗战胜利后,明月铅笔厂迁到北平海淀,改建为三星铅笔厂。1946 年,中天厂产品在华中打开销路,设汉口办事处。当时解放战争正进展迅速,国内交通中断,产品无法运出。1948 年 5 月,中华民国电工器材工业同业公会全国联合会在上海成立,王汰甄被推举为常务理事。天津解放前夕,原料来源断绝,中天厂陷于停工,李勉之卖出大量启新股票,勉强维持工厂,使其免于破产。

新中国成立后,王汰甄前往北京经营三星铅笔厂,李勉之作为中天的董事长,接管厂务。1950 年王汰甄当选天津市第三届各界人民代表会议代表。1954 年 10 月,中天电机厂实现公私合营。

1963 年,王汰甄去世,终年 66 岁。

参考文献:

王克强:《王汰甄与中天电机厂》,载寿乐英主编:《近代中国工商人物志》第 3 册,中国文史出版社,2006 年。

孔令仁、李德征主编:《中国老字号》(贰),高等教育出版社,1998 年。

天津市档案馆等编:《天津商会档案汇编(1945—1950)》第 5 辑,天津人民出版社,1998 年。

(高　鹏)

王 文 典

王文典(1882—1950),又名维清、扬清,浙江遂安芹川人。

王文典出生于书香门第,其父王启俦是浙西名士,曾于杭州开设王恒升、泰亨商行等商号,专营茶叶、山货。王文典毕业于杭州东文(即日语)学堂,精通日语。后研究丝绸机械,发明过新式织机,并采用德国染法,此为其经营工商业的发端。

王文典积极投身资产阶级民主革命,致力于维护国家独立和主权完整,维护民族工商业的正当权益,维护民族尊严和海外华侨的利益。1910年,王文典在杭州组织浙路拒款公会,发起反对列强在浙江、四川等地修建铁路的运动,形成席卷全国的保路风潮,为清王朝的崩溃敲响了丧钟,成为辛亥革命的导火线。从此,王文典在政界名声大噪。

1911年,辛亥革命爆发。浙江"光复"之后,王文典应沪杭路督办兼浙江都督汤寿潜之邀,组织商家义务敢死队,亲任第一队队长,参与"光复"南京。之后他又赶回上海,与伍廷芳等组织议和会议。1912年,招商局打算加入外航公司,增加租栈水脚,这有损于国家独立与商业自主权。为此,他提倡改组招商局,力谋挽救,并发起和组织商业联合会,主张加税裁厘,关税自主。这一年,孙中山两次巡视浙江,均邀请王文典同行。

1915年,袁世凯倒行逆施,复辟帝制,王文典在上海通电反对,并组织发行了《人权报》《女权月报》和《共和新报》,为共和政体大声疾呼。1917年7月,张勋复辟,王文典愤然南下,以示抗议。

1918年，王文典反对北京政府筹办中日军事借款，宣称"此种借款，实是紊乱内政"，并走访各国大使，提出严正声明。1919年，与伍廷芳发起组织人类永久和平联谊会。时值第一次世界大战结束，巴黎和会召开，他以和平联盟代表身份赴法与会。会上，他反对列强强加给中国的种种无理要求。归国后，获二等嘉禾章。

1922年，华盛顿会议召开，王文典以中国商业联合会名义，用中文、英文编印《太平洋丛刊》，刊载关税自主、修改不平等条约、人类平等和退还庚款等内容，分赠给各国与会代表。同年，王文典奉黎元洪之命，以商务专员身份赴泰国、菲律宾等国考察。1925年，王文典任中苏交涉专门委员会委员长，力争使苏联当局用卢布赔偿旅俄华侨债务及华侨生命财产的损失，主张收回中东铁路。同年，上海发生"五卅惨案"，王文典积极投入反帝爱国运动，参加北京天安门前举行的国民大会和示威游行，并被公推为游行示威副指挥。1926年，《中比条约》期满，王文典主张旧约无效，并提出中国和其他国家签订的不平等条约，一经期满，均属无效，另订双方平等互惠之新约。

王文典主张实业救国，终生致力于振兴民族工商业。1912年，王文典即与伍廷芳等一同在上海发起组织中华国货维持会，并且先后担任国货维持会副会长、会长。与此同时，他还发行《国货调查》杂志，大力提倡国货。在上海期间，先后创办物华铁机织绸厂、苏州电气厂、海外贸易隆泉公司等。物华铁机织绸厂所产的丝绸远销南洋诸国，获利颇丰。1916年，王文典奉令改革税则，创三联单制，使国货免受苛捐杂税的侵扰，其中，红茶、瓷器、棉织品等大宗国货产品均获得免税。1917年，全国商业联合会公推王文典为裁厘加税会议代表兼全国国货陈列室主任。他与伍廷芳在新加坡组建了国货陈列所，因筹办有功，被时任大总统的黎元洪颁授三等嘉禾章。1924年，中菲暹贸易公司成立，王文典被推举为总理。1925年4月，全国商会联合会举行第五次代表大会。会上，新任副会长王文典提出《请将本会加入国际商会联合会案》，把中国商会走向世界的问题推到商界面前。同年,全国商业联合会在北京举行大会,他又被推举为副会长以及全国国货提倡总会会长。由于种种原因,王文典提出的加入国际商会的主张直到1931年才有结果,国际商会中国分会正式成立。同年5月,获得国际商会理事会的承认,成为国际商会的一员。

1926年,王文典任南洋兄弟烟草公司北方总经理、秀亚公司北方总理。南洋兄弟烟草公司天津公司最初坐落在奥租界,后设在法租界马家口。1927年,王文典被推举为京师总商会会长。此时,王文典建议商界组织商团,建立平民工厂,创办京师商界体育会、北京女子家庭工艺传习所等机构。1928年10月,天津特别市举办首次国货展览会,检阅天津工商业成绩,在38种特等国货中,南洋兄弟公司生产的HY牌成为唯一香烟类入选品牌。这一年,中美合资兴办的中华懋业银行在天津成立,王文典被任命为总理。

王文典对于中国教育科学文化事业的发展和社会风气的改造非常关注。1912年,蔡元培在上海发起开办世界语学校,发行《社会世界》杂志,一半文章用世界语撰写。王文典遂建议教育部,凡是大学均应设世界语课。他还创办了南洋女子学校,专门为了罗织人才,借以联络南洋侨胞,开拓祖国商业之需。虽然他在经济上、政治上有较高地位,但个人生活俭朴,并提倡国人生活节俭。曾组织戒吸纸烟会,反对吸烟。针对当时社会上崇尚豪华的风气,主张"宴会免用鱼翅及各种奢侈品""节省之款,移作善举"等。

王文典长期活跃于津沪等地。1922年,出席浙江省议会,被选为省参事会候补参事。对家乡慈善事业鼎力支持,多次捐款。王文典曾任京师纸烟公所所长、天津市商会常务董事。1930年,经天津商会会长张品题介绍,由天津市社会局批准备案,成立了天津市卷烟业同业公会,推举王文典为主席。九一八事变后,王文典于1931年10月组织了封存日货的活动。1932年,天津商会成立救国集金委员会,王文典被推举为保管委员。1936年11月27日,天津市卷烟业同业公会改选时,王文典仍当选主席。王文典还担任过天津国货展览会审查长,以及大新织染、东亚毛呢纺织、华北第一搪瓷等公司董事。抗日战争全面爆发后,王文典避居天津。1945 年至 1948 年,王文典曾任天津浙江会馆董事长,1948 年购买营口道中学原租房屋,作为天津浙江中学校舍的补充,扩大了该校的规模。

1950 年,王文典病逝于天津,终年 68 岁。

参考文献:

孙平、蒋岭:《记王文典》,载杭州市政协文史委编:《杭州文史丛编(政治军事卷)》(下),杭州出版社,2002 年。

孙平、蒋岭:《王文典》,载淳安县政协文史资料组编:《淳安文史资料》第 4 辑,1988 年内部印行。

张连红、严海建主编:《民国财经巨擘百人传》,南京出版社,2013 年。

王勇则:《天津卷烟业同业公会的爱国行动》,载郭长久主编:《烟草百年》,百花文艺出版社,2001 年。

(高　鹏)

王 晓 岩

王晓岩(1879—1951)，名凤鸣，字晓岩，以字行，天津人，生于天津西郊北辛庄。其父务农，为人耿直，虽贫穷而不愿吃嗟来之食，每逢冬季放赈者来村庄时，常常避而不出，教育孩子们学习本领，独立生活，不依靠赈济。

王晓岩 15 岁时，经亲友介绍到天津裕源长银号做学徒，在化银炉房学艺，因聪明干练，几年间学到了银号的许多本领。1907 年 28 岁时，王晓岩用积攒的钱创办永顺长银号，由于资金有限，缺乏经验，几年后停业。

1912 年，王晓岩重整旗鼓，与师弟门杰宸合资开设馀大银号，以熔化银子、收购散碎杂银为主要业务。前店后场，王主持前店收购散碎杂银，亲自把关，门主管后场 5 座化银炉，亲自担任头炉熔化，一时生意颇为兴隆。王晓岩在识别银子方面有丰富的经验，对杂银成色的评定、铅锡杂质的测定，较为准确，公平交易，不让顾客吃亏。王还练得一手好算盘，有"王一盘"之称，不少顾客慕名而来。

1918 年，天津交通银行副经理张朗轩、恒源纱厂创办人章瑞庭、山东盐运使王鸿禄，各投入股本 5 万元，连同王晓岩馀大银号原股本 5 万元，馀大银号增资至 20 万元，改名为馀大昌银号，取更加昌盛之意，增聘王捷三为经理。除继续经营收兑杂银、熔化银子业务外，增加了存款、放款和汇款业务。当时，天津的银行、银号争相买卖帝俄货币卢布(俗称俄国羌帖)，进行投机活动。不久，即发生买空卖空情况，空额日巨。新增选为天津钱业公会董事的王晓岩,在公会讨论卢布问题时,认为帝俄滥发纸钞易我现金,后患不堪设想,提议公会应采取措施。经公决,由公会出面禁止开放卢布市场。不久俄国爆发十月革命,卢布成了废纸。天津钱业由于防患未然,未受损失。

1922年第一次直奉战争奉系战败,跟奉系有关系的股东章瑞庭恐受株连,撤出在馀大昌银号的股金。王鸿禄也提出撤股,给王晓岩造成很大压力。经王晓岩好友张朗轩的介绍,交通银行经理林熙生投入股本5万元,张朗轩二弟张芷庵、五弟张晋卿投入股本5万元。1933年,资本缩减为15万元,改馀大昌为馀大亨,以王晓岩为总经理,王稚亭为经理。由于经营得法,1935年在北平前门外施家胡同设立分号,银号进入业务兴旺发达时期,存款总额达220万元。

1924年,王晓岩同馀大昌银号的股东共同组织三义盐店,租办隆平、临城、柏乡(简称隆临柏)三县盐务,王晓岩自任经理,租办期限为5年。1928年,王晓岩租办藁城县盐务,名为厚德店,年销盐量由3000包增至1万包以上,当年的盈利达10万元之巨。藁城租期届满后,他又租办沧州六县、无极县盐务,获利尚佳。经营盐务的收益,是王晓岩积累财富的一个重要方面。抗战胜利后,国民党政府改变盐务制度,开放引岸,自由销售,王晓岩的盐务经营也就结束了。

1928年,在中外银行贷款达700万元的协和贸易公司倒闭,不少外国银行"华账房"随之倒闭。各银号存在"华账房"的资金无法兑回,仅馀大昌银号一家就有7万余元。王晓岩成立债权团追索。由于行动敏捷,追回大部分债款。1930年11月,天津钱业公会进行改选,王晓岩当选为公会常委会主席。天津总商会也遵照法令更名为天津市商会,商会常委会主席为张品题,王晓岩为常委。

1932年,银行业、钱业联合会决定成立银钱业公库,王晓岩任理事兼库长。现金归于公库,公库开出的支票在全市流通,解决了差价问题,使市面趋于稳定。

1937 年 7 月天津沦陷。1937 年 8 月高凌霨出面组织日伪天津治安维持会,商会常务董事王晓岩任金融对策委员会会长。高凌霨任伪天津特别市市长后,王晓岩担任市府参事。七七事变后迁入租界的商号日渐增多,遂成立了华商公会,王晓岩当选为主席。抗战胜利后,国民政府颁布银行管理办法,强令银号增加资本,改称钱庄。这时馀大亨银号营业不振,王晓岩辞去总经理职务。

王晓岩一生热心教育和慈善事业。他接办私立商业学校,改名为众诚商业学校,自任董事长。北伐胜利后,天津红十字会、广仁堂等慈善团体,组成天津市慈善事业联合委员会,由王晓岩任会长。王晓岩任会长期间,每年冬季设粥厂七处,施放米粥及棉衣裤等,严格募集和动用慈善款项的管理。1934 年河北省长垣、濮阳、东明三县遭受黄河水灾,省主席于学忠组织黄河水灾救济委员会,自任委员会主席,王晓岩为常务委员,发行黄河救灾奖券,筹集款项。1939 年,天津遭受特大洪水灾害,王晓岩主持救灾,召开华商公会董事会,发动社会各界捐款救灾。

1951 年,王晓岩病逝于北京,终年 72 岁。

参考文献:

邢伯涵、刘嘉琛:《天津钱业能人王晓岩》,载许涤新主编:《中国企业家列传》第 3 册,经济日报出版社,1989 年。

于彤:《战后北平的钱庄业一览(1945—1948)》,《北京档案史料》,1996 年第 4 期。

(高　鹏)

王　引

王引(1911—1988)，本名王春元，天津人，生于 1911 年 6 月 25 日。

王春元 6 岁时随家人从天津迁居上海，早年就读于上海同芳书院。这时候，王春元的父亲失业，家庭生活日趋艰难。而此时正是中国电影事业勃兴的初期，他加入电影界的动机，缘于他对电影有着浓厚兴趣。

1929 年，王春元进入上海暨南影片公司当演员，演出的第一部影片为《火烧青龙寺》，独立执导的第一部影片为《荒山奇僧》，后又主演了《海上夺宝》《风尘剑侠》《白鹅英雄》等多部影片。

1931 年，王春元进入上海影戏公司，他幸运地被杜宇先生选为主角，接连演出了《东方夜谭》《失足恨》《美人岛》三部戏。受当时电影风气的影响，这几部戏大都属于武侠格斗一类。同时期，王春元的名字还多次出现在一些小公司的演员名单中，如"大光明"的《古寺神僧》，"华侨兄弟"的《九剑十六侠》，"福星"的《绿林奇女子》，"牡丹"的《侠盗卢鬓》等，大多是打斗戏，王春元扮演的角色非侠即僧。

王春元转入"艺华"演艺公司后，导演史东山引导他真正走上了演艺之路，并将王春元的名字改为王引。这个时期的王引自觉时代之变，以"坚决反抗者"的崭新形象重新出现在银幕上。在史东山的导演下，王引的表演生动、流利、自然起来，成为史东山最信赖的演员，出演过《中国海的怒潮》和《女人》后，由于他天然的燕赵男儿的气概，被称作"一个天才的演戏者"。此后，王引接连出演了"艺华"的几部影片，一再得到认可，成功地转变了戏路,步入表演坦途,一跃而为"艺华"的台柱,也被评论界普遍看好。1936年后,又主演了《花烛之夜》《化身姑娘》等影片,参演的影片达10部之多。

1938年,王引短暂流寓香港期间,他自筹人马投拍了《女少爷》,自此成为"新华"演艺公司的一员。加盟"新华"之后的七八年间,王引的电影天赋得以全面发挥。他自组公司,工作重心亦由演员转至编导,已臻成熟的演技为上海"孤岛"时期的王引带来了更多的机会,他多半出演所谓"硬性"角色,影片《森林恩仇记》脱胎于曹禺名作《原野》,他很好地刻画了仇虎的人物形象。而影片《万世流芳》上映后,赞誉随之而来,观众称王引不仅能演好本色戏,也能胜任其他角色,称赞他的表演已达上乘境界。

之后,王引受命赴港与胡蝶主演《绝代佳人》,继而担任《潘巧云》的编导并主演男主人公石秀。王引导演的影片也不乏佳作,《乡下大姑娘》的高卖座率,奠定了他作为导演的地位。该片上映的第一天恰逢星期日,全天5场,场场均告客满,卖足1万多元。之后每天四场照常客满,每天可卖足7000多元,与电影院对开分账后,仍可收取3700多元。这在当时可不是个小数目,不仅王引本人兴奋异常,整个电影圈议论纷纷,掀起了"自费拍片"的热潮,接着又自费拍摄了《小老虎》。从《恨不相逢未嫁时》开始,王引的主要精力放在写戏、导演的工作上,到抗战结束,他相继完成了近10部影片,其中婚恋题材超过半数以上。他导演的影片关注人物性格的发展,对整个戏的氛围有相当强的把握力,镜头也很美,既有商业性,也有艺术性。

王引还把《北京人》和《金小玉》搬上银幕。《激流》(《千里哀鸿》)是王引电影中的一部现实题材影片,反映科学治水的主题。

抗战胜利后,王引南下香港加入"大中华"影业公司,他以编导身份往来奔波于各片场之间。从1949年到1957年,他先后为"中联""长城""三友""新华""南洋""邵氏"等影业公司编导影片20多部,偶尔也在影片中担任角色。

20 世纪 60 年代,王引声名再起。1962 年,他因主演《手枪》获得首届台湾"金马"奖最佳男主角奖。1971 年,凭《缇萦》中的出色表演再次获得该奖。这两部影片都由李翰祥执导,王引成功扮演了两个父亲形象。在《后门》《玉女私情》《小儿女》等为人称道的影片中,王引均以父亲形象出现,粗犷、朴素,演文戏有气质,扮武戏够气魄,被李翰祥称为"王老引"或"老头儿王引",敬意由此可见。

王引于 1959 年独立创办天南公司,并把制片业务拓展到了台湾。"天南"是王引自办公司中经营时间最长的一个,10 年间完成了 10 部影片,多为王引早年熟悉的"硬派"题材,如《虎穴擒凶》《铁蹄下》《敌后壮士血》《新婚大血案》等。另两部根据琼瑶小说改编的爱情戏,《烟雨》(1965 年)和《花落谁家》(1966 年),表现出王引作为制片人对电影市场的敏锐感知。

1974 年,王引导演了最后一部影片《老与小》,1977 年客串演出影片《手足情深》,从此退出电影界。1981 年,古稀之年的王引获台湾"金马"奖特别成就奖。

1987 年,王引定居上海,于 1988 年 4 月 13 日病逝,终年 77 岁。

参考文献:

吴贻弓主编:《上海电影志》,上海社会科学出版社,1999 年。

(郝天石)

卫禹平

卫禹平(1920—1988)，本名潘祖训，天津人，原籍浙江绍兴，成长于天津一个著名的医生家庭。

卫禹平幼时在天津读小学。1935 年开始到上海、长沙、武汉等地求学，1938 年在汉口加入抗敌演剧二队、旅港剧人协会等团体，演出过《家破人亡》《马门教授》等话剧。1942 年入上海音乐专科学校学习大提琴。1945 年入上海苦干剧团、北京南北剧社任演员，演出过《甜姐儿》《钦差大臣》《魂归离恨天》等话剧。1947 年后在上海国泰、"中电"二厂、昆仑、清华、文华等影业公司主演了《春归何处》《肠断天涯》《新闺怨》《大团圆》《母亲》《青山翠谷》《寒山寺钟声》等影片。他和白杨搭档在影片《新闺怨》中扮演男主角——一个拉大提琴的青年。

1949 年 11 月，卫禹平进入上海电影制片厂担任演员。先后在《农家乐》《天罗地网》《沙漠里的战斗》《春满人间》《香飘万里》《金沙江畔》等影片中担任主要角色，他的表演不愠不火，显示出很高的艺术修养。

卫禹平语言好，声音洪亮，有力度，特别适合为苏联影片中的英雄人物配音。在上海电影制片厂工作期间，曾为《怒海雄风》《米丘林》《游侠传》《伟大的曙光》《伟大的公民》《钦差大臣》《乌克兰诗人舍甫琴科》《牛虻》《漂亮的朋友》《假情假意的人们》《生活的一课》《基辅姑娘》《第十二夜》《崩溃的城堡》《松川事件》《罗马之战》《军阀》等译制片配音。

1955 年，卫禹平为苏联影片《牛虻》中的主人公亚瑟配音。他以其高亢激越、独特神经质的颤栗的声音,成为上译厂为牛虻配音的不二人选,获得了高度的赞誉。1957年,卫禹平获文化部1949—1955年优秀影片奖个人一等奖。"文革"时期,卫禹平为《罗马之战》中罗马城防官策特古斯配音。在法、意合拍的影片《警察局长的自白》中,他为警察局长配音。这个角色台词多,节奏快,为了找准口型,把握人物的情绪节奏,在他的剧本上可以看到每句台词前面、后面用音符记下的停顿、间息等记号,通过声音把一个生动、丰满的艺术形象带给了广大观众。

1973年,卫禹平从上影厂调到上海电影译制片厂工作,任上海电影译制片厂导演兼演员组组长。他执导的译制影片有《屏开雀选》《空谷芳草》《美凤夺鸾》《大独裁者》《舞台前后》《尼罗河上的惨案》《沉默的人》《基度山伯爵》《悲惨世界》《望乡》《吟公主》《生死恋》《华丽的家族》《橡树,十万火急》《政权·真理》《在那些年代里》等,还为《虎,虎,虎》《琼宫恨史》《美人计》《鹿苑长春》《蛇》《警察局长的自白》《拿破仑在奥斯特里茨战役》《悲惨世界》《孩子与小提琴》《游侠列传》等多部译制片配音。在影片《伟大的公民》中为沙霍夫配音,给人们留下了极深的印象。

卫禹平热心指导年轻人的译配工作,满腔热情地把年轻人推上工作一线,接受锤炼。丁建华、童自荣、乔榛、程晓桦等许多优秀的配音演员都受到过卫禹平的热情帮助和指导。

1988年3月,卫禹平病逝于上海,终年68岁。

参考文献:

吴贻弓主编:《上海电影志》,上海社会科学出版社,1999年。

(郝天石)

魏 德 迈

魏德迈(1897—1989)，全名阿尔伯特·科迪·魏德迈(Albert C. Wedemeyer)，1897 年出生于美国内布拉斯加州的奥马哈城，美籍德国人。

魏德迈读高中时，第一次世界大战爆发，遂决心从军。1915 年考入美国军事学院(西点军校)，1919 年毕业后再入佐治亚州的本宁堡步兵学校学习，1920 年晋升为中尉。1923 年他被派往远东菲律宾服役，1929 年以中尉军衔在驻津美军第十五步兵团服役。

魏德迈抵津不久，他不俗的军人风度及高超的射击本领就征服了全团。而在谈到中国时，他回忆起在天津任职"是很有教育意义的"，特别是在学习语言方面，"我们每周刻苦学习 6 天，才能在考试中取得令人满意的成绩"。这项汉语学习计划是马歇尔任第十五步兵团指挥官时制定的政策之一：军官必须学习汉语，一段时间后还必须通过考试，士兵则可以选择学习，不必通过考试。学习和训练之余，魏德迈与家人一起在天津附近游玩，与林语堂、顾维钧、清朝废帝溥仪等中国政商界人士均有所交往，对中国风土人情了解渐深。这为他日后接替史迪威的职位，在二战中美关系的发展进程中发挥作用打下了重要基础。

1931 年，魏德迈离津再度奉调至菲律宾，1934 年回国进入堪萨斯州莱文沃思堡的陆军指挥参谋学校受训，1935 年升为陆军上尉。1936 年至1938 年，魏德迈进入专门培养高级参谋的德国陆军军事学院深造。1938

年毕业前夕,他参加了德国在这一年举办的大演习,这给了他观摩研究德军作战战术的宝贵机会,对他日后制定作战计划,帮助盟军在欧洲大陆打败德军大有裨益。

1939年二战爆发后,魏德迈升任少校,并进入陆军组训部任职。1941年5月加入艾森豪威尔领导的战争计划办公室,开始为美国加入二战准备作战计划。二战中,魏德迈作为主要参加者制定的作战计划经修改后被采纳,这一计划的顶峰即后来的"诺曼底登陆"。

1941年12月7日"珍珠港事件"爆发后,美国向德国和日本宣战。1942年2月,魏德迈晋升为战时上校,7月获准将军衔,并作为马歇尔的代表参加盟军联合参谋长作战会议。1943年8月,美英首脑决定组建东南亚盟军司令部,由英国海军元帅蒙巴顿出任最高司令,魏德迈被擢升为少将衔,调任盟军东南亚司令部,在蒙巴顿手下任副总参谋长,两人合作甚佳。其间,魏德迈还曾奉命到中国,商讨中缅边境问题。

1944年10月27日,魏德迈在锡兰(今斯里兰卡)接到马歇尔电报,任命他接替因与蒋介石关系破裂而被调离的史迪威将军,担任中缅印战区美军司令和盟军中国战区最高司令蒋介石的参谋长。初到中国的魏德迈还是很快投入中国的抗战,并为中国人民不屈不挠的抗战精神所打动。在中缅印战区指挥期间,魏德迈努力推动国民政府在对日作战中发挥更为积极的作用。他帮助中国获得更多先进的运输机,扩大了驼峰航线的运输能力,并继续其前任史迪威的计划,训练装备国民党军队,使其更加现代化。他还督促中国加强对在中国执行空中任务的美国空军的后勤支援,其中包括执行轰炸日军基地和日本本土行动的美国第二十航空队以及由陈纳德指挥的第十四航空队。

抗战结束后,作为美军驻远东的3位最高指挥官,魏德迈与麦克阿瑟、海军上将斯普鲁恩斯,于1945年12月7日向五角大楼建议,将国民党军队6个军运送到东北和华北,抢占地盘,为日后由美国驻华大使主持的国共之间的和谈增添筹码。①

1946 年魏德迈回到美国,任陆军参谋部计划与作战部部长。1947 年
7 月至 8 月,魏德迈作为杜鲁门总统的特使,率领考察团再度来华,调查
中国的政治、经济、社会和军事情况,以帮助确定美国的相关外交政策,此
行的结果就是其著名的《魏德迈报告》。8 月 4 日,魏德迈访问天津,拜会
了市长杜建时,接见了华北工业协会理事长李烛尘、仁立公司经理朱继
圣、南开大学校长张伯苓、塘沽新港工程局长邢契莘、冀北电力公司天津
分公司经理顾敦曾、海河工程局长徐世大等。

1951 年 8 月,他主动退出现役,但仍在 1954 年 7 月 19 日根据美国国
会通过的法案晋升为上将(四星)军衔。

1985 年 5 月 23 日,里根总统授予他"总统自由勋章"。

1989 年 12 月 17 日,魏德迈病逝于弗吉尼亚州贝尔沃堡市,终年
92 岁。

参考文献:

[美]阿尔弗雷德·考尼比斯:《扛龙旗的美国大兵:美国第十五步兵
团 1912—1938》,刘悦译,作家出版社,2011 年。

Albert C. Wedemeyer, *Wedemeyer Reports*! New York: Henry
Holt & Co. ,1958.

Herbert Feis, *The China Tangle: The American Effort in China from
Pearl Harbor to the Marshall Mission*, Princeton: Princeton University Press,
1953.

周利成:《1947 年魏德迈考察平津纪实》,《北京档案史料》,2006 年第
3 期。

(张　畅)

---

① Herbert Feis, *The China Tangle: The American Effort in China from Pearl Harbor to the Marshall Mission*, Pinceton: Princeton University Press, 1953, p. 417.

魏 子 文

魏子文(1887—1961),字翰章,安徽芜湖人,生于1887年,因留有发辫,人称"魏小辫"。魏子文继承父业,从事红白事执事一行。

20世纪30年代初,两次直奉战争时,城里老户富有人家多迁往租界避难,官僚、买办富户多集中到租界居住,英、法、日、意租界日益繁荣,这里的婚丧礼俗业价格也随之昂贵。

1930年,魏子文在墙子河大同桥畔开设了"大事全"杠房,包办天津各界名人红白事。由于他善于联络、钻营,攀上了天津市长萧振瀛,曾于1935年帮办天津皇会,发了一笔大财。而后他又在张庄大桥附近开设了"福寿全"杠房。1937年天津沦陷时,他又开设了"天津全"杠房。

以前的"杠房"服务范围较窄,杠房并不做棺罩等租赁生意。魏子文经营的杠房,将白事所需的一切行当纳入业务范围,从买棺材、租赁白事所需要的器具,到延请僧、道、尼、军乐队等进行一条龙服务。事主雇用他办事,可以少花很多心思,省去很多麻烦。

在选择服务对象时,魏子文往往争取为富商大户办事。经他手布置的红白大事,花一样的钱却比别人办得好,深得事主满意。魏子文因此包揽了很多生意。他精明能干,待人客套,专跑公馆大户人家。他自备包车,大宅门如果出了白事,从倒头到出殡,他每天不离主家,给主家献计献策当参谋。

魏子文还舍得拿出钱来送厚礼,取得主家来宾的资格,并借此混入上流官商的圈子。湖北督军王占元家,江西督军陈光远家,正金银行魏信臣家,平和洋行杜克陈家,庆亲王载振家等他都帮过忙。①

1935年,魏子文参加日本特务土肥原组织的以厉大森为会长的天津青帮普安协会。七七事变后,魏子文凭借与日本人的关系,拉拢官僚、土豪、劣绅、津沽名人及地痞流氓,借机垄断了租界内的红白喜事。

天津沦陷后,魏子文曾任伪天津特别市政府特一区侦缉员、伪市政府防护团分队长,并与日本特务机关的中泽顾问和村部中佐关系密切。为给日寇修筑张贵庄飞机场,他积极招募劳工,向各保强行摊派劳工费用,尽心效力日伪政府。

魏子文还利用宗教和慈善事务赚钱。他以行善为名,在平津一带强迫各界商人、绅士布施,却将其中不少钱财装入私囊。他是普安协会理事,也是河北省"同义救济会"会长。天津发大水时,他曾利用慈善团体名义,打捞水中棺材,以替掩埋为名把上好棺材留下,抛尸后将棺材收为己有,修饰一番后发卖。② 还将死人的陪葬细软归为己有,通过权贵势力强买强卖。1939年,天津发大水前3天,北洋将领陈光远病故于天津。当过伪天津市长的潘毓桂将魏子文店铺中的棺材介绍给陈家诸子,陈家惧怕潘毓桂,以高价购买了这口棺材。

在天津的青帮势力与日军的勾结中,魏子文扮演着重要角色。1937年七七事变后不久,在日本人的支持下,青帮成立"天津内河航运公会",正副会长均由青帮大字辈头子担任,魏子文在天津内河航运公会任科长。

1942年3月,中国内河航运公会的天津分会——天津安清道义总会成立。天津安清道义总会的后台策划人是天津日本特务机关长雨宫巽,以青帮大字辈王慕沂为会长。天津安清道义总会利用遍布天津各个角落的帮派分子,千方百计地为日本宪兵队及"茂川机关"等单位搜集抗日地

---

① 天津市河东区政协文史资料征集工作委员会编:《天津市河东区文史资料》第2辑,1989年内部印行,第213页。

② 天津市地方志编修委员会编著:《天津通志·公安志》,天津人民出版社,2001年,第904页。

下人员的情报,并受这些机关之命,为日本军营提供慰安妇。

1945年底,魏子文与帮会头目张逊之等一起组织天津青年共济社,魏子文任理事。参加者行业比较复杂,有妓院、戏院、澡堂、饭馆的老板以及一些地痞流氓,属于国民党特务外围组织。他们以军统天津站站长兼天津警备司令部稽查处处长陈仙洲为顾问,以求得庇护。

新中国成立后,天津的青红帮组织被摧毁,魏子文被判处徒刑后,于1961年病死,终年74岁。

参考文献:

天津市政协文史委编:《天津文史资料选辑》第65辑,天津人民出版社,1995年。

天津市红桥区政协文史委编:《红桥文史资料选辑》第2辑,2001年内部印行。

天津市地方志编修委员会编著:《天津通志·公安志》,天津人民出版社,2001年。

天津市西青区政协文史委编:《西青文史》第2册,2002年内部印行。

(魏淑赟)

新 翠 霞

　　新翠霞(1920—2004),本名李禹芳,生于天津。幼年时非常喜爱著名评剧演员刘翠霞的演唱,13岁便拜其门下学习刘派评剧艺术。李禹芳天资聪慧,刘翠霞很喜爱这个嗓音条件和自己相像的小姑娘,给她起了一个艺名叫小翠霞。

　　小翠霞机灵聪慧,刻苦努力,在刘翠霞的带领下,20世纪30年代后期,小翠霞开始崭露头角,随即走红天津剧坛。小翠霞经常给刘翠霞配戏,演《绣鞋记》时,师父演张春莲,小翠霞就演张秋莲。演《花为媒》时,师父演张五可,小翠霞就演李月娥。师徒二人的对唱精彩,有的唱段二人的演唱听起来简直难以辨别,这样的演出受到观众的极大欢迎。在向刘翠霞学艺的4年里,小翠霞演出了传统戏《珍珠塔》《金鱼仙子》、时装戏《空谷兰》《杨三姐告状》等。在表演中小翠霞深得刘翠霞的真传,调门和演唱技巧逐渐成熟,观众称赞她"青出于蓝而胜于蓝"。17岁以后的小翠霞开始独立演出,改名为新翠霞。

　　新翠霞善演花旦,在声腔艺术和换气技巧方面颇有自己的独到之处。新翠霞的用气、发声灵活协调,演唱音质厚重,听来刚柔相济,朴实、奔放。在她的唱腔里,经常使用颤音。她把颤音运用到刘派拿手的搭调里,即所谓"喉腔大颤"。她演唱时以丹田气为主,善于运用腹腔、胸腔、头腔、后脑腔等部位的腔体共鸣,使其演唱听起来气力十分充沛,精彩感人。如《牛郎织女》中织女被迫返回天庭,夫妻离别一段,一波三折,三起三落,奔放淋漓,尽情抒发了人物满腔的悲愤之情,字字腔腔敲击着观众的心,颇具艺术感染力,成为新翠霞演唱技巧的代表唱段。

1949 年 2 月,天津正风剧社成立。新翠霞拒绝了其他班社的高薪邀请,参加了正风剧社。她以饱满的热情、认真的态度,积极投入新剧目的排练,先后主演了《妇女代表》《爱情》《张士珍》《牛郎织女》《相思树》《小忽雷》等多部现代戏与新编历史戏,都给观众留下了极为深刻的印象。

《刘胡兰》是新翠霞的代表剧目。新翠霞在《刘胡兰》一剧中运用了很多创新的成分,剧中云周西村的群众送子弟兵上前线,刘胡兰留在后方工作的唱段,新翠霞大胆地吸收了山西民歌的曲调,运用节拍自由的散板唱出了"一道道水来,一道道山……",接着以高亢激昂的音调,略显缓慢地节奏唱出"青山绿水紧相连……",当唱到"放心吧,别挂牵!"时,顶着板唱,听着热情奔放,十分感人。

1953 年,在正风剧社的基础上成立了天津市评剧团,剧团成立后排演的第一个剧目就是《妇女代表》,由新翠霞、六岁红、羊兰芬、莲小君担当主演,首演于黄河戏院,新翠霞在剧中扮演张桂荣。新翠霞所饰张桂荣,形象鲜明,大公无私地维护集体利益。新翠霞演技纯熟、气息饱满、节奏铿锵,表演感人至深。1954 年,新翠霞还参加了天津市首届戏剧汇演,她因在《妇女代表》中的表现,荣获演员一等奖。由她主演的《牛郎织女》于1956 年赴朝鲜演出,引起极大轰动,受到广泛好评。

1958 年 11 月,由天津市评剧团、进步评剧团、民艺评剧团合并组建天津评剧院,新翠霞任二团主演。新翠霞积极探索评剧唱腔的创新,她认为评剧老腔不够丰富,但也不能全剧句句是新腔,她把唱段根据情况分成三部分,开始——老腔,中间——新腔,结尾——老腔,这样既不脱离传统,唱腔也有所变化。[①] 新翠霞对唱腔的看法受到业界的普遍赞同,同时也推动了评剧唱腔的改革与发展。

1963 年,新翠霞调往郑州市评剧团担任主演,支援地方戏曲发展。

---

① 新翠霞:《我对创新腔的看法》,《天津日报》,1961 年 6 月 11 日。

218

1976 年后,新翠霞难忘故土,时常带着郑州市评剧团来天津演出。退休后回到天津居住,她和六岁红、莲小君、筱玉芳、羊兰芬等曾被邀重上舞台,演出了《刘胡兰》的选场和《妇女代表》。2001 年,重病在身的新翠霞在轮椅上与观众见面,受到观众的热烈欢迎。

2004 年 9 月,新翠霞在天津去世,终年 84 岁。

参考文献:

胡沙:《评剧简史》,中国戏剧出版社,1982 年。

天津人民广播电台戏曲组:《评剧名家演唱艺术》,中国广播电视出版社,1988 年。

张平、文华:《评剧明星》,春风文艺出版社,1985 年。

天津市评剧院艺术室编:《评剧唱腔选》,百花文艺出版社,1960 年。

王林:《评戏在天津发展简史》,天津人民出版社,1991 年。

(齐　悦)

熊 炳 琦

熊炳琦(1884—1959)，字润丞，山东济宁人，1884 年 2 月 5 日出生于济宁市熊家街①。

熊炳琦自幼聪明，勤奋好学。1905 年清廷废除科举，熊炳琦辍学到兖州城里学徒。1905 年熊炳琦在保定入伍。因才貌出众，熊炳琦很快被提拔为司书生，后被保送到保定陆军军官学堂深造。毕业后，任冯国璋禁卫军二等参谋。② 1911 年武昌起义后，随冯国璋赴前线镇压辛亥革命，任第一军司令部机要参谋官，获得冯的信任。1913 年 7 月，升任直隶都督府参谋。12 月，冯国璋任江苏都督，熊炳琦随任江苏督署军务科长，授陆军少将。后冯国璋任大总统，熊炳琦随之进京，任总统府侍从武官兼参谋长。1918 年，冯国璋辞职，熊炳琦转任陆军大学校长，不久，晋升中将。1919 年 11 月，辞去陆大校长一职，第二年转投曹锟。③

1922 年 9 月，曹锟任命熊炳琦为山东省长。1923 年 8 月，黎元洪辞去大总统职务，国务院备文催促国会选举大总统，熊炳琦被曹锟急召入京，通过舆论和金钱手段助曹锟贿选。同年 10 月 5 日，曹锟贿选当上大总统。1924 年 3 月，吴佩孚向曹锟政府弹劾熊炳琦卖官鬻爵。④ 同年 9 月，冯玉祥倒戈，回师北京，曹锟被囚禁于延庆楼，北京政权垮台，熊炳琦

---

① 时鉴总编：《孔孟之乡名人名胜名产》，山东大学出版社，1996 年，第 695—698 页。
②③ 王俯民编著：《民国军人志》，中国广播电视出版社，1992 年，第 577 页。
④ 王志民主编：《山东重要历史人物》第 5 卷，山东人民出版社，2009 年，第 79—84 页。

随之被免职。1926年6月3日,奉直联合讨伐冯玉祥,应吴佩孚之邀,熊炳琦复出,任河南省省长。在此期间,代表吴佩孚参加由孙传芳发起召开的段祺瑞、吴佩孚、孙传芳三方联合会议,共同抵御国民革命军。随着北伐军节节北进,吴佩孚的势力崩溃。1927年,冯玉祥重新任职,熊炳琦又被赶下台。从此,熊炳琦无心政事,在天津投资经营天津利中酸厂,长期担任利中酸厂的董事会董监[1],又投资东亚毛呢厂,任董事长,开始经营实业。1937年天津沦陷后,熊炳琦拒任伪职。

新中国成立后,熊炳琦三次当选天津市人民代表,曾担任天津市民革副主委。

熊炳琦的军事手稿《武汉战纪》极具史料价值。全书详细记录了清朝新式军队——北洋六镇开赴武汉镇压辛亥革命的历史,为现存唯一的一部由清军参战高官记录镇压武汉辛亥革命全过程的内部手稿。

熊炳琦于1959年1月在天津病逝,终年75岁。

参考文献:

时鉴总编:《孔孟之乡名人名胜名产》,山东大学出版社,1996年。

王俯民编著:《民国军人志》,中国广播电视出版社,1992年。

王志民主编:《山东重要历史人物》第5卷,山东人民出版社,2009年。

（张雅男）

---

[1] 王志民主编:《山东重要历史人物》第5卷,第79—84页。

熊 希 龄

　　熊希龄(1870—1937),字秉三,号明志阁主人,署双清居士,湖南湘西人。1870 年 7 月 23 日,熊希龄出生于湖南湘西凤凰县一个三代从军的军人家庭。

　　熊希龄自幼接受严格的家教,6 岁入私塾,因为禀赋出众,勤奋过人,熊希龄在少年时代便有"湖南神童"的美誉。7 岁时随父亲回到沅州府芷江县熊公馆的祖父身边,殷实的家庭环境为他求学奠定了基础。1884 年,经过多年的私塾苦读,年仅 14 岁的熊希龄考中秀才,后入芷江县的秀水书院继续学习。

　　1888 年,江苏宝山人朱其懿担任沅州知府。朱其懿就职后,了解到沅州学风不振,数十年来乡会试榜久未中人,于是决意从振兴本地教育着手。在他的努力下,1889 年沅水校经堂正式落成开学,该校是一所具有改革精神的新型书院,一反当时盛行的科举教育模式,而以"实学课士"为宗旨。所谓"实学",即以经史为治学之根本,此外,对辞章、舆地、农政、河渠、兵谋兼而习之。为造就有用人才,朱其懿延揽通经名宿为主讲,师资雄厚,熊希龄立即投考到该校就学。正是在这里,熊希龄眼界大开,逐渐有了经国济世的抱负。后在沅州府接连两次考试成绩优异,受到沅州知府朱其懿的重视。1891 年 3 月,熊希龄被保送到长沙湘水校经堂攻读,同年秋应乡试中举人。1892 年 4 月入京参加会试中贡士,1894 年 5 月,补应殿试成进士,授翰林院庶吉士入词馆。

1894 年 7 月,中日甲午战争爆发。清军在对日战场上一败涂地,清政府签订丧权辱国的《马关条约》。这一惨痛的失败,让熊希龄从信赖清政府的迷梦中惊醒,并很快转入了要求改革政治的阵营。

1896 年,熊希龄上书洋务派首领、两湖总督张之洞,强烈要求变法维新,他本人随后也投笔从戎,被张之洞委为两湖营务处总办。熊希龄深刻认识到清朝军队的各种积弊,撰写了《军制篇》,强烈要求改革军制,以增强清军的战斗力。但熊希龄的建议如泥牛入海,他不得不等待新的时机。而此时,熊希龄的家乡湖南在巡抚陈宝箴的支持下已然展开了轰轰烈烈的维新运动,熊希龄回到湖南帮助陈宝箴办理新政。1897 年,在陈宝箴的支持下,他与岳麓书院山长蒋德钧等在长沙创办时务学堂,并担任总理。与谭嗣同、唐才常等创设南学会,创《湘报》,以推动变法维新。

1898 年,戊戌变法失败,熊希龄遭革职并交地方官严加管束。1902年 5 月,朱其懿任常德知府,创办西路师范讲习所,邀请熊希龄任讲席,复出于教育界。1903 年秋,赵尔巽继任湖南巡抚,对熊希龄倍加提携。赵尔巽升任东三省总督后,任熊希龄为屯垦局总办。清廷派五大臣出洋考察宪政时,熊希龄经赵尔巽推荐出任参赞,回国后任东三省农工商局总办、奉天盐法道、东三省财政监理官等职,当时有理财能手之称。在立宪运动中,熊希龄往来于清政府大员袁世凯、端方、赵尔巽和立宪派首领梁启超等人之间,冀图以立宪消弭革命。

1911 年 10 月辛亥革命爆发后,12 月熊希龄由奉赴沪,拥护共和并加入中华民国联合会。1912 年 4 月,任唐绍仪内阁财政部长,同年 7 月辞职,旋任热河都统,次年被举为进步党名誉理事。袁世凯镇压“二次革命”后拉拢进步党人组阁,任命熊希龄为国务总理兼财政总长。1914 年 2 月被迫辞职,旋被袁世凯委为全国煤油矿督办。1917 年 2 月,熊希龄决意隐退,住在天津英租界。

熊希龄退出政坛后,仍然忧心国事,眷念桑梓。1917 年夏末秋初,河北境内大雨连绵,山洪暴涨,京畿一带倾城泽国,受灾县达 103 个,灾民超过 600 万人。彼时,熊希龄在天津的寓所也被河水吞没。熊希龄目睹灾民的惨状,立刻奔赴北京,向中国银行公会求助,得到捐款万余元,交给了京师警察厅购买粮食,运到天津赈灾。同时,他又向政府提出赈灾的建议,极力主张筹款,赈济灾区所有饥民。大总统冯国璋只命财政部拨款 30 万元交熊希龄赶办急赈,而严寒将至,仅取暖用的赈衣一项,就需支出数百万。熊希龄决定广集民间资力,以补官款不足。1917 年 10 月 8 日,他利用自己在社会上的影响力,向全国各省发出请赈通电,希望全国各地诸君子"胞与为怀,本其己饥己溺之心,为披发缨冠之救"。熊希龄以身作则,先捐现洋 500 元,又命家中女眷缝纫棉衣 100 套,捐给难民。同时,熊希龄还联合梁启超等人共同发起水灾游艺助赈会,"征集物品、出售彩票,以所得票资尽数充赈",并凭借个人声望,向外国洋行借款数百万元,作为救济专款。此外,他发电请求唐山、开滦等矿务局捐赠煤炭 5000 吨,并要求北洋政府为赈灾提供诸多便利。为了统一放赈,熊希龄还组织成立了联合办赈机构——京畿水灾筹赈联合会,自任督办,尽力办理赈务和河工,拯救了无数生命。

1918 年 4 月,河北水患已平。熊希龄考虑建一所永久性的机构,用于收养这些无家可归的孩子,遂在清行宫香山静宜园创建香山慈幼院。熊希龄在办理香山慈幼院的过程中,形成了一种慈善教育思想,即慈善观与教育观相结合的思想。香山慈幼院从 1919 年破土动工建设到 1920 年正式开园,一直到 1949 年结束,办了 30 年,先后培养学生 6000 多人,大部分都成为国家和社会的有用人才。

1922 年 4 月,直奉大战爆发,军阀混战连绵,熊希龄决定组建一个永久性的慈善机构,用于应对无休止的天灾人祸。1922 年 10 月 28 日,熊希龄等中外人士联合发起成立以"促进世界和平、救济灾患"为宗旨的慈善救济机构——世界红卍字会在北京成立。1925 年,熊希龄被推举为会长,直到他去世,连任三届,历时 12 年之久。在任职期间,熊希龄组织救护队奔赴战地,救济灾民,埋葬遗骸,收容妇孺,成绩甚优。同时,他还多次亲手草拟函电,劝告交战的各方军阀停战议和。平常年份,世界红卍字会开办残废院、育婴堂、盲哑院、卍字医院、平民工作所、平民贷济处、冬季粥厂,等等。1928年南京国民政府成立后,仍准许世界红卍字会继续立案,并任命熊希龄为赈款委员。1931年,熊希龄著《十六省救济水灾意见书》,对于救济的办法、措施、步骤等做了十分详尽的论述。

熊希龄的爱国热忱更值得称道。1925年五卅运动中,他在北京发起组织"沪案失业同胞救恤会",并参加集会游行,追悼死难同胞。1931年九一八事变后,他动员家人和香山慈幼院的师生投身抗日救国活动,同时与朱庆澜等组织中华民国国难救济会、上海湖南人国难救济会,并呼吁张学良、冯玉祥等将领坚决抗日,积极为抗日救亡奔走。上海"一·二八"抗战时,他致电蒋光鼐、蔡廷锴等支持抗日,在上海组织"卫国阵亡将士遗族抚恤会",并赴南京敦促国民党政要抗日,还将自己的全部家产捐给社会慈善事业,在平、津、湘三地举办12项慈善事业。热河长城抗战时,熊希龄亲临前线视察,组织救护队救死扶伤。1937年"八一三"淞沪战起,熊希龄主张长期抗战,他在上海与红十字会合力设立伤兵医院和难民收容所,收容伤兵,救济难民。平沪沦陷后,熊赴香港为难民、伤兵募捐。

1937年12月,熊希龄病逝于香港,终年67岁。

熊希龄著有《香山集》两卷存世。

参考文献:

李新等主编:《中华民国史·人物传》第7卷,中华书局,2011年。

周庆年:《一个人为人民做好事人民是不会忘记他的——记民国大慈善家熊希龄二、三事》,《前进论坛(健康中华)》,2007年第3期。

(柏艺莹)

徐 永 昌

徐永昌(1887—1959)，字次宸，山西崞县人，出生于该县沿沟村的贫寒农家。徐永昌在粗通文墨的父亲指导下读书识字，打下了良好的旧学基础。

1906 年，徐永昌列名毅军军籍，业余自学文化。1908 年，徐永昌入读武卫左军随营总堂，发愤苦读，"人一己百，人十己千"。徐修完普通科，又修步科，最喜欢战术、代数、三角、历史四课，考试每名列第一。毕业时授副军校(中尉)，见习后派在武卫左军左路前营任副哨长，辛亥革命时驻守北京。不久进入陆军部所设将校讲习所学习，1913 年冬学习期满。

1914 年，徐永昌考入陆军大学，期间参与倒袁运动。1916 年陆军大学第四期毕业，其后随孙岳入直系部队。1917 年冬，孙岳在廊坊创办直隶军官教育团，邀请徐永昌任教官主持教学工作。1920 年 7 月，孙岳组成直隶保卫团，徐永昌任营长。不久孙岳任直隶第十五混成旅旅长，徐永昌先后任旅参谋长、第二团团长。1924 年调任该旅第一团团长驻河北定县。1924 年 10 月北京政变时，徐永昌升任国民军第三军第一混成旅旅长，驻保定。1925 年 8 月，徐永昌升任第一师师长兼陕西警备司令。孙岳于 12 月任直隶督办兼省长，徐永昌率部驻盐山、沧州。1926 年 1 月，直鲁联军反攻国民军，徐永昌代理第三军军长职，率第三军入晋，被阎锡山以客军名义留驻汾阳、榆次一带。1927 年，徐永昌率部改投山西军阀阎锡山并参与北伐。1930 年中原大战期间，徐永昌在劝阻阎锡山不能奏效之余，接受了指挥陇海线军事的任务。在战事未起之前，他对形势做了一个总体分析,结论是如果张学良出兵相助则有可能胜,反之则必败。为此,徐永昌抱定"受命而来,全师而归"的想法,由于事先在精神上和物质上都做了必要准备,因此全军顺利地撤回山西。徐永昌事后曾不无得意地说:"我尝觉得此次撤兵,是生平一件不得已的快事,因想战而胜,轮不到我们在前,撤兵则无人争后,我可以从容指挥,如意而行。"①随后徐永昌相继出任绥远省、河北省政府主席。

徐永昌任河北省政府主席期间,认为行政应注意社会实际事业,如井、林、路、渠等。他上任时恰逢河北遭受水灾,民众生活困苦不堪。他设法向平津银行界借钱打井,大兴水利,有效缓解了水旱蝗等农业灾害,提高了农业收成,解决了人口增加带来的池水困难,在百姓中留下了较好的口碑。

1930 年 5 月,中原大战爆发,徐永昌任阎锡山部第一路前敌副总指挥兼陇海路总指挥。9 月,任晋绥警备总司令部司令。1931 年 1 月,任第三十三军军长、山西省政府副主席。1931 年 6 月,任国民政府委员,其部改为第二十三军,任军长。1931 年 8 月,徐永昌代理山西省政府主席。此时,阎锡山以探父疾为名由大连飞回山西大同,抵达次日,径返五台河边村。阎锡山归来事先并未通报,全国上下反响强烈,张学良尤为不安,力主阎锡山离晋,蒋介石政府在张学良的坚持下也明确表示,阎锡山非离开山西不可。徐永昌竭力为阎锡山担保,认为阎锡山归来可保晋绥两省与北方之安定。及至九一八事变爆发,张学良因丢失东北而成为众矢之的,自顾不暇,阎锡山的去留问题遂不了了之。

1932 年 1 月,徐永昌任北平政务委员会常务委员及山西省清乡督办。8 月任军事委员会北平分会委员。1934 年 7 月,徐永昌受蒋介石电召,至江西反共前线视察,后献策组织参谋团入陕指挥反共军事并监督省政,为蒋所采纳。此时华北抗战局势严峻,他拟就对日外交和军事方面的意见向蒋进言,得到蒋的赏识。1935 年 4 月,授陆军二级上将,11 月当选为国民党第五届中央监察委员。1936 年 5 月,在阎锡山的暗示下,徐永

---

① 雒春普:《三晋有材:阎锡山幕府》,岳麓书社,2001 年,第 141 页。

昌辞去第二十三军军长职务,以就医为名离晋前往南京。

　　1937 年,徐永昌赴南京任国民政府军事委员会办公厅主任,七七事变后被任命为委员长保定行营主任,负责指挥第一战区作战任务。1938 年 2 月,回南京任军令部部长。抗战 8 年中,徐永昌始终担任军委会军令部长,主管作战,与军政部长何应钦、军训部长白崇禧、政治部长陈诚并称为军委会四大巨头。徐永昌于 1943 年获授青天白日勋章。1945 年 5 月,任国民党第六届中央监察委员会委员。日军投降时,代表中华民国政府在日本东京湾美舰密苏里号参加盟军受降仪式。签字后他说:"今天是要大家反省的一天! 今天每一个在这里有代表的国家,也可同样回想一下过去。假如他的良心告诉他有过错误,他就应当勇敢地承认过错而忏悔!"①

　　1946 年 6 月,徐永昌任陆军大学校长。1948 年当选为行宪国民大会代表,同年 12 月,任国防部部长。1949 年 1 月,北平和平解放时机日趋成熟。1 月,徐永昌以蒋介石私人代表身份飞抵北平面见傅作义,要傅作义南撤青岛,遭到拒绝。7 月,飞往绥远约见省政府主席董其武等人,劝其将主力西撤,联合马鸿逵、马步芳负隅顽抗,遭拒绝。8 月,傅作义前往包头促成绥远和平起义,徐永昌奉蒋之命前往包头游说,又遭傅作义拒绝。1949 年春,率陆军大学师生随国民政府逃往台北。1952 年任"总统府"资政,10 月晋升为陆军一级上将军衔。1954 年 11 月,兼任"光复大陆设计研究委员会"副主任委员。1959 年 7 月,徐永昌在台北市寓所内去世,终年 72 岁。

　　1959 年 9 月 26 日台湾发布褒扬令,28 日举行公祭。蒋介石颁赐"怆怀良辅"挽额。阎锡山送的挽联上写着:"事人忠而律己严,率部次桐封,旧帅盖棺方易帜;造诣深则所见远,扬威在国际,大猷登舰受降书。"

参考文献:

徐永昌:《徐永昌回忆录》,团结出版社,2014 年。　　　　（欧阳康）

---

①　刘波、卢兴顺:《国民党二级上将花名册》,中国文史出版社,2013 年,第 149 页。

许 季 上

许季上(1891—1953),名丹,字季上,以字行,浙江钱塘人。

许季上自幼聪慧,过目成诵。14 岁丧父,后入上海复旦公学修习哲学,19 岁以第一名成绩毕业,受聘为南京高等师范学校讲师。后至北京政府教育部任教育部主事、视学、通俗教育研究会编审员等职,并在北京大学兼课,讲授印度哲学。

许季上信奉佛教,早年曾从清季佛教界巨擘杨仁山学习,其后又礼天台宗大师谛闲为弟子,通晓英、法、德、俄、日文及印度古梵文,对佛教的禅、净、密、律等各宗都有很深造诣。1920 年,许季上代表中国佛教界出席世界佛教会议,与印度等多国研究者交流学习,丰富了当时的佛学研究内容。

1921 年,在北方实业家周学熙长子周志辅的介绍下,许季上到天津启新洋灰公司任职,与同出杨仁山门下的佛教界名流徐文蔚(字蔚如,号藏一,浙江海盐人)相识。徐文蔚业余致力弘扬佛教,先后创设佛经流通处、天津刻经处,并与翟弗青、张伯麟、盛南台、施少甫等共同创设天津佛教功德林及莲社。许季上佛学造诣深厚,为徐所重用,除参与了以上诸事宜外,徐还派其负责金陵、扬州、北京及天津四个刻经处的选刊、校阅、定版等工作。佛教功德林在建设初期设有佛学讲堂,许季上与徐文蔚等轮流讲课。他治学态度严谨,对待后进热情。天津佛教界中很多好学之士都曾及门听受经义。他讲学旁征博引,滔滔不绝,对所征引的典籍章句,大都能指出某卷某页的具体出处,记忆力惊人。

许季上致力于弘扬佛学经典。他反复校定翻印唐代道宣法师的《净心诚观法》,将佛教重要典籍《大乘起信论》译成英文出版流通,方便佛教西传。并曾亲自东渡日本,访求到在国内久已失传的律宗和密宗的某些经卷,在天津重新刻印,如《宗门十规论》一卷(南唐释文益撰),在中土久佚,是从日本《续藏》中录出,于1925年天津刻经处刊印,它对研究中国佛教史颇有裨益。①

许季上坚持传统的雕版印刷工艺,这在出版史上颇具特色。1922年到1936年,天津刻经处共刻印佛经约40种,均为雕版线装,书后附刻"识语",标明施财刊经者姓名、缘何刻经之心愿以及所刻经的字数与刻资数目等。从这批刻经的"识语"中,可窥民国时期天津的某些风尚和人的心态。

许季上和徐文蔚等乐善好施,乐于助人。抗日战争期间,天津战事正烈时,二位居士眼见一些妇孺流离道路,恻然心痛,曾协同天津其他居士共同筹办了妇孺临时救济院。

许季上还与鲁迅结下了深厚的友谊。1912年1月4日,民国元年,中华民国临时政府在南京成立,蔡元培就任南京临时政府教育总长。许季上在教育部任职,鲁迅时任其科长。从1914年起,鲁迅为研究思想史而研究佛经,与许季上来往密切。他们经常一起去书肆选购佛经,互相借阅和赠送藏书,就佛学问题深入讨论。许季上对佛典很熟,他多次把书赠予鲁迅,其中有《金刚经论》《十八空百广百论合刻》《集古今佛道论衡》《广弘明集》《劝发菩提文》《金刚经嘉祥义疏》《等不等管观杂录》等。② 1914年7月,鲁迅为祝贺母亲寿诞,向南京金陵刻经处捐款刻印100册《百喻

---

① 涂宗涛:《当代学者文史丛谈·苹楼夕照集》,三晋出版社,2010年,第236—237页。
② 人民文学编辑部选编:《21世纪年度散文选·2010散文》,人民文学出版社,2011年,第76—77页。

经》,特委托许季上代办。①

1917 年,许季上患伤寒,病得很重,鲁迅曾多次探望。《鲁迅日记》记载了鲁迅探病的情形近 20 次,可见二人情谊之深。不久,许季上夫人染病去世,鲁迅又亲自吊唁,对其一家人甚为同情。在给友人的信中,鲁迅叹道:"诸友中大底如恒。惟季上于十月初病伤寒,迄今未能出动;其女亦病,已愈,其夫人亦病,于年杪逝去,可谓不幸也矣。"②

鲁迅去世后,许季上作诗《哭周豫才兄》志哀:"惊闻重译传穷死,坐看中原失此人。两纪交情成逝水,一生襟抱向谁陈。于今欲杀缘无罪,异世当知仰大仁。岂独延陵能挂剑,相期姑射出尘埃。"

新中国成立后,天津设立文史馆,许季上受聘为天津文史馆馆员。1953 年春,许季上在天津去世,终年 62 岁。

参考文献:

金沛霖主编:《北京文化史资料选集·首都图书馆馆史》,北京市文化局首都图书馆,1995 年内部印行。

李卉编:《许寿裳讲鲁迅》,新华出版社,2005 年。

(张雅男)

---

① 胡光凡:《美的领悟与思考:胡光凡文坛耕耘 60 年自选集》下册,湖南大学出版社,2013 年,第 806 页。

② 人民文学编辑部选编:《21 世纪年度散文选·2010 散文》,第 78 页。

严 智 怡

严智怡(1882—1935),字持约,一字慈约,天津人,著名教育家严修(字范孙)次子。

严智怡早期接受中西并重的家庭教育。幼时,在家塾从陶仲明、赵幼梅诸先生读书,并从张伯苓先生习英文、数学、格致。稍长从日本人大野、岩村两氏学日文,同时担任东文学社翻译助教。这期间,严智怡还在父亲指导下,创办严氏保姆养成所,他亲自策划课程设置、设备购置,锻炼了他的组织能力,早期家庭教育对严智怡的发展产生了积极作用。

1902年,严智怡与兄长智崇随父赴日考察。1903年,严智怡东渡日本留学,考入东京高等工业学校应用化学科。严智怡学习勤勉,才智出众,1907年毕业时获优等奖,成为中国学生在日本文部省直辖学校得奖者第一人。为了能够学以致用,他又在日本制革、造纸、瓦斯等工厂实习两年。

1909年,严智怡学成回国,创办天津造胰公司,并任厂长。他事必躬亲,尽心兴办实业。次年,被劝工陈列所聘为南洋劝业会出品审查员。

民国肇始,严智怡在北马路创办天津中华书局,任总理。旋被任命为直隶实业司工商科长。他亲自改组劝工陈列所为直隶商品陈列所,并兼所长。在接办商品陈列所后,严智怡组织了直隶省实业大调查,委派黄洁尘、陆辛农、华学涑、俞品三等27人,历时4个月将全省分10区、共150余县进行调查,并撰写出调查报告《直隶省商品陈列所第一次实业调查记》,详细记述了直隶省各区实业情况,包括物产、人民生活状况、货币交易现状、商业交通机关及实业机关等资料。① 在此基础上,他推举了许多产品参加日本大阪的大正博览会。1914 年,美国为纪念巴拿马运河开通,决定举行博览会,严智怡以直隶出品协会事务局局长的身份,征集全省物产参会,特别是大力推介天津特色产品和手工艺品"泥人张"泥人、"风筝魏"风筝等。为了遴选赴美参会的展品,他组织直隶全省在天津公园②召开了为期 1 个月的展览会。

1915 年,严智怡作为直隶省代表出席巴拿马世界博览会。他在美国考察了东西各城市实业、教育、博物馆、书业等,并组织编写了《巴拿马赛会直隶观会丛编》,详细记述参会情况。他留意和搜集民族学实物材料,归国时"携印第安人用品及风俗影版多种,计划创办一所博物院来展览,是我国博物馆历史上第一个究心民族文物的博物馆人"③。

回国后,他出任农商部工商司司长,积极倡议筹建天津博物院。适值直隶巡按使公署教育科主任李金藻,会同各学校及天津劝学所,亦发起创办天津博物院,遂协力进行,定名天津博物院,委托直隶商品陈列所代为筹备。1916 年 4 月,又在直隶商品陈列所内设立筹备处,进行展品搜集和整理,通过两年的艰苦经营,共搜集自然物品 1400 多件、古物 2300 多件。在此期间,他还主持创办直隶省妇女职业传习所,提倡妇女职业;创办天津美术会,提倡地方书画等。

1917 年,严智怡出任直隶省实业厅长。他推行农商会、恳谈会,亲自到各县巡视,并举行手工品展览会、第一至第三次实业观摩会、全省劝业会议等集会;筹设农林讲习所等培训机构;设立诸多农事试验场,以改良棉种、发展渔业;创办《实业月报》《实业来复报》等刊,介绍实业知识。严智怡任实业厅厅长期间,对推动实业做了大量开创性和卓有成效的工作。

---

① 王翁如:《实业家严智怡》,载天津市政协文史委编:《天津文史资料选辑》第 67 辑,天津人民出版社,1995 年,第 117—120 页。

② 也称河北公园,今天津中山公园。

③ 宋伯胤:《博物馆人丛语:宋伯胤博物馆学论著选》,陕西人民出版社,2002 年,第 238 页。

1918年6月，天津博物院成立预展会在天津公园召开，会期两月，观众踊跃。1922年9月，天津博物院召集第一次全体董事会，公推严智怡为院长，他成为我国近代博物馆事业开拓人之一。1923年2月25日，天津博物院正式开幕，与法国巴黎博物院、英国皇家博物院交换图书。[①]1924年以后，院址常年被军队驻扎，"屋宇器用，悉被摧毁"，经费也常年积欠，终于因入不敷出，业务停顿。在此期间，天津广智馆成立，严智怡并被聘为该馆董事，后被推为董事长，他四处奔走，筹集经费、开展业务，为该馆持续发展尽心尽力。

1922年，严智怡曾短暂出任龙烟铁矿理事，因坚持龙烟铁矿由中国开采，不同意借用外资而去职。1926年任农商部商标局局长，次年去职。1928年北伐成功，河北省政府重组，严智怡被任命为河北省政府委员兼教育厅长，后离职。

此后，严智怡以河北省政府委员身份，专心于恢复天津博物院事业。随着北伐结束，各路驻军陆续撤出博物院。1930年7月，天津博物院召集第二次全体董事会，公推严智怡为院长。1931年他主持发行《河北第一博物院半月刊》，后改名《画报》《画刊》，共出版141期。这是全国较早的文博系列专门刊物，分为自然和历史两部分，涉及动植物、化石、民俗、文物、字画、古文字、围棋、周易等内容，少量涉及野外调查、古建筑介绍等。还不定期加出专号，如《埃及古文字专号》《中国古文字研究专号》，等等。该刊具有很强的专业性和学术性，也为后人留下了宝贵的资料。其中《天津芥园水西庄专号》，首次发出拯救水西庄的呼吁。他发起组织天津水西庄遗址保管委员会，搜集文物、恢复古迹，做了很多实际工作。

严智怡热心教育事业，除任河北省教育厅长等公职外，从1920年始，他先后任天津私立南开大学、北平私立朝阳学院、保定私立民生中学、天津私立第二小学等各校董事，对于教育始终倾力而为。

晚年，严智怡向国民党中央提议在全国推行祭孔。他热心慈善，曾在

---

① 宋伯胤：《博物馆人丛语：宋伯胤博物馆学论著选》，第238页。

1933 年被推举为天津特别市市立贫民救济院董事长,为慈善事业奔走呼号。1935 年 3 月,严智怡去世,终年 53 岁。

参考文献:

王翁如:《实业家严智怡》,载天津市政协文史委编:《天津文史资料选辑》第 67 辑,天津人民出版社,1995 年。

张宗芳:《前河北省政府委员严公褒扬纪实》,《河北月刊》,1936 年第 6 期。

（徐燕卿）

阎家琦

阎家琦(1895—1961),字经韬,直隶临榆人。

阎家琦家境贫寒,青少年时期辗转大连、青岛、安徽等地谋生,曾从事过多种职业,当过小学教员、巡捕、士兵、翻译等。1916年,阎家琦在青岛充当宪兵队巡捕。1924年,任安东道尹公署科员,官费保送至日本东京警官学校学习。回国后,任辽宁省警察厅督察长、沈阳商埠地区警察局局长等职。1930年后,任天津市警察局督察员,迁居天津。1931年任河北金家窑派出所所长。1932年调任南市警察派出六所所长,兼警察教育所主任,结交日本领事馆官员及宪兵队等人员,深得日本人赏识。次年升任天津市警察局第一分局局长。[①]

1935年11月13日,施剑翘在天津南马路居士林佛堂中枪杀了曾任江浙五省联军总司令的孙传芳。接报后,阎家琦一面向市局报告,一面率领警员迅速赶赴案发现场。

查看完案发现场,阎家琦顺手接过警长从院子里随手捡起的数张传单。这份千余字的《告国人书》,讲述了案件的由来:开枪女施剑翘,是军人施从滨之女,在十年前的军阀相争中,施从滨被孙传芳所杀,并暴尸示众,其行径令人发指,施剑翘立志报仇,十年不晚。[②]

---

① 天津市档案馆、天津市河北区档案馆主编:《旧天津意奥租界故事》,天津人民出版社,2011年,第47页。

② 庄建平主编:《政治·阴谋·暗杀——民国政坛内幕》,团结出版社,1991年,第232页。

读完这份《告国人书》,阎家琦对这桩命案的来龙去脉已经基本清楚。阎家琦乘车匆忙赶回局里,提审犯人。由于施剑翘自首,案情并不复杂,阎家琦认为此案影响重大,很快将案卷全部移交天津地方法院审理。

1937年7月29日天津沦陷,阎家琦率各分局长向日军投降。8月,伪天津市治安维持会成立,阎家琦任伪警察局督察长。1938年被派赴日本考察警政。

日本占领天津后,天津商会会长王竹林参加了伪天津市地方治安维持会,兼任伪天津市物资对策委员会委员长。1938年12月27日傍晚,公开投敌的天津商会会长王竹林,在众人簇拥下走出法租界的丰泽园饭庄。隐藏在暗处的3名男青年,对准王竹林连开数枪,王当即倒毙在饭庄门前。

伪国民临时政府行政委员会委员长王克敏要求限期破案。伪天津市长潘毓桂向法国总领事提出严重抗议,要求限期缉凶。另饬令伪天津市警察局,限期10日内破案。然而案发10天后,侦破毫无进展,警察局局长辞职,督察长阎家琦代理局长。①

阎家琦督促侦缉队全力侦破此案。1939年4月28日,阎家琦率领警察协同日本宪兵队突然闯入英、法租界进行搜查,并从英租界求志里和法租界天增里逮捕了3名青年,声称这3人就是刺杀王竹林的凶手。先将他们拘押在天津日本宪兵队总部,两周后,3名青年被日军秘密处决。5月22日,阎家琦接受《益世报》记者采访,称刺杀王竹林之3名凶犯均被处决,他们均系本市素无正业之纨绔少年。轰动一时的"刺杀王竹林案"就此了结。

在日本占领天津期间,阎家琦不仅参与"治安强化运动",协助日本当局实行法西斯统治,参与"献金""献铜献铁"运动,帮助日军大肆掠夺物资、搜刮钱财,他还参与贩卖毒品等罪恶活动,充当混混儿、黑帮的保护伞。阎家琦还协助日军大肆抓捕劳工,以火车或轮船运至东北和日本,仅

---

① 周利成编著:《档案揭秘:近现代大案实录》,百花文艺出版社,2000年,第170页。

为修建张贵庄飞机场,伪天津市警察局共计抓送劳工 1929 名。1944 年 1月,阎家琦以"三十二年度回顾与前瞻"为题在《大天津》月刊上撰文,为日本发动的侵略战争摇旗呐喊。

抗战胜利后,1946 年 7 月 12 日,阎家琦在沈阳被捕。次年 5 月,河北高等法院一分院以历任敌伪要职及献铜征夫等罪行,审理阎家琦汉奸案,1948 年 12 月被释放。新中国成立后,阎家琦于 1952 年 6 月在青岛被捕,押解至天津,由人民法院审理判刑。1961 年去世,终年 66 岁。

参考文献:

天津市地方志编修委员会编著:《天津通志·公安志》,天津人民出版社,2001 年。

庄建平主编:《政治·阴谋·暗杀——民国政坛内幕》,团结出版社,1991 年。

天津市档案馆、天津市河北区档案馆主编:《旧天津意奥租界故事》,天津人民出版社,2011 年。

天津市地方志编修委员会办公室、天津图书馆编:《〈益世报〉天津资料点校汇编》,天津社会科学院出版社,1999 年。

(郭登浩)

杨 豹 灵

杨豹灵（1887—1966），江苏金山人。

杨豹灵于 1896 年入上海中西书院学习，1901 年入东吴大学。1907
年，两江总督端方选派出国留学生，杨豹灵经过考试被选中，于 10 月赴美
国，先入康奈尔大学，1909 年入普渡大学，获得土木工程学士学位。1911
年，杨豹灵回国，在归国途中结识孙中山。[①] 回国后任北京政府外交部特
派武昌交涉员。辛亥革命爆发后，他担任湖北都督府路政司司长兼外交
司交涉科科长。1912 年，他协助张謇创办导淮工程，任勘测员。1913 年
进入湖南高等工业学校任土木工程科主任。

1914 年，杨豹灵进入北洋政府全国水利局任技正。杨豹灵担任此职
务之后所做的主要工作，就是在全国各地进行野外调查，对当时全国的水
利情况进行分析研究，而京津地区是其调查的重点地区。1916 年 10 月 7
日永定河漫溢决口，杨豹灵奉派前往勘估决口工程。

1917 年夏，海河流域发生了特大洪水，天津因地处海河下游，受灾尤
其严重。杨豹灵奉派前往天津实地勘察，写出了详细的调查报告。当时
人们多认为天津水灾是南运河水横溢所致，杨豹灵否定了这种说法。他
指出天津水患的根源在于潮白河、永定河、大清河、子牙河、南运河五条河
汇集于海河入海，而问题最严重的是永定河。因为永定河泥沙太多，导致
海河日渐淤塞，一遇降雨过多，必然导致整个水系的漫溢决口。他给出的

---

① 《杨豹灵致孙中山函（1912 年）》，载桑兵主编：《各方致孙中山函电汇编》第 2 卷，社会科学文
献出版社，2012 年，第 377 页。

建议是为永定、潮白两河另开新河道作为入海通道。这个建议得到了全国水利局总裁李国珍的赞同,并上报给了国务院、内务部、农商部等部门。1917年9月1日,杨豹灵被任命为全国水利局第四科科长。

海河流域发生的特大洪水造成了巨大的损失,民众对于整治海河流域各河道的要求十分迫切。鉴于此,北洋政府决定筹组管理海河流域各河水利水文的专门机构。1918年3月27日,顺直水利委员会在天津正式成立,以熊希龄为会长,杨豹灵等6人被推选为委员。同年4月设立流量测量处,杨豹灵为主管处长。在杨豹灵的主持下,流量测量处在各河设置了13处量水站,后逐渐增加至44处。

为了解决京直地区已有地形图不能满足根治水患要求的问题,杨豹灵引入三角法对京直地区河道及其附近地面进行测量,最终绘制成当时中国最为精确的水利地图。这些地图以及对流量、雨量的测量,为此后京直地区的水利建设做了必要的资料准备。[①] 这些工作实践让杨豹灵很快成为全国水利局的骨干人才之一,为局长李国珍所倚重,经常被派往全国各地进行水利勘测。比如1921年7月27日,全国水利局总裁李国珍派杨豹灵等查勘鲁豫黄河一带泛滥情形。

1921年12月26日,由内务部、外交部、财务部、农商部、交通部、税务处共同设置的扬子江水道讨论委员会正式成立。1922年元月,该会设置了扬子江技术委员会,隶属于扬子江水道讨论委员会,杨豹灵被任命为委员。1928年10月8日,天津市整理海河委员会正式成立,这是天津市整理海河工程的管理机构,负责海河流域工程的测量、地质调查及河道、船闸等工程的监督、检查及实施,杨豹灵担任委员及咨询工程师。1929年夏,海河流域再次遭遇洪水,永定河决口,杨豹灵赴河堤指导抢堵工程。为彻底根治海河水患,整理海河委员会于8月2日设立了工程委员会,专司一切整理工程计划事项,杨豹灵任执行委员。8月27日,杨豹灵在代

---

① 徐建平:《顺直水利委员会与京直水环境》,载戴建兵主编:《环境史研究》第2辑,天津古籍出版社,2014年,第111—120页。

表海河工程委员会发表关于海河整理之谈话中提出,堵住永定河之决口最为急要,而治理永定河根本之法在于为其另开入海河道。他还批判了海河工程局拖欠工程款导致水灾严重。①

1930年,杨豹灵任整理海河委员会工程委员会委员长。2月,海河整顿工程开工,由杨豹灵主持。这项工程包括修筑白河堤坝、永定河堤坝、新开沟渠等13项,计划总投资364万元。到1933年10月工程完工,取得了明显的效果,海河淤塞的情况得到了很大的改善。1933年12月,整理海河委员会被撤销。1934年1月,海河善后工程处成立,负责整理海河未完之放淤及导引清水回归海河工程,杨豹灵任顾问,并从11月6日起兼任总工程师。②

1935年7月4日,杨豹灵被任命为天津市工务局局长,年底辞去该职务。他任天津市工务局局长虽然不过4个多月,但颇有成绩。在上任伊始即提出了一份天津市建设计划,卸任时已完成了大马路、海光寺马路、吉林路铺路工作,并建设完工了已耗时数年、几经停工的客运码头"大连码头"。在市政卫生方面,新建了30处公共厕所。

1945年10月29日,杨豹灵被任命为天津市政府外事处处长。当时天津市政府从外国人手中接管海河工程局,杨豹灵于10月30日被任命为代理海河工程局局长,负责接收事宜。杨豹灵借特一区海河工程局后院余屋组织外事处,即日开始办公。杨豹灵上任外事处处长后,首先面临的一个急务就是办理集中管理日侨。日本投降之初,天津还没有成立管理日侨的专门机构,对日侨的管理主要由外事处和警察局负责。当时天津遣送回日本的日侨有4.8万余人,还有8.4万余人滞留天津,散居于各处。这些日侨当时由盟军司令部控制,杨豹灵的主要任务是向盟军接洽集中日侨的办法,直到1946年1月天津市政府成立日侨管理处。③

---

① 《益世报》,1929年8月27日。

② 《内政部指令》,见天津市档案馆藏档案J104-1-54。

③ 《天津市政府外事处呈文》,见天津市档案馆藏档案J2-2-8。

1946 年 10 月，杨豹灵南下上海送子女赴美留学，因船期延误而滞留，遂辞去天津市政府外事处处长、海河工程局局长职务。

杨豹灵曾广泛参与社会事务。1922 年 10 月华北区扶轮社天津分会创立，杨豹灵为副会长。他自 1928 年起定居天津意租界，曾任意租界董事会华人咨议，并任中美工程师协会会长、中国工程师学会天津分会会长等社会职务。1946 年 5 月，杨豹灵任复校的天津私立特一中学董事长。

杨豹灵在各部门任职之余还兴办实业。1921 年，他与美国人一起组织成立了大昌实业公司，专门从美国进口铁路材料及工矿器材。这个公司在美国注册，总公司设立于上海，在天津、南京、北京、青岛、沈阳设分公司，获利丰厚。日本全面侵华后，大昌实业公司在各地的分公司相继停业，1942 年上海总公司被日本人强占。抗战胜利后，杨豹灵着手恢复大昌实业公司，将总公司设于美国华盛顿，国内于上海、天津、香港三地设代理店。天津代理店设立于 1946 年，由杨豹灵亲自担任经理。

天津解放后，杨豹灵留在了天津，经营大昌实业公司。但由于国外各厂家售货条件与国内进口公司所定条款有出入，所以公司基本上只以出售旧存货物延续其业务。1950 年 12 月，美国对华实施禁运，大昌实业公司在美国的存款被冻结，遂逐渐停业。1950 年底，大昌实业公司归人民政府管制。

1966 年，杨豹灵病逝于天津，终年 79 岁。

杨豹灵著有《海河问题之研究》《南运河述略》等水利专著存世。

参考文献：

刘国铭主编：《中国国民党百年人物全书》（下），团结出版社，2005 年。

《海河志》编纂委员会编：《海河志》第 4 卷，中国水利水电出版社，2001 年。

《益世报》，1929 年至 1935 年。

（吉朋辉）

杨 宁 史

杨宁史(1886—?)(W. Jannings),1886年出生于瑞士阿尔本,中学毕业后在德国汉堡一家公司任职,入德国籍。1908年,在德国禅臣洋行供职。

1911年奉派来华,在天津禅臣洋行任职,3年后升任经理,为总公司主要股东之一,其股份占全公司的1/3。20世纪30年代后,杨宁史成为德国禅臣洋行在华唯一代理人,并兼任天津物华进出口公司、上海洪记进出口公司顾问。

杨宁史是个中国通,不但能讲流利的中文,而且还酷爱中国文化,喜爱收藏研究中国文物古董,他尤爱收藏古代铜器。杨宁史还热衷于旅游,中国的很多城市、名山大川都留下了他的足迹。

1932年3月,阎锡山任山西太原绥靖公署主任,制订了《山西省政十年建设计划方案》,全面开展经济建设。善于经营的杨宁史来到了太原,结识了阎锡山。杨宁史曾派德国专家为阎锡山建立西北炼钢厂,并为其代购同蒲铁路材料、火车头、机器等,因而二人成为朋友。七七事变前,杨宁史几乎垄断了太原重工业器材的所有进口业务。

抗战前夕,阎锡山为西北炼钢厂向杨宁史订购了一批德国进口机器,并且预付了大笔货款。杨宁史回到天津接收这批物资,但货物从德国运至天津时全面抗战爆发,天津沦陷。天津日伪政权几次派人到禅臣洋行仓库没收这批物资,杨宁史均以该物资虽为中国订购但尚未付款为由加以拒绝,保全了这批物资。

天津沦陷期间,禅臣洋行与日军一八二〇部队合作,从事大规模的军火生意,包收数量巨大的紫铜、钢铁,以充日军军需之用,并聘请日本人原田、齐藤二人担任公司顾问。因而,日伪时期禅臣洋行在津声名显赫,生意兴隆,居同行业之首。

抗战胜利后,杨宁史指使副经理罗希堵(W. Rohnstock)将禅臣洋行资金转移瑞士,并将伪蒙疆政府在该行订购的大量机枪、迫击炮、炮弹等军火,献纳给了国民党陆军第九十四军军长牟廷芳,向国民政府邀功买好。但杨宁史等在津德侨仍被告知不得离开天津,等候有关方面审查。特别是当听说国民政府将查封德侨产业、遣送德侨回国时,杨宁史极为焦虑。1945 年 11 月,行政院长兼外交部长宋子文到北平视察时,获知杨宁史收藏国宝的消息,遂专程来到天津与杨宁史商议献纳事宜。经过 3 个多小时的谈话后,杨宁史答应将收藏的 241 件古代铜器献纳给国立北平故宫博物院。他承认这些藏品原本就属于中国,理应归还中国政府。国立北平故宫博物院辟景仁宫专室陈列,拟订室名为"杨宁史献呈铜器陈列室",并写明这些文物的搜集、收藏、献呈经过。

1946 年 1 月 21 日,在天津警方的"护送"下,杨宁史携带铜器来到北平,并将其暂存于北平瑞典百利洋行内。22 日,教育部平津区特派员沈兼士,国内文物鉴定专家于思泊、邓以蛰,国民政府行政院院长临时驻平办公处专门委员曾昭六、董洗凡,教育部清理战时文物损失委员会平津区副代表王世襄,故宫博物院总务处秘书赵儒珍等,在故宫绛雪轩查验并进行了接收。杨宁史的这批文物计有"宴乐渔猎纹战国壶""商饕餮纹大铖"以及鼎、卣、爵杯、玉柄戊等珍贵文物,共计 241 件。

1946 年 3 月 9 日,天津市警察局奉令调查杨宁史在敌伪时期资敌罪行,并且将禅臣洋行查封。杨宁史遂带领洋行主要负责人及部分德侨逃往太原投奔阎锡山,被阎锡山聘为第二战区司令部技术顾问,同年又在阎锡山经营的西北实业公司下的同记贸易公司任经理。1948 年,他转到北平担任同记洋行北平分公司经理。① 12 月 2 日,杨宁史来津察看同记洋行天津分公司业务。天津解放后,同记天津分公司被军管会接管,杨宁史本人也被天津市人民政府限制了行动自由。

1954 年 6 月 16 日,天津市人民政府将杨宁史驱逐出境。在他准备乘轮船回德国时,海关检查人员在他的行李中发现夹带有珍贵文物、考古书籍等共计 326 件。经天津市文物局专家鉴定,这些均为中国的珍贵文物。海关经与市外事处、文化局研究,依照《海关法》及《禁止珍贵文物图书出口暂行办法》,决定将这批文物全部没收。另有两套考古书籍、58 张考古照片,1946 年献纳的 241 件文物照片,以及国立北平故宫博物院为其开具的收据和刊载这一消息的有关报纸等,海关拍照后予以放行。②

参考文献:

周利成、王勇则编著:《外国人在旧天津》,天津人民出版社,2007 年。

(周利成)

---

① 天津市档案馆馆藏档案:J10-2-59。
② 天津市档案馆馆藏档案:X58-C-1498。

杨 文 恺

杨文恺(1883—1965),字建章,直隶永清人,清末秀才。

1902年,杨文恺在武卫右军炮队统领部当伙夫,由于为人机灵,深得炮队统领段祺瑞的赏识,并在段祺瑞的推荐下进入北洋陆军练官营当学兵,毕业后转入保定速成武备学堂就读。1904年,保定速成武备学堂选拔杨文恺等40名学生赴日本留学,他先后就读于日本振武学堂和日本士官学校。

1909年3月,杨文恺毕业回国,在直隶都督府担任军务课长,后在湖北南湖的陆军第三中学堂担任日文教官。1914年8月,杨文恺担任江苏上将军署顾问。1915年,杨文恺调任湖北督署军务课课长兼营产局局长,以后又担任汉阳兵工厂总办,成为湖北督军王占元的主要幕僚,经常代表王占元奔走于北京与长江各省之间。[①]

王占元下台后,杨文恺转投孙传芳,由于杨文恺与孙传芳在保定武备学堂、日本士官学校有二度同学之情,毕业后十几年的政治生涯里,两人又共同效力于军阀王占元,杨文恺遂成为孙传芳的首席军师。他经常代表孙传芳奔走于各军阀之间,为孙传芳的部队筹措军饷、军需。1925年,孙传芳成立浙、闽、苏、皖、赣五省联军,自任总司令,任命杨文恺为五省联军总司令部总参议。

---

① 祖边之:《农林总长杨文恺宅邸》,载李正中主编:《近代天津名人故居》,天津人民出版社,2009年,第204页。

1926 年 3 月，段祺瑞任命杨文恺为农商总长。身为农商总长的杨文恺仍然是孙传芳的重要谋士，兢兢业业地辅佐孙传芳。孙传芳下台后，担任过北洋政府三届内阁农商总长的杨文恺无意官场，1927 年 6 月 17 日去职。自此长期居住在天津租界，做起了寓公。

居住在天津的杨文恺并非远离政治。1928 年 6 月，北伐军占领天津时，他的旧友陈调元奉蒋介石之命来天津收容招纳孙传芳旧部，在杨文恺家与退到天津的军阀师长、旅长们晤谈，商讨收编事宜。1935 年，陈调元任南京军事参议院院长，"何梅协定"签订后，陈调元到华北做宣抚工作，向北平绥靖主任宋哲元传达蒋介石应付日本的策略。杨文恺闻讯，特意从天津赶到北平，看望陈调元，并陪同陈调元参加在西苑大操场举行的授旗仪式。

1937 年 7 月，日本占领天津以后，日伪政权几次派人敦请杨文恺出山，力邀他到日伪政权任职，但无论是威逼还是利诱，杨文恺始终不为所动，拒不出任伪职。

杨文恺对子女要求很严格，孩子们平时可以说普通话，但与杨文恺夫妇讲话时，必须说家乡盐山话，他本人更是一生乡音未改。农民出身的杨文恺非常节俭，对粮食特别珍惜，虽然很疼爱孙男孙女，但不允许孩子们把米粒掉在桌子上，碗里更不许剩饭。在他的严格要求与督促下，孩子们从小就养成了节俭的习惯。他非常重视对子女的教育，对妻子刘文慧敬重有加。

新中国成立后，年过花甲的杨文恺在天津过着含饴弄孙的幸福生活。

1964 年，杨文恺被聘为天津文史馆馆员。作为北洋时期政局重要的参与者和亲历者，杨文恺把自己经历过的那些事一一写下来，尽自己的努力去还原这段历史。他写的《孙传芳的一生》是最早记述孙传芳生平的文章，写得客观、全面、真实，提供了许多鲜为人知的资料。大部分资料如《我所知道的陈调元》《我在汉阳兵工厂与曹吴的关系》《我的学生时代》《王永泉生平事迹点滴》等，都是他在古稀之年以后完成的。

1965 年,杨文恺病逝于天津寓所,终年 82 岁。

参考文献：

李正中主编:《近代天津名人故居》,天津人民出版社,2009 年。

钱进、韩文宁:《孙传芳幕府与幕僚》,浙江文艺出版社,2011 年。

天津市档案馆、天津市和平区档案馆编:《天津五大道名人轶事》,天津人民出版社,2008 年。

张道镕等:《民国十大幕僚》,内蒙古人民出版社,1998 年。

（郭登浩）

杨 以 德

杨以德(1873—1944),字敬林,天津人,祖籍山东。

杨以德出身于天津一个没落的盐商家庭,幼年家庭贫困。1902年,他经人介绍在天津老龙头火车站做检票员。当时袁世凯在天津试办警察,创办了天津巡警总局,杨以德成为侦探处的一名侦探员,因得到袁世凯赏识,1905年5月,杨以德被提拔为天津南段巡警总局帮办,创办天津探访局并任总办。同年,北京发生了刺杀出洋考察五大臣事件,袁世凯遂由南段巡警局挑选千余名警察,开办京榆铁路巡警总局,杨以德任总稽查。1908年,杨以德兼任京津电报电话线路督察。1911年,清政府撤销巡警总局,改设巡警道。杨以德从1912年1月起担任直隶巡警道。

杨以德由袁世凯一手提拔而起,因此成为袁世凯的亲信。1912年初,袁世凯为达到在北京就任大总统的目的,在京津两地发动兵变。2月2日晚,杨以德将全城岗警撤走,兵匪在天津肆意抢烧,未见警察出动。3日黎明,杨以德带领武装警察上街巡查弹压,抓获在大街上携带财物者260多人,并分批处决数十人。4月,杨以德以强化天津保安力量为名创练警察游缉队。1913年2月,袁世凯签发《划一现行地方警察官厅组织令》,撤销直隶巡警道,改设天津警察厅,杨以德任厅长。

1914年10月,北洋政府发布"关于建立各州县保安警察队"的指令,杨以德将原有的差遣队、马巡队及游缉队合并,创立了天津保安警察,又称"保安队",有400余人,担负着维持社会治安和处置突发事件等多重功能。1915年11月,北洋政府设立直隶全省警务处,掌管全省警务,杨以德兼任处长。12月12日,袁世凯宣布复辟帝制,杨以德全力拥护,23日被封为三等男爵。袁世凯死后,杨以德仍任原职。

1917年,第一次世界大战进入后期,3月14日,北洋政府宣布与德国断交,并收回天津、汉口的德租界。3月16日,杨以德率警察300人进入德租界,接管了德租界的行政管理权和收税权,然后赴德国兵营宣布解除德国武装,封存了德军武器弹药,升起了中华民国国旗。德租界改设为天津特别区,由天津特别区临时管理局管理,杨以德任局长。4月2日,直隶省长朱家宝因德租界收回,秩序未定,指定天津为警备地域,杨以德被任命为天津警备司令官。①

6月,张勋密谋复辟,杨以德随直隶省长朱家宝支持复辟。6月1日,朱家宝宣布直隶与中央脱离关系。6月4日起,天津宣布戒严,杨以德被任命为戒严司令官,主持维持治安、查禁弹药、保护金融及造币、炼铜厂等事宜。7月1日,张勋宣告复辟,杨以德下令天津市商民悬挂龙旗,并加强对邮电部门的管制,禁止拍发反对复辟的电报。3日,段祺瑞在马厂组织讨逆军司令部,命令讨逆军向北京进军。杨以德于5日反戈支持讨逆,逼迫朱家宝下台,并下令天津商民悬挂中华民国五色旗。张勋失败后,杨以德仍留任直隶全省警务处处长兼天津警察厅厅长。

1917年8月14日,中国政府对德、奥宣战,成为协约国的一员,并宣布收回奥租界。当日下午杨以德即带领警备队及巡警前往奥租界,将行政事务及各种捐税从奥国领事舜贝德手中收回,并封存了奥国军营里的武器弹药,将原有巡捕一律换着中国巡警制服,并添驻了警察厅保安队及各区预备队150人。奥国租界被设为天津特别第二区。②

1919年五四运动爆发,天津学生积极响应,成立了学生联合会、天津

① 天津市档案馆、南开大学分校档案系编:《天津租界档案选编》,天津人民出版社,1992年,第181页。
② 天津市档案馆、南开大学分校档案系编:《天津租界档案选编》,第467页。

各界联合会。8月底,天津赴京请愿代表刘清扬、马骏等先后遭到逮捕,激起了天津各界的强烈反应,掀起了更大规模的请愿浪潮。杨以德对此次运动采取了坚决镇压的政策。28日,杨以德令东区警察署署长周阶鼎带领警察将天津各界联合会强行解散,发布严禁集会、结社的布告。29日,天津成立了学生界演说团,于下午开始在各马路分布演说,杨以德出动大批警察,将参与演说的学生李恭允等10余人逮捕。30日,杨以德派出保安警察预备队在车站加班弹压,阻止请愿人员赴京。9月初,杨以德下令取缔了"救国十人团",并查禁了《天津学生联合会报》等进步刊物。

10月10日,天津各界在南开学校操场召开共和纪念会,有学生、商民等数万人到场。会上发布了"双十节"宣言,随后进行示威游行。杨以德出动大批保安队及武装警察荷枪实弹武力阻止,打伤游行学生数十人。惨案发生后,天津各界强烈谴责杨以德。10月11日,天津各校召开校长会议,一致决议要求省长曹锐撤换杨以德,推举了孙子文、王梦臣面见省长。22日,天津市民、学生万余人向省长公署要求撤换杨以德,但最终并无结果。

1922年10月23日,英国控制的开滦煤矿公司五矿工人因长期遭受残酷剥削,掀起了大罢工运动。英方赴天津向杨以德求助。24日,杨以德派出300名警察及保安队前往协助镇压罢工。10月26日,唐山矿的工人上街游行,遭到保安队开枪射击,造成6人死亡、57人受伤的惨案。罢工委员会向全国发出第二次宣言,罢工规模进一步扩大。11月1日,杨以德带领200名保安队员亲赴唐山,发表了措词强硬的讲话。4日,杨以德令保安队逮捕工人8名,武力占据了五矿总工会、工人俱乐部,并掠去大量财物。杨以德的武力镇压引起了工人更为强烈的反抗,并且受到了国会及舆论界的猛烈抨击,数十名国会议员向政府提出质问,要求处置杨以德,由此形成了全国性的"讨杨"活动。杨以德不敢再有所举动,于11月12日带领保安队撤回天津。

杨以德为求自保,一直周旋于各派军阀首脑之间寻求靠山。1922年第一次直奉战争中,杨以德投靠曹锟、吴佩孚,徐世昌下台后,他奉曹、吴之命送黎元洪赴京就任大总统。1923年曹锟贿选总统成功,黎元洪拒绝交出大总统印信。杨以德和直隶省长王承斌奉曹锟之命,在杨村车站截住黎元洪专车,胁迫他将印信交给了曹锟。1924年底,曹、吴在第二次直奉战争中兵败,张作霖率军入关,段祺瑞再任执政,杨以德又转投张、段,不但保留了原职,还从12月3日起兼代直隶省长。1925年7月,杨以德保举自己的亲信出任天津县长,与时任天津县长的张仁乐发生冲突,而张仁乐的侄子是张作霖的参谋长,杨以德因此得罪了奉系军阀。在张作霖的干预下,杨以德于7月16日被免去了本兼各职,他的政治生涯至此结束。

杨以德在任职期间参与过一些慈善公益事业。1910年底,他创办了社会团体"天津体育社"并担任社长。1915年4月,杨以德鉴于贫民子弟入学困难,捐资500元开办了具有慈善性质的贫民半日学社。1925年杨以德去职时,这所学校已开办了60多所分校,遍及天津。[①] 1917年,天津发生水灾,杨以德组织了急赈会对灾民进行救济。1924年9月,天津再遭水患,杨以德组织天津各房产公司召开赈灾会议,议定凡有房产者按月租所入9/10捐出。杨以德率先捐出了500元。[②]

杨以德在发迹后置办了大量房产,并进行其他投资,如与宁星普等人成立了新四公司经营房地产,积累了大量的财富。他被解职后寓居天津,过着富足的寓公生活。1937年日本占领天津后,曾欲拉拢他出来任职,但由于他此时已身患疾病便作罢。

1944年,杨以德病逝于天津,终年71岁。

---

① 任云兰:《民国时期天津慈善组织变迁论略》,载《民国研究》第15辑,社会科学文献出版社,2009年。
② 天津市档案馆藏天津总商会档案 J128-2-2199。

参考文献：

天津市地方志编修委员会编著:《天津通志·公安志》,天津人民出版社,2001 年。

夏琴西:《杨以德轶闻》,载天津市南开区政协文史委编:《天津老城忆旧》,天津人民出版社,1997 年。

天津历史博物馆、南开大学历史系编:《五四运动在天津》,天津人民出版社,1979 年。

中共唐山市委党史研究室编印:《唐山革命史资料汇编·开滦史料专辑》,1984 年。

（吉朋辉）

姚 学 源

姚学源(1843—1914)，字斛泉，号十瓶斋主，天津人，祖籍浙江。

姚学源系天津八大家之一姚家姚承丰的次子。姚学源天资聪颖，好学不倦，且能过目成诵。他从其生父姚承丰读书，成绩甚佳。但考取秀才后，几经乡试未能中举。1866年，因生父姚承丰病故丁忧，亦需接手经营祖产恩裕泰盐店，所以姚学源决心放弃学业，一心经营盐务。

恢复京盐公柜是姚学源在经营盐务方面最大的功绩。为整顿京引恶性竞销的状况，1869年由姚学源出面，召集大小京引商人20余家，共同商讨对策，众商认为唯一良策就是恢复京盐公柜的统销。众商公举姚学源具禀呈文，向时任长芦盐运使的觉罗成孚申请恢复京盐公柜。终于在1872年经户部核准，发给了批准京盐公柜恢复营业的谕帖。

京盐公柜的恢复，需要大量资金来运转，京引众商仍推姚学源向官府贷款。时任直隶总督兼北洋大臣的李鸿章得知姚学源的为人及背景，很快批准贷出官款15万吊，由京引众商具结担保，承借承还；并任命姚学源为京盐公柜"总催"，京引商人王源涛为"帮办"，统筹一切。为保障销售渠道的畅通，京盐公柜先在通州张家湾租借场地，作为盐包水路运京的落码存放之地；复在必经之路的广渠门（沙窝门）设京引局（俗称"门局子"），由京引局按包提取一定的规费，作为总催往来京津的车马办公费用。京盐公柜恢复后，很快恢复了北京盐斤销售的市场秩序，并还清了官款，且余利丰厚。因复京盐公柜以及经营顺利，全系姚学源之功，公柜盈余自应归姚学源所有。从此,京盐公柜便成为姚学源的个人私产。

1876年,如山接任长芦盐运使,他到任不久,见姚学源精明强干,财力雄厚,京引和外引俱备,且在朝中有表兄李鸿藻的依托,因而请姚学源出任长芦纲总,协助原纲总杨春农、朱节安等共同主持长芦通纲事务。至1900年,姚学源身兼京引总催和长芦纲总17年。1894年,姚家除原有的恩裕泰和外引永清县外,代办的有王复茂、锦源瑞,租办的有京引公裕茂、查庆余以及外引徐水县。为方便资金周转,姚学源在京盐公柜和盐务津店吸收了多笔存款。姚家还在针市街设有隆泰钱铺,经营各省汇兑,小额存、放款及银钱兑换的业务。一直到八国联军侵占天津时,隆泰钱铺方才收市。

长芦盐的销售区域包括直隶全省及河南北部,共180余县。姚学源担任京盐公柜总催和长芦纲总期间,是姚家的鼎盛时期,开始进入天津"八大家"之列,人称"鼓楼东姚家"。

1899年,姚学源鉴于京盐公柜经营的困难,将公柜租与新任长芦纲总李宝恒,租期10年,遇有重大事项(如对外借款)需征得姚学源同意,但原有债务仍由姚学源承担,公柜津店的办公地点亦由姚家迁至李家。1905年,李宝恒私自向华俄道胜银行借款15万两银挪作他用,违反了双方协议,京盐公柜由姚学源收回,所借款项由李宝恒个人偿还。翌年,京盐公柜更名恩成公柜,改为官督商办,由直隶总督袁世凯谕令大清银行借款15万两银维持营业,分15年偿还,利息照章支付,银行派员监督账目;同时指令姚学源推荐的查慕周、王少莲为京引商人代表,协助办理一切事宜。姚学源经过几次打击,精力不支,不久患上了中风,遂辞去长芦纲总的职务,京引总催及一切家务由次子姚彤诰承担。但姚彤诰于1913年病故,使姚学源再经丧子之痛。繁荣40年的"姚店"时期宣告结束。

姚学源热心公益,曾率众盐商捐资地方教育,此外也号召修复濠墙。

姚学源毕生交际广泛,又喜应酬,交拜宴饮,不绝于日。姚学源尚喜作诗,与同里刘仁圃等结成九九消寒会;喜集楹联,喜书法,常为人书写扇面;喜礼佛,常去紫竹林、河北大王庙拜祭,并为紫竹林捐塑了一尊佛像的金身。

1914年,姚学源于天津去世,终年71岁。

参考文献:

罗澍伟编著:《天津的名门世家》,天津古籍出版社,2004年。

(王社庄)

殷秀岑

殷秀岑(1911—1979),本名殷顺甫,天津人。

殷秀岑少时就读于天津教会学校,非常喜欢表演,经常参加学校组织的文艺活动,为他以后从事电影表演奠定了基础。

1930年,"联华影业公司"在北平设立"联华演员养成所",并进行了首届招生,19岁的殷秀岑凭着他奇胖的特殊身材及表演才能,幸运地成为"联华"的一名学员。在那里,除了老师讲课、言传身教外,每周一、三、五,公司还组织他们进行影片观摩。

学习期满后,他被分到联华公司北平分厂任演员,并很快投入该厂的处女作无声电影《故宫新怨》的拍摄中,这也是他从影的处女作。他在影片中扮演的是一个滑稽角色,从此他就与"笑"结缘,开始了电影事业中的喜剧创作演出生涯。

不久,该厂解散,他被调到联华影业公司上海一厂工作,在这里拍摄的第一部电影为《三个摩登女性》。殷秀岑的演出效果极佳,让他更增加了拍片的信心。

1931年,在中国共产党的领导下,中国左翼作家联盟、"电影、音乐小组"以及其他左翼团体创立,电影滑稽片摆脱了一些低级、庸俗的东西,逐步走上健康发展的轨道。殷秀岑正是在这个时期走上影坛。在短短的6年中,他参加了多部直击现实生活、同情广大劳动人民的饥寒与痛苦的进步影片的拍摄。如在《天作之合》中,他饰演的角色揭示了工人失业这一社会问题。他参演的《迷途的羔羊》,真实地反映了 20 世纪 30 年代中国流浪儿童的悲惨生活。《联华交响曲》由 8 个短故事片组成,殷秀岑主演了其中的《三人行》与《小五义》。在《三人行》中他饰演一个刑满释放犯,该片运用了喜剧手法,辛辣地揭露了旧社会欲做好人而不能的黑暗现实。在《小五义》中,殷秀岑演的是有 5 个孩子的父亲"老李"。这是一部寓言式的故事片,曲折地反映了"只有打败侵略者,才能获得民族解放"的思想。

1934 年殷秀岑开始与韩兰根合作,相继拍摄了《酒色才气》《无愁君子》《联华交响曲》《天作之合》等喜剧片。由于他俩一胖一瘦的身材形成强烈的反差,犹如同时代的美国好莱坞滑稽影星劳莱、哈苔,给人以滑稽感,从而使之在三四十年代的影坛上格外引人注目。他们二人的搭档一直延续到殷秀岑息影。

1937 年 11 月至 1941 年 12 月上海"孤岛"时期,殷秀岑在"新华""中华""中联""华影"等影片公司任演员。他参演的《木兰从军》,1939 年 2 月 17 日上海《大晚报》给予了充分肯定。影片《武则天》在一定程度上宣传了爱国主义思想,殷秀岑也都积盟其中,为"抗日救国"的宣传贡献自己微薄的力量。

这一时期,殷秀岑在 1938 年先后在新华等影片公司参加拍摄《乞丐千金》《儿女英雄传》《中国三剑客》等影片。1942 年后又在中联、华影参加拍摄《万紫千红》等影片。1943 年夏天拍摄了恐怖片《寒山夜雨》。

1945 年,制片公司缩减拍片,殷秀岑全年中只在上海华光影片公司和香港永华影片公司参加拍摄了影片《山河泪》《九死一生》。为了改变此局面,殷秀岑联合韩兰根、关宏达、仓隐秋等同仁成立了"旅行剧团",先后到苏州、扬州等地演出,由于当地人非常喜欢滑稽剧,因此他们所到之处大受观众的欢迎。华北剧艺公司瞅准这个机会,力邀殷秀岑等到北平、天津演出,但由于他们所演的剧目情节平淡,票价又高,上座率每况愈下。最后,只好仓促收场,回了上海。这次失败,让殷秀岑获得了铭心刻骨的教训:宣传力度再大,名气再高,不从实际出发、不从观众出发、不从文化内涵出发,翻车覆舟的结果是必定无疑的。

1950 年 6 月,殷秀岑组织创办了"大喜剧话剧团",后改为"金鸡话剧团",并任该团团长,专门从事喜剧表演,在汉口、长沙一带演出,受到观众的欢迎。1951 年 7 月,殷秀岑又带领该团从长沙到广西,在那里,金鸡话剧团的全体成员参加到了革命的队伍里,他的这一举动受到了党和人民政府的重视,并给予了较高的评价。此后,殷秀岑历任中共广西宜山地委文工团副团长、宜山地区文化馆艺术指导和文化训练教员等职,对活跃和提高当地文化艺术生活起了积极作用。他还曾组织文工团参加土地改革试点的宣传活动,演出《白毛女》和一些反映土改运动的节目,受到政府和群众的好评。

1952 年以后,他先被调到中央军委总政评剧团,后又调到中国评剧团,在那里,他与著名评剧演员新凤霞等一起参加了剧目《刘巧儿》的演出。这是他有生以来第一次演评剧,他虚心地向内行求教,终于使刘巧儿的父亲这个"老财迷"的形象活灵活现地呈现在评剧的舞台上。

殷秀岑把电影艺术视为生命,他很想重返影坛。1954 年他终于被调入长春电影制片厂,出演了多部戏曲艺术片、喜剧片、儿童片等,在银幕上沉寂数载后,他第一次在新中国的银幕上亮相时,百感交集。

1957 年,长影演员剧团演出话剧《方珍珠》,殷秀岑在其中扮演了李将军,他的出场受到了广大观众热烈的欢迎。之后又被长春话剧团邀请与韩兰根一起合演讽刺话剧《升官图》,在其中饰演省长。

1956 年到 1957 年之间,殷秀岑参加了吕班导演的两部讽刺喜剧的拍摄。1956 年,一直向往着搞喜剧创作的吕班再次与殷秀岑合作,完成了讽刺喜剧《不拘小节的人》的拍摄。虽然镜头不是很多,但观众对此片的热烈反响,给了他们继续合作的信心。1957 年,吕班拿着新编讽刺喜剧《没有完成的喜剧》的脚本与殷秀岑、韩兰根商量,结果是一拍即合。该部电影笑料丛生,可以说是一部既切中时弊又逗人笑的片子。这是吕班导演的最后一部片子,也是殷秀岑表演的最后一部电影。殷秀岑一生出演电影近50部。他的表演生动,惹人发笑。他是中国影坛不可多得的奇才,为喜剧电影的繁荣做出了自己的贡献。

1979年3月3日,殷秀岑因病去世,终年68岁。

参考文献:

程季华主编:《中国电影发展史》,中国电影出版社,1980年。

陆弘石、舒晓鸣:《中国电影史》,文化艺术出版社,1998年。

中国电影家协会电影史研究部编:《中国电影家列传》,中国电影出版社,1982年。

(齐会英)

袁 克 桓

袁克桓(1898—1956),字巽安,后改名心武,河南项城人,袁世凯第六子。

袁克桓出生于天津,母亲杨氏是袁世凯的五姨太。当时袁世凯任直隶按察使,专管小站练兵。后来袁世凯奉旨"回籍养疴",全家搬到了河南安阳的洹上村。袁世凯对子女的教育,仍沿用旧式家馆的方式。武昌起义爆发后,袁世凯将全家人分批迁回天津,并将几个儿子的教育托付于严修。袁世凯捐于英国人赫立德创办的天津新学书院,将他们送入新学书院读书。书院董事们均为社会贤达,如顾维钧、林语堂、张伯苓等。袁世凯当选中华民国大总统后,将15岁的袁克桓和克权、克齐一起送到英国学习军事。袁克桓回国后在北海静心斋总统府教育专馆男馆继续读书。

1916年袁克桓18岁时,袁世凯去世,他分家得现款银元8万元、黄金40两,以及开滦煤矿、启新洋灰公司、江南水泥、耀华玻璃、盐业银行、华新纱厂、天津造胰公司等股票总面值约7万余元。

袁克桓在母亲杨氏的帮助下,将分得的钱财大都投向了实业。鉴于袁世凯生前与周学熙的关系,并且袁克桓当时也是启新公司的大股东,有权决定企业的命运,所以他向周学熙要求参与企业管理。1927年启新公司改选董事会时,袁克桓成为董事。1930年,袁克桓担任公司协理。

几年后,袁克桓对启新公司的经营管理了如指掌,加上他善于管理,1933年升任启新公司总理。袁克桓任公司总理期间,在湖北创建了华新水泥厂,在南京创建了江南水泥厂和江南辰溪水泥厂,在北平创建了北平琉璃河水泥厂。此外,还在上海、唐山、河南卫辉参与创办纱厂。其中江南水泥厂是启新洋灰公司的子公司，1935年5月袁克桓作为主任常务理事，曾负责向丹麦史密斯公司、德商禅臣洋行、英国怡和洋行购买旋窑、电器设备和开山机械。1937年江南水泥厂厂房竣工，设备安装完毕试机时，适逢日军逼近南京，工厂被迫停止试机，并将部分设备拆除隐蔽。在南京保卫战中，江南水泥厂所在的栖霞山地区是南京的外围阵地，工厂收留了不少败退的中国军人和各地逃难人民。

在经营启新公司的同时，袁克桓还担任开滦煤矿公司的常务董事。起初，公司内部事务都是由担任总经理的英国人说了算。袁克桓提议，既然公司是合营，那么中英方都得有人负责，要设中、英两位总经理。

袁克桓从1933年到1945年任启新公司总经理，公司的大量业务都在沦陷区进行，从而落下了"战时资敌"的嫌疑。启新公司当时与日本人的关系确实也比较密切。1939年，启新公司在北平八面槽设办事处，副处长就是伪华北交通株式会社的参事。日本华北开发公司曾将启新列为所属单位之一。

抗战胜利后，袁克桓辞去了在启新公司的一切职务。袁克桓脱离启新公司后，担任了江南水泥公司的董事长和上海耀华玻璃公司董事长。

新中国成立后，鉴于袁克桓是知名的实业家，人民政府曾考虑请他出来工作，但被其推辞。

1956年9月，袁克桓因病在天津去世，终年58岁。

参考文献：

周岩编：《民国第一家庭：袁世凯家族》，文化艺术出版社，2012年。

文昊编：《我所知道的资本家族》，中国文史出版社，2006年。

王碧蓉：《百年袁家：袁世凯及杨氏夫人后裔百年家庭史》，广西师范大学出版社，2013年。

河南大学出版社编：《百年家族：项城袁氏家族资料汇辑》，河南大学出版社，2012年。

（张慕洋）

张 太 雷

张太雷(1898—1927),江苏武进人,本名张曾让,乳名泰来,学名张复,自号长铗,1898 年 6 月 17 日生于常州市一个没落的封建世家。参加革命后又名椿年、春木,后改名张太雷,寓意把自己化作惊雷,冲破旧社会的反动统治。

张太雷年幼时随父母亲在外祖父家生活。1901 年,张太雷父亲到安源煤矿工作,一家人随迁安源煤矿。1906 年 2 月,因父亲病故,张太雷随母亲和姐姐迁回常州。后受张绍曾资助入贞和堂张氏私塾学习,一年后转入西郊初等小学。1911 年冬,张太雷小学毕业后,受校长马次立资助考入常州府中学堂预科学习,翌年转入本科一年级学习。常州府中学堂是革命党人宣传民主革命的场所,张太雷深受民主革命思想的影响。1911 年武昌起义爆发后,张太雷带头剪掉辫子,宣传反清。1913 年,张太雷积极参加学生自治会组织的抵制日货活动。1915 年 7 月,张太雷因参与闹学潮而被学校当局开除。

1915 年秋,张太雷考入北京大学法科预科,由于学习费用难以为继,同年冬转往天津北洋大学法政科预备班,半年后以优异成绩升入北洋大学法科学习。在校期间,张太雷在美国教授创办的《华北明星报》担任兼职编辑,负责翻译工作。十月革命爆发后,张太雷受李大钊所撰文章《庶民的胜利》和《布尔什维主义的胜利》的鼓舞,对中国革命前途充满希望和信心。为反对段祺瑞政府的卖国行为,1919 年 2 月,张太雷不顾学校当局的制止,发起成立进步团体"社会建设会",为救国救民奔走呼号,他坚定地说:"做人要整个儿改,我以后不到上海当律师了。国家兴亡,匹夫有责。只有走十月革命的路,才能救中国!"①这表明张太雷的思想开始从革命民主主义者向马克思主义者转变。

1919 年 5 月,张太雷作为天津地区骨干,参加了五四爱国运动。5 月 5 日,北洋大学全体学生率先通电北京政府,要求释放参加天安门集会被捕的学生,学校当局极力压制学生运动,广大学生掀起罢课风潮,并组成 44 个演讲团,分赴杨柳青、北仓、南仓、塘沽等地工厂、农村开展宣传活动,揭露反动政府出卖山东权益的罪行。6 月 24 日,张太雷作为学生代表参加抵制日货委员会,举行抵制日货活动,他被选为天津学联评议会评议长。8 月,张太雷等天津学联代表赴京营救抗议山东惨案请愿团遭到逮捕的代表,他们冲破反动当局的重重阻挠,高呼"如果需要,我们可以随时抛头颅,洒热血,绝不迟疑!",最终迫使反动军阀释放全部被捕代表。12 月,天津中等以上学校学生联合会成立,张太雷被选为演讲委员会筹备委员。通过五四运动的洗礼,张太雷认识到人民群众的巨大力量,同时与李大钊、周恩来、于方舟等建立了革命情谊。

在领导学生运动期间,张太雷还与苏俄共产党人建立了联系,他阅读了大量马克思主义著作,秘密翻译社会主义革命文献,在津京传播马克思主义,介绍列宁的思想,直接同苏俄共产党人探讨建立工会、党团等问题,为他成为职业革命家奠定了坚实的基础。

1920 年 4 月,共产国际东方局派维经斯基和杨明斋来中国了解国内政治情况,与李大钊、陈独秀等人讨论建立共产党和青年团的问题,张太雷担任英文翻译。6 月,张太雷在北洋大学法科毕业后前往上海,与俞秀松等发起组织上海社会主义青年团,参加了中国共产党上海发起组的活动,直接参与了上海、北京党团组织的筹建工作。回到天津后,张太雷和

---

① 转引自中共党史人物研究会编:《中共党史人物传》第 4 卷,陕西人民出版社,1982 年,第 67 页。

于方舟分别在天津北洋大学和省立中学成立了马克思主义研究会,进行马克思主义研究活动。10 月,张太雷加入李大钊发起组织的北京共产党早期组织。随后,张太雷在天津筹建社会主义青年团,任小组书记。

1920 年底,天津早期共产党组织正式建立,由张太雷负责。为进一步推动马克思主义与工人运动的结合,张太雷致力于在天津、唐山等地发起和开展工人运动。为深入开展工人运动,宣传马克思主义,张太雷到长辛店、南口以及京奉、津浦、京汉铁路沿线工人集中地区活动。1920 年冬,张太雷与邓中夏等在长辛店创办劳动补习学校,成立长辛店铁路工会,作为开展工人运动的据点,他们经常深入工人家中,了解工人生活情况,为北方铁路工人运动培养了一批骨干。在张太雷的领导下,1921 年初,唐山地区“除共产主义组织外,还有两个小组,一个是五金工人小组,另一个是铁路工人小组,在它们周围,团结了一批有关的工会”①。唐山地区的工人运动蓬勃开展起来。

1921 年春,张太雷赴俄国伊尔库茨克共产国际东方局任中国科书记,从事共产国际与中国共产党组织的联系工作,向中国共产党组织传达共产国际执行委员会的指示,并以共产国际工作人员的身份,承担共产国际组织局委派的工作。在推动建立中国共产党统一组织期间,张太雷对中国社会进行了科学的分析,对党的性质、基本任务和最终奋斗目标做了精辟的阐述,指出了中国社会的半殖民地半封建性质,提出中国人民摆脱外国剥削、实现国家经济复兴的唯一道路,是通过阶级斗争夺取政权。他运用马克思主义阶级分析的方法,对中国社会各阶级进行了深入研究,提出了工农联盟的思想,从思想和实践上为中国共产党的建立做出了贡献。

1921 年 5 月,张太雷代表中国共产党在朝鲜共产党建党大会上致辞。为筹建中国共产党,1921 年 6 月,张太雷陪同共产国际代表马林和赤色职工国际代表尼科洛斯基来到中国,同李大钊、张国焘会面,确定在

---

① 转引自中共天津市委党史资料征集委员会编:《战斗在天津的共产党人》,天津人民出版社,1991 年,第 59 页。

上海召开党的第一次全国代表大会,张太雷负责翻译《中国共产党宣言》。同月,张太雷受党的委托,作为中国共产党第一次派出的代表,出席共产国际第三次代表大会并发言。为了贯彻共产国际三大决议,推动国际共产主义青年运动的发展,青年共产国际于7月9日至23日在莫斯科举行第二次代表大会,张太雷、俞秀松作为中国社会主义青年团的代表出席了大会,并当选青年共产国际执行委员。回国后,张太雷作为马林的翻译,协助其开展中国共产党的建党工作。8月,张太雷与邓中夏、俞秀松等重新登记团员,1921年底各地团的组织逐渐健全,张太雷积极向中央局建议,提出将"地方性组织联合在一起,就可创建出一个有影响的青年组织"①。中央局接受张太雷的意见,准备在广州召开社会主义青年团第一次全国代表大会。

1922年1月,共产国际远东各国共产党及民族革命团体大会在伊尔库茨克召开,张太雷参与大会宣言《告东方各民族书》的起草工作。会议期间,他介绍瞿秋白加入了中国共产党。1922年二三月间,张太雷代表中国社会主义青年团参加在莫斯科召开的赤色职工国际成立大会和青年共产国际第三次代表大会,再次当选青年共产国际执行委员。5月5日至10日,中国社会主义青年团第一次全国代表大会在广州举行,会议由张太雷主持,会议通过了《中国社会主义青年团纲领》和《中国社会主义青年团章程》,确定成立青年团中央,张太雷当选为中央委员。根据8月中共中央全会的决定,张太雷以个人身份加入国民党。

1923年6月,中国共产党第三次全国代表大会召开,张太雷被选举为候补中央委员,负责草拟《青年运动决议案》,进一步发动青年开展反对帝国主义和封建军阀的斗争。8月,社会主义青年团第二次全国代表大会在南京举行,张太雷当选团中央常务委员,负责团中央日常工作。会后,张太雷接受党的派遣,跟随孙中山去俄国考察,10月担任中国社会主义青年团驻青年共产国际代表。

---

① 转引自中共党史人物研究会编:《中共党史人物传》第4卷,第77页。

1924 年春,张太雷回国任团中央书记。3 月,主持团中央扩大会议,决定调整行动纲领和策略,动员团员、青年投入大革命。下半年,张太雷在国共合作创办的上海《民国日报》工作,担任主笔兼社论委员会委员。1925 年 1 月,社会主义青年团第三次代表大会在上海召开,张太雷当选团中央书记兼妇女部长。党的第四次全国代表大会后,张太雷被派往广州,在国民党中央宣传部工作,任苏联顾问鲍罗廷的翻译,推动了革命统一战线工作的开展。

　　1925 年,张太雷兼任中共广东区委常委、宣传部长,主编区委机关刊物《人民周刊》,并发表多篇文章,宣传马列主义,号召广大群众投入反帝反封建的斗争中。他常以各种身份到群众中演讲,给各种讲习班和训练班授课,还为毛泽东主办的农民运动讲习所讲授《中国革命问题》。1926 年,英帝国主义制造封闭粤海关事件,张太雷一针见血地指出,这是"英帝国主义有阴谋、有目的地破坏省港大罢工的伎俩"。① 3 月"中山舰事件"发生后,张太雷受广东区委委托草拟公开信,揭露国民党通过制造"中山舰事件"陷害共产党的阴谋。5 月,蒋介石在国民党二届二中全会上提出整理党务案,进一步将共产党人排挤出国民党中央领导机关。张太雷发表《反动派在广东之活动》《到底要不要国民党?》等文章,指出"中山舰事件"和"整理党务案"显而易见是国民党右派造成的,揭穿了蒋介石篡夺革命领导权的阴谋。北伐军攻克武汉后,蒋介石将南昌作为国民党新右派的巢穴,张太雷于 12 月抵达武汉,担任鲍罗廷的助手,积极参加领导湖北革命运动。

　　"四一二"反革命政变后,为挽救革命危机,中国共产党在武昌召开第五次全国代表大会,张太雷出席并当选中央委员。蒋介石公开叛变革命后,汪精卫集团也加紧反共活动,时任湖北区委书记的张太雷夜以继日地部署工作,安排党员隐蔽、撤离。6 月,党中央在汉口召开紧急会议研究时局,采纳张太雷的提议将中央机关由汉口迁至武昌,湖北区委也同时迁

---

① 转引自中共党史人物研究会编:《中共党史人物传》第 4 卷,第 88 页。

址。为了挽救革命、挽救党,7月10日前后,中共中央政治局进行改组,张太雷等组成中央常务委员会,代行中央政治局职权。7月15日,汪精卫集团公开叛变革命,大肆通缉、屠杀共产党员,张太雷也在通缉之列,党中央和湖北区委转入地下工作,张太雷积极组织共产党员及革命群众向九江、南昌转移,准备参加起义。

1927年8月7日,党中央在汉口召开紧急会议,纠正陈独秀右倾错误,确定土地革命和武装反抗国民党反动派的总方针,张太雷当选为中央临时政治局候补委员。会后,为加强对广东、广西及闽南等地的武装斗争和政治、军事工作的领导,决定由张国焘、周恩来、张太雷等组成中共中央南方局,张太雷任中共广东省委书记。9月下旬,张太雷发动潮汕铁路工人罢工,配合南昌起义部队攻下潮州、汕头,成立潮州县工农兵学商联合政府、汕头市人民政府。10月15日,张太雷在香港主持召开南方局和广东省委联席会议,总结南昌起义部队在广东失败的教训,并作《"八一事变"的经过、失败原因和前途》的报告,决定改组南方局和广东省委,张太雷等6人任南方局委员,张太雷仍任广东省委书记。会后,张太雷与苏兆征及共产国际代表罗乃曼研究制定广州起义计划。

1927年11月26日,张太雷主持召开广东省委常委会议,成立广州起义总指挥部——革命军事委员会,张太雷任总指挥。在白色恐怖下,张太雷忘我工作,召集工人代表传达部署起义决定,积极争取张发奎军队,亲自主持教导团各级干部的分组训练。由于广州起义消息走漏,张太雷决定将起义提前到12月11日凌晨举行。由于参加起义人员英勇奋战,不到两个小时便占领了珠江北岸的大部分地区,张太雷宣布广州苏维埃政府成立。12日,张太雷从西瓜园大会演说结束后返回总部时,闻讯敌人反扑,他立即乘车赶往大北门指挥战斗,途中遭遇敌人伏击,身受重伤,医治无效,壮烈牺牲,年仅29岁。

参考文献:

中共党史人物研究会编:《中共党史人物传》第 4 卷,陕西人民出版社,1982 年。

中共天津市委党史资料征集委员会编:《战斗在天津的共产党人》,天津人民出版社,1991 年。

(孟　罡)

章 遏 云

章遏云(1912—2003),祖籍广东省中山县,生于上海,别号珠尘馆主。

章遏云幼年时,家庭生活极其艰难,母亲把她送给邓氏抚养,但养母嗜赌如命,欠下不少债务。在朋友的劝说下,养母将章遏云送到自己妹夫京剧武生演员张德俊家学戏,好赚钱还债。

章遏云最初工老生行当。第一次登台是在上海大世界的乾坤大剧场,客串演出《武家坡》中的薛平贵。后来改学旦行是缘于梅兰芳到上海演出《廉锦风》,梅兰芳那清亮委婉的嗓音,美丽的扮相,使她心生向往。为改学青衣、花旦,养母把她带到天津。

章遏云到天津读书后,拜名票王庚生为师。时值北洋军阀统治的动荡年代,虽困难丛生,但她竭力坚持,几年里便学会了十数出青衣戏,打下了青衣戏的坚实基础。

章遏云在天津广东会馆第一次登台,演出的剧目是《汾河湾》。在这次演出中,当章遏云一字不漏地唱完整部戏后,观众反响热烈。《汾河湾》的演出成功,为章遏云走上京剧演艺之路奠定了基础。

章遏云随养母到北京后,她便以"响遏行云"四字的"遏""云"两字为名。此后她登台演出就启用"遏云女士"的艺名。

章遏云初到北京是在城南游艺园唱戏,以"遏云女士"挂名,连唱 10天,观众印象不错,一炮打响。章遏云先后跟随李宝琴、荣蝶仙、李寿山、张彩林、江顺仙、律佩芳、陶玉芝学戏,获益匪浅。后来,章遏云在上海磕头拜师梅兰芳,梅兰芳为其亲授《霸王别姬》,章遏云在上海天蟾舞台、黄金大戏院,先后与著名的3位"霸王"杨小楼、金少山、袁世海合演《霸王别姬》,反响热烈。

章遏云经众位老师严格的"口传心授",集各师之长,融汇贯通,结合自身清纯甜亮的嗓音和秀丽俊美的扮相,唱做俱佳,除工青衣戏外,还兼能老生、小生行当。

章遏云第一次回天津,演出的是《四郎探母》《汾河湾》。与名票头牌老生王又宸搭档,连演10天,大获成功。20世纪二三十年代,章遏云多次应邀在天津明星、天华景、春和、北洋、中国大戏院等剧场领衔演出,均受到观众欢迎。从此章遏云名声鹊起。

1930年,章遏云拜师王瑶卿门下,王瑶卿为其亲授《棋盘山》《貂蝉》《芦花河》《缇萦救父》《福寿镜》等戏。同年,天津《北洋画报》举办京剧"四大坤伶皇后"的推选活动,章遏云榜上有名。

1932年,章遏云随程砚秋的琴师穆铁芬学习程派剧目,穆铁芬将程腔重新整理悉心教导,章深得程戏三昧。如《荒山泪》《碧玉簪》《文姬归汉》《六月雪》等为常演剧目,红极一时。

章遏云师从先梅后程,取梅、尚、程腔之长,行腔圆润含蓄,高低音婉转自如,形成刚柔相济、流利醮畅的演唱风格。曾与雪艳琴、新艳秋、杜丽芸并誉为"北方四大坤旦"。

章遏云在天津各剧场演出约20年之久。在津、京、沪、汉、豫、苏、鲁等地,先后与王又宸、高庆奎、言菊朋、谭富英、马连良、杨宝森、奚啸伯、梁一鸣、叶盛兰等合作演出。尤在上海海格路大沪花园的堂会上,与尚小云、荀慧生、新艳秋合演《四五花洞》,与杜月笙、马连良、梅兰芳、芙蓉草等合作演出《四郎探母》,受到观众热捧。

章遏云多次参加募捐义演。1932年3月,为捐助上海十九路军抗日将士,曾在天津春和戏院反串义演粤剧《仕林祭塔》《园林幽怨》。1947年9月,在上海黄金大戏院募捐义演《得意缘》。在香港赈灾义演《六月雪》,

在台湾"八七水灾"赈灾义演。1948年章遏云移居香港。

天津金石书画社曾出版《遏云集》,收集了社会各界题赠章遏云的诗词120首。章遏云擅演的剧目有《得意缘》《霸王别姬》《十三妹》《汾河湾》《打渔杀家》《法门寺》《虹霓关》《四郎探母》《昭君出塞》《玉堂春》《锁麟囊》《荒山泪》《碧玉簪》《文姬归汉》《青霜剑》《六月雪》《雷峰塔》《棋盘山》《雁门关》《樊江关》《福寿镜》《貂蝉》《杏元和番》《孔雀东南飞》和《缇萦救父》等。

1954年,章遏云在香港拍摄了卜万苍执导的京剧电影《王宝钏》。其后还拍摄了《章遏云舞台艺术》纪录片。灌制唱片多张。

1958年,章遏云定居台湾,曾演出《六月雪》《雁门关》《碧玉簪》《五花洞》《亡蜀鉴》《朱痕记》《回令》《大登殿》《武家坡》《三娘教子》等,并去泰国等地演出,极受赞誉。她还培养了弟子多人。

2003年11月11日,章遏云在台湾去世,终年91岁。

参考文献:

章遏云著,沈苇窗编:《章遏云自传》,中国戏剧出版社,1991年。

(许艳萍)

周 恩 来

周恩来(1898—1976),字翔宇,曾用名飞飞、伍豪、少山、冠生等,1898年(清光绪二十四年)3月5日出生于江苏省淮安府山阳县城内的驸马巷。祖父周起魁,父亲周贻能(后改名劭纲),为人忠厚老实。母亲万氏,系清河县知事万青选的女儿,性格开朗,处世精明,全力主持家务。周恩来不满半岁时,过继给叔父周贻淦。不久,嗣父去世,由嗣母陈氏抚养。陈氏才学出众,会书画,好诗文,对周恩来的影响很大。在嗣母的教育下,周恩来4岁开始认字和背诵唐诗,5岁进家塾读书,并取学名"恩来",字翔宇。此后,周恩来勤奋读书,先后读了《三字经》《千字文》《神童诗》和《论语》《孟子》《大学》《中庸》《诗经》中的一些篇章,并先后读了《西游记》《水浒传》《三国演义》《说岳全传》《红楼梦》《镜花缘》等古典名著。

周恩来9岁时生母病故,10岁时嗣母病故,经济陷入困境。父亲离家去湖北做事。无奈之下,周恩来带两个弟弟迁回淮安老家居住,"佐理家务,井然有序"①。1910年春,周恩来12岁,到奉天省银州堂伯父周贻谦家寄居,入银岗学院读书。秋季,移居奉天府堂伯父周贻赓家,入新建的奉天第六两等小学堂丁班学习。期间,受进步思想影响,阅读了陈天华的《警示钟》《猛回头》和邹容的《革命军》等书,养成了每天坚持读报,关心国事的习惯。在一次修身课上,当老师问到"读书为了什么"时,周恩来回

---

① 中共中央文献研究室编:《周恩来年谱(1898—1949)》,中央文献出版社、人民出版社,1990年,第8页。

答"为了中华之崛起"①。由此表达出强烈的爱国情怀。

1913年春,因周贻赓工作变动,15岁的周恩来随伯父来到天津,并进入大泽英文算学补习学校补习功课。8月中旬,周恩来考取仿照欧美近代教育制度开办的天津南开学校。

在校期间,周恩来每门功课的成绩都很突出。当年的南开中学同学录评价周恩来:"善演讲,能文章,工行书;曾代表本班与全校辩论;于全校文试夺得首席;习字比赛复列其名;长于数学,往往于教授外自出新法,捷算赛速,两列前茅。"②他与同学张瑞峰、常策欧等发起组织敬业乐群会,并创办会刊《敬业》,发表了一系列文章与文学作品,宣传新思想。1915年10月,在南开学校参加演出新剧《一元钱》,扮剧中女主角,并先后参加《恩怨缘》《老千金全德》《华娥传》《仇大娘》《一念差》等十多部新剧的编导和演出,赢得师生广泛赞誉。

1915年5月,袁世凯接受日本企图独占中国的"二十一条"修正案,周恩来悲愤交加。他撰文疾呼"事急矣,时逼矣,非常之势,多难之秋,至斯亦云极矣","莽莽神州,已倒之狂澜待挽,茫茫华夏,中流之砥柱伊谁?弱冠请缨,闻鸡起舞,吾甚望国人之勿负是期也"。③ 1916年10月,在反抗法国制造的"老西开事件"中,周恩来站到了反帝救国斗争的前列。在南开学校召开的全校大会上,周恩来以"中国现实之危机"为题,发表了长篇演讲,号召一切有爱国心的青年,都应当"闻而兴鸡鸣起舞之威,天下兴亡匹夫有责之念"④,担负起救国救民的重任。

1917年6月,周恩来从南开学校毕业。9月,为寻求救国救民道路,东渡日本求学,行前,写七言诗一首:"大江歌罢掉头东,邃密群科济世穷。面

① 中共中央文献研究室编:《周恩来年谱(1898—1949)》,第10页。
② 中共天津市委党史资料征集委员会编:《战斗在天津的共产党人》,天津人民出版社,1991年,第25页。
③ 中共中央文献研究室编:《周恩来年谱(1898—1949)》,第16页。
④ 中共中央文献研究室编:《周恩来年谱(1898—1949)》,第19页。

壁十年图破壁,难酬蹈海亦英雄。"①表现了周恩来的崇高志向和坚强意志。十月革命爆发后,周恩来以极大的热忱关注着俄国革命的发展。他开始接触马克思主义,阅读各种报纸和进步书籍。他用"风雪残留犹未尽,一轮红日已东升"的诗句来抒发情感。此时,日本发生了大规模的"抢米暴动",参加者达1000万人。由此,周恩来从中看到了人民群众的伟大力量。他开始用无产阶级的观点来审视国家命运,重新考虑自己的生活道路。

1919年3月,周恩来得知南开学校即将创办大学部,决定回国学习。5月中旬,周恩来回到天津。五四运动爆发后,周恩来积极投身爱国运动,承接创办《天津学生联合会报》的工作。在创刊号上,周恩来发表了社论《革心、革新》,提出"在改造旧社会的同时改造自己思想"的口号。针对北洋政府出卖国家权益与镇压爱国学生运动的罪行,周恩来发表《黑暗势力》文章,呼吁国民"要有预备! 要有办法! 要有牺牲!""推倒安福派,推倒安福派所凭藉的军阀,推倒安福派所请来的外力"②。《天津学生联合会报》被广大读者誉为"全国学生联合会会报之冠"。

为统一领导天津的反帝爱国运动,1919年9月16日,周恩来、郭隆真、邓颖超、马骏等成立了觉悟社,该社由周恩来直接领导。1919年11月24日,为抗议日本企图强占山东的阴谋,天津各校学生1000多人到省公署请愿,要求北洋政府"向日本交涉,以保国权而维民命"。1920年1月23日,北洋政府出动军警,非法逮捕了马骏等各界代表24人,并查封天津各界联合会、学生联合会等爱国团体办事机构。面对严峻的形势,周恩来决定举行更大规模示威,要求启封各界联合会,释放被捕代表。1月29日,周恩来等4位代表进入省公署后,即遭反动军阀逮捕,省公署外的群众队伍遭到残酷镇压,造成震惊中外的天津"一·二九"惨案。

在邓颖超等人的积极声援下,在强大的舆论压力下,反动当局被迫于7月17日释放了周恩来等被捕代表。周恩来在狱中撰写的《警厅拘留

① 中共中央文献研究室编:《周恩来年谱(1898—1949)》,第23页。
② 《天津学生联合会报》第19号,1919年8月9日。

275

记》和《检厅日录》成为记述狱中斗争和生活的珍贵资料。

为学习和深入理解马克思主义,1920年11月,周恩来起程赴法国勤工俭学。在法国,他于1921年春加入中共旅法早期组织,成为中国最早的共产主义者之一,曾任中国共产主义青年团旅欧总支书记、中共旅欧支部领导人。1922年3月,周恩来在写给天津觉悟社社员的信中,激情洋溢地提出:"我们当信共产主义的原理和阶级革命与无产阶级专政两大原则,而实行的手段则当因时制宜。"①

1924年9月国共合作期间,周恩来回国出任中共广东区委委员长,并兼任宣传部长,负责广东、广西、厦门和香港等地党的工作,11月兼任黄埔军校政治部主任。1925年9月被任命为国民革命军第一军政治部主任,参加了国民革命军第一次东征。期间,周恩来对党在中国革命中统一战线问题、武装斗争问题、党的建设问题,都做出了创造性探索和尝试,取得了可贵的经验。

1926年12月,周恩来转往上海任中共中央军委书记兼中共江浙区军委书记。1927年3月,领导了上海工人第三次武装起义,迎接北伐军入城。周恩来认真总结了第二次武装起义的经验与教训,事前做了周密部署和安排,经过连续30个小时的战斗,取得了第三次武装起义的胜利。5月当选为中共五届中央委员。

1927年"四一二"政变和"七一五"事变发生,国共合作破裂,为保存革命武装力量,中央决定举行南昌起义,周恩来任中共前委书记。8月1日凌晨,周恩来、贺龙、叶挺、朱德、刘伯承率部起义,到清晨6时,城内的敌军全部肃清。由此打响了武装反抗国民党反动派的第一枪,打开了中国革命的新局面。

1928年,周恩来被选为中共六届中央政治局委员、常委,任中共中央组织部长、军委书记、特委负责人。他为保证中共中央的安全,保护党的大批领导骨干,指导多地的武装斗争,支持工农武装割据,发展在国统区

---

① 周恩来:《西欧的赤况》,《觉邮》第2期,1923年4月5日。

的秘密工作做出了重要贡献。

由于中共顺直省委党内政治生活和思想认识混乱，1928年中共中央决定周恩来到天津整顿顺直省委。经过广泛调查和深入研究，周恩来于12月17日向中央提出了改造顺直省委的意见。18日，他在顺直省委机关刊物《出路》上发表《改造顺直党的过程中几个问题的回答》。在周恩来的指导下，顺直省委认真加强党的思想建设，党组织得到健全和发展，政治生活走上正确轨道。12月底，中共顺直省委扩大会议在天津召开，周恩来代表党中央在会上作了题为"当前形势和北方党的任务"的政治报告，得到了与会代表的一致拥护。①

1931年12月，周恩来到达中央苏区，先后任中共苏区中央局书记、中国工农红军总政委兼第一方面军总政委、中央革命军事委员会副主席。1933年，与朱德指挥了中央苏区第四次反"围剿"战役。1933年1月，国民党赣粤闽边区以16万人的兵力进犯中央苏区，进行第四次"围剿"。周恩来、朱德以5万兵力，以少胜多，首次创造了大兵团伏击歼灭战的宝贵经验。第四次反"围剿"胜利后，中央红军发展到10万人，中央革命根据地与闽浙赣革命根据地连成一片。

1934年长征开始后，周恩来在党内军内身兼数项重要领导职务，既是中央政治局常委、中革军委副主席、红军总政委，又是中央最高"三人团"成员之一，肩负的责任十分重大。湘江之战后，周恩来不顾博古、李德的反对，坚决支持毛泽东西进渡过乌江北上的意见，为中央红军转危为安迈出第一步做出了重要贡献。1935年1月15日至17日，中共中央在遵义举行政治局扩大会议。会上，毛泽东作长篇发言，批评博古、李德在军事指挥上和战略战术上的错误，周恩来在发言中全力推举由毛泽东来领导红军的今后行动，他的倡议得到大多数人的支持。这次会议决定毛泽东为中央政治局常委，取消由博古、李德、周恩来组成的"三人团"，周恩来

① 中共天津市委党史研究室：《中国共产党天津历史》第1卷，中共党史出版社，2005年，第167—168页。

继续被选为中央政治局常委,分工负责军事领导工作,以毛泽东为周恩来军事指挥上的帮助者。此后,红军在毛泽东、周恩来、朱德的指挥下,根据敌情变化,采取了四渡赤水等高度灵活机动的运动战方针对付敌人,终于跳出了数十万敌军围追堵截的圈子,实现了北上的战略方针。

1936 年 12 月 12 日清晨,国民党爱国将领张学良、杨虎城率部发动震惊中外的"西安事变"。中共中央以民族利益为重,不计前嫌,及时做出了和平解决西安事变的决策,由周恩来率中共代表团前往西安。12 月 17 日下午,周恩来一行抵达西安。他到西安后不到 20 个小时,与张学良、杨虎城分别谈话,三方面取得了一致意见,为和平解决西安事变、争取蒋介石抗日打下了基础。随后,周恩来、张学良、杨虎城先后与国民党中央代表宋美龄、宋子文等进行了会谈,提出了六项和平条件,并就停止内战、共同抗日达成协议。25 日下午,张学良亲自送蒋回南京。西安事变的和平解决,"成为当时停止内战、发动抗战的一个历史上的转变关键"[①]。在这个历史转折关头,周恩来对中国人民所做出的贡献是不可磨灭的。

全面抗战开始后,周恩来亲临山西抗日前线领导抗日斗争。抗日战争时期,他大部分时间在武汉、重庆地区从事统一战线工作,任中共中央代表和长江局副书记、南方局书记,领导中共在国统区的工作。1945 年当选中共七届中央政治局委员、书记处书记。8 月陪同毛泽东赴重庆与蒋介石谈判。

解放战争时期,周恩来作为中共中央军委副主席兼代理总参谋长,协助毛泽东指挥全国解放战争。1948 年 9 月至 1949 年 1 月,三大战役发起。在战略决战的日日夜夜里,周恩来与书记处的其他同志经常晚上集中到毛泽东的办公室里集体办公,几乎每天都通宵达旦。周恩来除参与战略决战的重大决策外,还要具体组织实施,处理中央军委对各大战场、各战役的指挥及各战区、各部队向中央军委上报的战况、请示问题的来往电报。周恩来始终对敌我双方的战略态势、兵力部署、部队和指挥员的特点、战役战斗进程等都了如指掌,并将这些情况不断向毛泽东报告,以为决策之基础。据不完全统计,在

---

① 中共中央党史研究室科研管理部编:《周恩来世纪行》,中共党史出版社,1998 年,第 78 页。

三大战役中,由周恩来起草的重要文电有近 40 份。战略决战期间每一个战役的指挥,都凝聚着周恩来的心血和智慧。

1948 年 11 月,平津战役发起。周恩来根据敌我双方情况和瞬息万变的战场形势,协助毛泽东制订了"抑留傅作义集团于平津地区就地歼灭"的作战方针,并就实现和平解放天津、实现顺利接管、战犯处理等方面,做出了许多重要指示。为使天津这座华北最大的工商业城市免遭战火,他亲自指导东北野战军参谋长刘亚楼与傅方代表在蓟县进行谈判,提出和平解决的具体方案。1948 年 12 月 14 日,周恩来在为中共中央起草的致陈云的电报中,要求立即从沈阳抽调二三十名得力干部,由黄克诚带领前往天津,准备参加接管工作,同时确定了天津市军管会组成人员。

新中国成立后,周恩来任中央人民政府政务院总理、国务院总理,曾兼任外交部长,并任中共中央军委副主席,中共中央政治局常委,中共中央副主席,全国政协副主席、主席等职,担负处理党和国家日常工作的任务,参与制定党和社会主义建设的路线、方针、政策,进行了精细的规划和大量组织工作,在政治、经济、外交、国防、统战、科技、文化、教育、体育等各领域倾注了大量心血,做出了奠基性贡献。

1950 年 6 月,朝鲜战争爆发,10 月,中国人民志愿军开始抗美援朝,在中央领导下,他具体负责了作战指挥、后勤供应、国家管理、外交谈判等工作。1953 年,在大规模经济建设开始的同时,周恩来主持起草了《中华人民共和国全国人民代表大会及地方各级人民代表大会选举法》,政治建设迈上了新台阶。为了在外交工作中打开新局面,周恩来在着手改善同西方国家关系的同时,更加注重发展同亚非拉国家的友好合作和睦邻关系。1953 年 12 月,他接见印度政府代表团时,第一次提出著名的"和平共处五项原则"。1955 年 4 月 18 日,亚非会议召开时,同中国建立外交关系的国家已达到 22 个。

1955 年 1 月 15 日,中共中央书记处扩大会议做出发展中国原子能事业的战略决策。在苏联政府单方面撕毁关于援助中国建设原子能工业的协定和合同,撤走全部专家,并带走全部重要图纸资料的情况下,又逢"大跃进"重大失误和严重的自然灾害,国民经济进入严重困难的特殊时期,1962年11月,党中央决定成立专门委员会,负责第一颗原子弹研制的工作,并决定由周恩来直接主持。周恩来亲自领导指挥了这场全国大协作,他连续组织召开中央专委会会议,及时解决工作进展中遇到的许多重大问题,1964年10月16日,中国第一颗原子弹在罗布泊爆炸成功。

"文化大革命"中,周恩来顶住压力和迫害,同林彪、江青反党集团进行了各种形式的斗争。1975年1月,第四届全国人大第一次会议开幕,周恩来代表国务院作政府工作报告,郑重重申1964年三届人大政府工作报告中关于"在本世纪末,全面实现农业、工业、国防和科学技术的现代化"的内容,明确提出了实现四个现代化的宏伟目标。

作为共和国总理的周恩来,多次来到天津,深入工厂、农村、学校、部队视察指导工作。

1951年2月23日,南开中学校长张伯苓逝世。第二天,周恩来专程从北京赶来,领衔组成治丧委员会,并对张伯苓的一生给予了客观公正的评价。

1959年4月,周恩来陪同外宾来天津参观,在南开大学等院校万名师生欢迎会上,他兴奋地回顾了自己的学生生活,勉励青年们为祖国的富强、人民的幸福努力奋斗。

1959年5月,周恩来到轧钢五厂视察,强调要改造陈旧的设备,争取早日实现工厂的自动化。

1976年1月8日,周恩来于北京病逝,终年78岁。他的部分骨灰撒到天津海河。他的主要著作收入《周恩来选集》。

参考文献:

中共中央党史研究室科研管理部编:《周恩来世纪行》,中共党史出版社,1998年。

中共中央文献研究室编:《周恩来传》,中央文献出版社,1998年。

(王凯捷)

周 学 熙

　　周学熙(1866—1947),字缉之,别号止庵,又号卧云居士,安徽至德人,1866 年 1 月 12 日出生于南京。其父周馥曾任津海关道、山东巡抚、两江总督、两广总督等职。

　　1872 年,周学熙投奔父亲来津,从塾师张鉴廷、李幼龙读书。1878 年随父回秋浦纸坑山为祖母守孝,曾步行 100 多里去池州府求学,深得池州督学孙毓汶的赏识。1882 年考中秀才。1893 年周学熙参加顺天乡试,中举人。后多次参加会试,屡试不第。待试期间,求学于李篁容、邵班卿门下,深受"中学为体,西学为用"的思想影响,遂决心放弃科举,报捐候补道,踏上仕途。

　　1896 年,周学熙到姻亲张翼督办的开平矿务局当差,任驻上海售煤处主任。1898 年直隶总督裕禄委派周学熙为开平矿务局会办,不久任总办。

　　1900 年庚子国难,开平矿务局被俄国占领,督办张翼将煤矿私自出售给英国公司,周学熙愤而辞职,投效山东巡抚袁世凯。袁世凯之父与周馥是故交好友。袁世凯委派周学熙为山东大学堂总办。

　　1902 年周馥升任山东巡抚,遵例回避,周学熙以候补道身份返归天津。直隶总督兼北洋大臣袁世凯委派周学熙任北洋银元局总办。庚子之乱后的天津,满目疮痍,元气大伤,商务一落千丈。"钱行、银炉、货庄倒闭者百十家。以致客商裹足,街市滞塞"[①],金融风潮迭起,社会动荡,形势

---

　　① 天津市档案馆等主编:《天津商会档案汇编(1903—1911)》(上),天津人民出版社,1989 年,第 339 页。

严峻。周学熙选河北西窑洼大悲院护卫宫旧址,将天津机器局内旧机器运来安装,聘用人才,招募工匠,仅用 73 天时间铸造 150 万枚铜元,满足了市场流通的需要。为了稳定银根奇紧的天津金融,袁世凯在天津建立了一个官办金融机构——天津官银号(初为平市官银号),发行铸币、管制金融市场,并且准备以此为基础,开设"天津银行",但筹措资本时遇到困难。这时,周学熙提出天津官银号添设储蓄业务和商务柜,经营官民的存款业务,吸收社会游资,扩充官银号的资本,同时商务柜开办经营工商业的贷款、贴现和汇兑业务,并且发行银钱票。袁世凯遂任命周学熙为官银号督办。他首先在人事制度方面进行了大胆的改革,大大提高了办事效率,还编订了官银号各项规则。为了确保金融业务的正常进行,改组后的官银号还规定无论是公司、局、所还是商号前来借款,必须先查明有无偿还能力,如果没有确切的偿还保障,概不出借,禁止军政各方的硬性摊派和人情贷款,使银号避免了大量的呆账。经过周学熙的改组,官银号扩大了营业范围,增加了营业项目,活跃了市面金融的周转流通,积累了大量的资金,促进了直隶工商业的发展,成为直隶全省重要的金融枢纽。

1903 年 4 月,周学熙奉直隶总督袁世凯命赴日本考察工商和币制事宜。周学熙回国后即向袁世凯提出兴学校、办工厂的建议,深得袁的赞许。

1903 年 9 月,袁世凯任命周学熙为直隶工艺总局总办。周学熙把直隶工艺总局作为振兴全省实业的枢纽机关,颁布《直隶工艺总局开办宗旨七条》,府州县设立对应的工艺局 60 余处,形成上下贯通的组织网络,从工、学、商、农、社会救助五方面同时并举。工艺局成立实习工厂、劝业铁工场等,选送人员去日本大阪铁工厂等处深造,培养了大批机电技术工人,带动了天津民族工业的发展;成立工艺学堂(后称直隶高等工艺学堂)、图算学堂,毕业生由工艺总局负责分配;成立教育品陈列馆,印制《教育品分级编目》《教科书分级编目》《各种仪器标签浅说》等,普及知识;成立考工厂、工商研究所、天津商会,搜集中国各省的工业产品陈列,还陈列外国的产品,1906 年,考工厂举办了中国首届物产展览会;建立官办植物园,后更名为农事实验场;创办考工厂陈列所,为提倡国货之机构。还接办天津广仁堂,附设女工厂、慈幼所、幼稚园、女医院等,由周学熙夫人刘氏主持。在五年的时间里,周学熙不断升迁,先后任署天津道、授通永道、升长芦盐运使、署直隶按察等职,还兼任北洋银元局总办、官银号总办等要职,地位显赫,成为推行北洋新政的重要人物。

1906年,袁世凯命周学熙办理收回开平煤矿产权交涉,他提出先收回部分权益的建议。8月,在德国技师昆德帮助下,周学熙收回了唐山细棉土厂,经过整顿改名为"启新洋灰股份有限公司"。股本定为100万元,设立股东会、董事会、总事务所,在上海、天津、沈阳、汉口等地设立总批发所,其生产的"马牌"洋灰因质量高、价格廉,销路顺畅,在与日商的竞争中站稳脚跟,并垄断中国水泥市场多年,其产品屡获国际博览会及国内展览会奖章和奖状。周学熙兴办实业成绩卓著,与南方实业家张謇齐名,被时人誉为"南张(謇)北周(学熙)"。

为抵制英国公司侵占开平煤矿,在袁世凯的授命下,周学熙于1907年创办滦州矿务公司,并担任总经理,希图以滦制开。滦州矿务公司在开平煤矿周围330平方公里矿局内竖起多座土矿井,并修建铁路、安装电话,购进最新式采煤设备,其煤产量猛增,使英商控制的开平煤矿受到严重的威胁。第二年,直隶总督陈夔龙任命周学熙主持回收矿权交涉。英商看到开平矿煤源枯竭,双方谈判达成协议,英国把开平煤矿交还中国,中国支付给英商178万英镑。但因张翼从中作梗,交涉搁浅,随后双方展开价格大战。英商无奈提出"开滦合作",并借辛亥革命之机施加压力,一些股东也附和所议,周学熙被迫接受了合作联营的条件。

1907年底,母亲周氏病故,周学熙去职返故乡丁忧。1908年3月,在袁世凯举荐下,清政府命周学熙主持京师自来水公司建设。周学熙组织业务骨干,勘察水源,设计水厂,丈量水管线路,采用公开招标方式,由天津瑞记洋行(德资)承包工程,于1910年2月竣工供水,极大地改善了京师民众生活。

1912 年中华民国建立,周学熙出任财政总长。他整顿财政,注重经济,以启新洋灰公司、滦州矿务公司为大股东,吸引北洋官僚徐世昌、陈光远、田中玉、孟恩远等人投资,在天津设立华新纱厂。1913 年,周学熙奉命以盐税担保,向英、德、法、日、俄五国银行进行 2500 万英镑的"善后大借款"。借款表面理由是偿还外债、裁兵和政费,但袁世凯暗中移作镇压二次革命的军费,参议院一片哗然,反对声四起。周学熙请假出京,避祸青岛,辞官隐居。

1915 年,周学熙再度出任财政总长。上任后他整理田赋、盐产,推行烟酒公卖,清理官产,筹办民国实业银行等,国库收支出现平衡。经袁世凯批准,周学熙创办华新纺织公司,官商四六股合办,在直、鲁、豫三省设厂,并首先在天津筹建华新纱厂。1919 年 1 月,华新纺织公司在天津创办的华新一厂竣工投产。此后,华新公司相继在青岛设立华新二厂,即青岛华新棉纺厂;在河北唐山创办第三厂,即唐山华新纱厂;在河南卫辉创办第四厂,即河南卫辉华新纱厂。华新公司所辖津、唐、青、卫四厂,成为北方纺织工业重要的骨干力量。

1917 年 3 月,周学熙与言敦源、李士伟等投资 15 万元,创办华记唐山电力厂,事务所设在天津。1919 年,大总统徐世昌邀周学熙为全国棉业督办。1919 年 10 月,周学熙与陈光远投资 200 万元,创办兴华棉业公司。1922 年 3 月,周学熙投资 8 万元,创办中国建筑公司;投资 20 万元,创办祥泰和五金公司;在秦皇岛与比商联合开办了耀华玻璃公司等企业。①

1924 年,周学熙归隐津门,曾一度组织实业总汇处,作为控制各企业的枢纽。周学熙陆续辞去各公司领导职务,仅任实业总汇处理事长一职。但各公司的负责人常自行其是,使周难以统驭。1925 年 3 月,周学熙以年力衰颓、精神益复疲荼为由结束实业总汇处,从此淡出工商界。与旧友

---

① 宋美云:《北洋军阀统治时期天津近代工业的发展》,载天津市政协文史委编:《天津文史资料选辑》第 41 辑,天津人民出版社,1987 年,第 144 页。

组织诗社,雅集吟咏,闲情自乐。周学熙制定了一个创立"憩慎精舍"计划,以诗书传家。他在周氏宗祠西侧园林内设立"师古堂文课",建藏书楼一座,重金聘请王武禄、唐兰、张同书、赵元礼、朱士焕等名士授课,分诗、文、字三种,"使本支子弟籍文字为观察,所以增学问而振家风"。①

1930 年,周学熙出资在北平寓所成立师古堂刻书局,选刻书籍,备家塾之用。至 1936 年共选刻书目 50 余种,计有《古训粹编》《圣哲学粹》《论语分类讲诵》《周氏师古堂经传简本》《七经精义纂要》《古文辞类纂》《圣哲微言》《圣域述闻续编》《南华经解选读》《张文端诗文约选》《周氏医学丛书》,等等。

1945 年抗战胜利后,周学熙迁居北平。1947 年 9 月 26 日,在北平寓所病逝,终年 83 岁。

著有《周止庵先生自叙年谱》《东游日记》《止庵诗存》(上下册)、《止庵诗外集》等书,并有《周悫慎公祀典录》传世。

参考文献:

李新等主编:《中华民国史·人物传》第 8 卷,中华书局,2011 年。

侯振彤译:《二十世纪初的天津概况》,天津市地方史编修委员会总编辑室,1986 年内部印行。

侵华日军天津驻屯军司令部编:《天津志》,日本东京博文馆印刷所,1909 年。

天津市档案馆编:《近代以来天津城市化进程实录》,天津人民出版社,2005 年。

淳夫:《周学熙与北洋实业》,载天津市政协文史委编:《天津文史资料选辑》第 1 辑,天津人民出版社,1978 年。

(井振武　周醉天)

---

① 周慰曾:《周氏师古堂创办始末》,载天津市政协文史委编:《天津文史资料选辑》第 38 辑,天津人民出版社,1987 年,第 78 页。

周 云 生

周云生(1880—1936),江苏宝山人。

周云生自幼丧父,与母亲和胞姐一同度日。年纪稍长后,开始学做木工。他的姐夫黄延生在天津开有黄记木厂。1903 年,周云生从家乡来到天津,在姐夫开办的木厂中当监工,除了领取监工的工资以外,周云生还在木厂中承包木工活,可以分得一部分额外收入。几年下来,周云生手中便有了一些积蓄。木厂经营越来越不景气,黄延生决定将木厂兑出。1910 年春,周云生将"黄记木厂"改名为"协顺木厂"。

周云生虽然不识字,但人很聪明,为了与洋人打交道,还学会了英语。他在承包大型工程时,估算材料一律使用象形符号。他将这些符号都记在脑子里,然后由木厂管账依照他的口述进行估价。同时,周云生还自己设计、绘制建筑图纸,设计的楼房图案常常令外籍工程师佩服。民国初年,外国人在天津大兴土木,在租界内投资建造各式楼房,为天津建筑业发展创造了机会。

协顺木厂正式开业后不久,周云生在承包工程过程中结识了祥泰营造厂股东德国人丁洛达。毗连周云生协顺木厂有一片空地,属于德租界,于是周云生找到丁洛达,两人协商后,决定由周云生出资,用丁洛达的名字,永久租用这块土地。丁洛达于 1915 年出面向德租界工部局承租了小营门外地皮,正在周云生计划修建房屋时,协顺木厂突遭火灾,损失数万元,房屋建筑工程不得不停工。1917 年,北洋政府对德宣战,丁洛达回国。中国政府收回德租界后,改为天津特别第一区。那片以丁洛达名义承租的地皮虽然仍然空闲着,但周云生已经无权使用。时任特别一区主任的丁振芝与周云生同乡,凭借这个关系,将丁洛达所订原契约换在周云生名下。周云生在这片土地上建筑了汝南里、勤艺里、三多里等大片楼房、平房,多有出租,协顺木厂也由此很快发展起来。

为了适应租界建设的需要,周云生专门从上海请来一批具有西式楼房建筑经验的能工巧匠,通过高超的建筑技术博得外国人的信任。在早期承包太古、怡和等洋行建筑工程时,周云生尽量避免偷工减料,还给工程师们送礼,请客吃饭,标榜不求赚钱多少,只求坚固耐久。在承建英美烟草公司后,周云生为工程师鲁溥修建了4所楼房,不仅没有收取工价,还赠予其大部分建筑材料。在建筑汇丰银行大楼后,他还赠送同和工程司的工程师普纳提豪华楼房一所。此外,每逢圣诞节,周云生便在天宝、恒利两金店定制成套的金银器皿,购买绸缎、呢绒、皮货等高档礼品,分送给洋人工程师。他与华信工程司的沈理源、基泰工程司的关颂声等中国工程师,也形成了良好的合作关系。协顺木厂得到了中外工程师的认可,身价倍增,成为质量可靠的象征,为中外富商大贾、官僚买办所追捧。

当时天津的几家大工程司,如英商乐利工程司、同和工程司、永固工程司等,都与周云生形成了良好的合作关系,周云生从中获利不少。周云生与乐利工程司合作承包建筑大王庄英美烟草公司厂房一项,获利10万两银子;与同和工程司合作建筑汇丰银行大楼的包价高达100万两白银。此外,周云生承包的有名建筑还有怡和洋行办公大楼、进出口仓库、美商美丰银行办公大楼、东马路青年会、英商惠罗公司、利顺德饭店、开滦俱乐部、隆茂洋行、海关大楼、打包公司、美国营盘礼堂、中国盐业银行大楼和仓库、造币厂厂房、金城银行后楼、新华银行宿舍、达仁堂制药厂、跑马场、祥泰木行厂房和住宅、北京清华大学(生物馆、机械馆、图书馆及第六院的教学楼、工字厅)、北京师范大学、那桐公馆、沈阳张学良帅府内宅等,共计30多处,小型工程更多。

周云生在上海、北京、天津等地均建筑了豪华的私宅,拥有大量房产。1936年3月,周云生病故,终年56岁。

参考文献:

周昆陶:《周云生与协顺木厂》,载天津市政协文史委编:《天津文史资料选辑》总第108辑,天津人民出版社,2006年。

(王社庄)